はしがきに代えて――メダカとクジラ

メダカもクジラも捕まえる網

水槽の中にいるメダカの大きさは、だいたい3㎝です。太平洋にいるシロナガスクジラは30mといわれます。30mは3000㎝です。

ここで、目を転じて、株式会社の大きさを考えてみましょう。私たちのまわりにある、中小規模の株式会社の資本金額はだいたい1000万円くらいと思われます。大きな株式会社の資本金額は100億円くらいとしておきます。[*1] 実は、この1000万円の株式会社と100億円の株式会社との比率は、メダカとシロナガスクジラの比率と同じなのです。どういうことかというと、1000万円：100億円＝3㎝：3000㎝、となります。いずれも、ちょうど1000倍の関係になります。

ぜひ、目の前に、メダカとシロナガスクジラを思い浮かべて、その大きさの違いを感じとってみてください。

そうすると、メダカとシロナガスクジラを同じ網を使って捕まえようとすることが、どれほど困難な試みかがおわかりいただけると思います。実は、メダカからシロナガスクジラまでを捕まえるための網を作る人は、会社法の学者です。弁護士や裁判官は、そのような網を使って、実際にメダカからシロナガスクジラまでを捕まえる人ということができます。

現実には、もっと小さく、資本金額が１００万円、10万円などの株式会社も存在します。大きいほうでは、１０００億円、１兆円などの株式会社も存在します。

このように株式会社の規模は大変に小さかったり、想像できないほどに大きかったりするので、株式会社を規制する会社法は条文数が１０００条を超える大法典になってしまいました。[*2]本来、株式会社に携わる人たちはこのような会社法を知らなければなりません。自動車を運転する人が道路交通法を知らなければならないことと同じ理屈です。実際の株式会社の運営にあたっては、このほかに、会社法施行規則全２３０条、会社計算規則全１６６条も必要となります。このように株式会社を規制する条文数が多いことは、株式会社の取締役、監査役、株主、また、株式会社の中で働く人たち、および、株式会社と取引を行う人たちに大変な負担と非常な困苦を強いることになります。

そこで、この本は、気軽に楽しく読んでいるうちに、読む人の頭の中に、苦労なく、会社法の基本的な考え方を流し込んでさしあげたいという気持ちで作られています。なお、この本は、株式会社の基本的な骨格をざっくりと解説しております。もう少し楽しみながら会社法を眺めてみたいと思われる方には、拙著『日経文庫 ビジュアル 図でわかる会社法（第２版）』（日本経済新聞出版）をご覧になることをお薦めします。また、会社法をしっかり学びたいと思われる方には、拙著『会社法詳解（第３版）』（商事法務）をお薦めします。

本書の内容につきましては、法政大学大学院法務研究科の笹久保徹教授に多大な御助力を戴きました。また、日本実業出版社のみなさまには、企画の当初から多くのご助言を戴きました。心より感謝申し上げます。

２０２２年１月

法政大学大学院法務研究科教授

柴田　和史

＊１　身近にある有名な株式会社の例としては、山崎製パン株式会社が１１０億円（第73期有価証券報告書（自２０２０年１月１日至２０２０年12月31日）による）、牛丼の吉野家（正式商号は、株式会社吉野家ホールディングス）が１０３億円（第64期有価証券報告書（自２０２０年３月１日至２０２１年２月28日）による）です。

＊２　会社法の最後の条文番号は９７９条ですが、途中に、「１７９条の２～１７９条の10」、「１８２条の２～１８２条の６」、「３９９条の２～３９９条の14」、「７７４条の２～７７４条の11」、「８１６条の２～８１６条の10」などの条文がありますから、全条文数は１０００条を超えています。

CORPORATION LAW

目次

教養としての「会社法」入門

第1章 会社は誰のものか

第2章

会社法の歴史

第3章

会社法の重要な判決

第4章

会社法の基本原則

第5章 株主総会

第6章

取締役・監査役・会計参与・会計監査人

第7章 株式・株券・株主

第8章

資金・利益・資本・配当

第9章

組織再編とM&A

第10章 事業承継

凡例

本書は、以下の方針でまとめました。

●本書の注釈に記載した、判決等の出典は、いずれも法律書で通常使われる略称を使いました（民集、労民、判タ、判時等）。

●条文や判決文を引用した場合の数字は、原文が漢数字である場合でも（条文の原文の数字はすべて漢数字です）、リーダビリティを重視し、算用数字に変換した箇所があります。

法令の略語

- 一般社団法人法……一般社団法人及び一般財団法人に関する法律
- 会社計規……会社計算規則
- 会社施規……会社法施行規則
- 金商法……金融商品取引法
- 金商法施行令……金融商品取引法施行令
- 公開買付内閣府令……発行者以外の者による株券等の公開買付けの開示に関する内閣府令
- 雇用機会均等法……雇用の分野における男女の均等な機会及び待遇の確保等に関する法律
- 自動車運転死傷行為処罰法……自動車の運転により人を死傷させる行為等の処罰に関する法律
- 独占禁止法……私的独占の禁止及び公正取引の確保に関する法律

カバーデザイン　小口翔平＋阿部早紀子（tobufune）
本文デザイン・ＤＴＰ　初見弘一（Tomorrow From Here）

CORPORATION
LAW

第1章

会社は誰のものか

CORPORATION LAW 1

株式会社の基本構造

本書は、複雑であって多様性を持つ現代の株式会社に関する法律、つまり会社法をわかりやすく解説します。膨大な内容に触れることになりますので、最初に、株式会社の基本構造を解説しておこうと思います。

■株式会社の基本構造

簡単な構造の株式会社を想定して解説を行います。これから株主になろうとする人を、A、B、Cとします。A、B、Cは、100万円ずつを出資して、簡単な構造の取締役会のない株式会社を設立することにします。[*1] 会社の設立手続において、A、B、Cは、株式を引き受けるという法律上の手続きに従って金銭（それぞれ100万円）を出資します。株式会社が成立した瞬間に、[*2] A、B、Cは、金銭出資の見返りとして株式を得ることになります。株式を有する人を株主と呼びますから、この時、A、B、Cは株主になります。

成立した株式会社には、A、B、Cが出資した合計300万円が存在します。この300万円は法人である株式会社に帰属します。A、B、Cは、それぞれ別の仕事に従事していて忙しく、成立した株式会社で働くことができないため、ほかの誰かに頼んで株式会社を経営し元手の300万円を増やしてもらいたいと考えます。このとき、「適当な報酬がもらえるのであれば、元手の300万円を増やすために、株式会社の経営を受任したい」と言う者（Pとします）が現れたとします。Pの申出を受けて、株主A、B、Cは株主総会を開催し、その決議によってPを取締役に選任します。[*3] これ以後、Pは取締役になり、300万円を元手にして、利益を生み出すために会社の経営を行うことになります。

以上をまとめますと、A、B、Cが人類の発明した株式会社という画期的な道具と300万円という資金を用意し、原則として、A、B、Cはその株式会社で働かずに、取締役となるPに、元手たる資金を増やすことを目的として道具である会社と資金を委託する、という株式会

＊1　なお、取締役会を設置する株式会社（＝取締役会設置会社）を設立しようとすると、取締役が3人以上必要になります（331条5項）。本文のように、取締役会のない株式会社（＝取締役会非設置会社）では、最小限必要とされる取締役は1人です（326条1項）。

＊2　つまり、設立の登記がなされた時ということになります。株式会社は、その本店所在地において設立の登記をすることによって成立します（49条）。

＊3　正確な株式会社の設立手続においては、設立の登記前に（すなわち、会社の成立前に）、設立時取締役が選任されており（38条1項、88条1項）、設立の登記がなされた時に、設立時取締役が取締役になります。

社の基本構造が理解できると思います（以下、本章では、右に述べたA、B、Cが株主となり、Pが取締役として会社の経営を任された取締役会のない株式会社を「基本構造としての株式会社」とします）。

■シャーロック・ホームズの時代

１８４０年代から１８８０年代のイギリスにおいて、このような形態の株式会社が多く設立されたといわれます。たとえば、有名なシャーロック・ホームズの話[*4]を読みますと、その時代の様子をうかがい知ることができます。そこでは、若い頃に海外に行って大金を稼ぎ、晩年になるとイギリスに戻ってきて、もう働くことをせず、持っている大金を新設される株式会社に出資し、その利益の分配（＝配当）を得て悠々自適の生活をするという株主が登場します。

■強力な権限を持つ株主総会

さて、基本構造としての株式会社ですが、株主の１人ひとりはあまり強い権限を持っていません。しかし、株主であるA、B、Cが組織する株主総会は絶大な権限を持っています。[*5]

第一に、株主総会の決議は絶対的な決定であり、取締役は必ず株主総会の決議に従わなければなりません（３５５条[*6]）。

第二に、一定の要件を備えた株主は、株主総会において、株式会社の解散の決議をすることができます。株主総会で解散の決議がなされますと、あとは、会社の財産を処分して債務の弁済を行うという清算手続に移行します。このとき、会社の経営状態がどれほど良好であって取締役が解散決議に反対を唱えたとしても、法律的にはまったく意味を持ちません。株主たちによる株主総会での解散の決議は、誰も反対することのできない絶対の効力を持ちます。

第三に、一定の要件を備えた株主は、株主総会において、取締役の解任を決議できます。仮に、取締役である者が、何らかの形態で取締役を6年間継続できるというような契約を会社と締結していたとしても、株主総会の決議の効力は絶対です。すなわち、株主総会による解任決

＊4　名探偵シャーロック・ホームズの短編の1つである「踊る人形」の中で、株式会社への出資の話がでてきます（コナン・ドイル『シャーロック・ホームズの帰還』48頁以下〈新潮文庫、1953年〉）。

＊5　本文の例のように、取締役会のない株式会社（＝取締役会非設置会社）における株主総会の権限については、会社法295条1項が規定します。同条項は、取締役会非設置会社の株主総会は、会社に関する一切の事項について決議することができると定めています。

＊6　仮に、取締役が株主総会の決議の内容に不満を抱き、決議に従うことを拒否するときは、辞任するしかありません。頑固に拒否し続けるときには、後述するように、株主総会の決議によって解任されることが考えられます。このような状況で解任されると、取締役は会社に対して損害賠償請求ができません。また、取締役が株主総会の決議に従わないことによって会社に損害が発生したときには、会社は当該取締役に対し損害賠償請求を行うことができます。

議によって、取締役は解任されてしまいます。また、取締役がどんなに勤勉に働き、どれだけ利益を生みだしていても、理由のいかんを問うことなく、株主総会の決議で解任が決定されれば取締役は直ちに解任されます。

第四に、一定の要件を備えた株主は、必要な事項についての決定を得るために、いつでも、好きな時に、臨時の株主総会を開催することができます。

■脆弱《ぜいじゃく》な立場の取締役

このように、基本構造としての株式会社においては、取締役の立場は大変に脆弱《ぜいじゃく》だということができます。

しかし、読者の皆さんは、現実の多くの株式会社で、その立場が岩盤のように強固で、周囲に威張り散らしている取締役が存在することを知っています。基本構造としての株式会社においては取締役の立場は大変に脆弱であるのに、現実には、岩盤のように強固な立場の取締役や威張り散らしている取締役が存在するのはなぜでしょうか。

その理由は、4つ考えられます。第一は、いわゆるオーナー社長の場合です。第二は、所有と経営の分離という現象が認められる場合です。第三は、株式の分散が〝ガリバー型〟の場合です。第四は、株式相互保有という現象が認められる場合です。これらについて、以下、順次解説します。

CORPORATION LAW 2

取締役の地位が強固となる場合

■オーナー社長の場合

(1)基本構造としての株式会社

先に想定した基本構造としての株式会社においては、株主A、株主B、株主Cは100万円ずつ会社に出資しましたから、各株主は同数の株式を持っています。仮に1万円の出資につき1株を得るとすると、各株主は100株ずつ持つことになります。このような状況で、何らかの理由により、BとCが取締役Pを解任したいと考えるときには、株主総会における取締役Pの解任の決議が簡単に成立します。[*1] 前述したように、取締役の地位は大変に弱いといえます。

＊1　ここでは、とりあえず、議決権数に基づく多数決と考えてください。株主総会の決議に関する正確な要件は、145〜146頁を参照してください。

（2）出資額が不均等の場合

右の場合とは異なり、株式会社を設立するときに、BとCは100万円ずつ出資したが、Aは300万円を出資したという場合を想定します。当然、株主Bと株主Cはそれぞれ100株を持ちますが、株主Aは300株を持つことになります。この状況において、BとCが取締役Pの解任を求めたとしても、株主Aが株主総会で解任に反対の投票をすれば、取締役Pの解任決議は成立しません。なぜなら、解任に賛成する票が200票に対して、解任に反対する票が300票となるからです。つまり、取締役Pは、株主Aからの信任のみを確保すれば、株主Bや株主Cが一致して解任をしようとしても、解任されないということになります。選任についても同様になります。

このことをもっと現実に近づけてみましょう。株式会社を設立するときに、BとCは100万円ずつを出資し、Aは300万円を出資するならば、株主Bと株主Cは100株ずつを持ち、株主Aは300株を持つことになります。このとき、他人であるPを取締役にするのではなく、株主Aが自ら取締役になることを考えますと、より簡明になります。株主であるAが、A自身を取締役に選任するのです。株主としてのAは300株を持ち、300議決権を持ちますから、取締役としてのAは、解任決議や選任決議の結果を気にすることなく振る舞うことができます。取締役としてのAは株主Bや株主Cの意向を気に留める必要なく、好き勝手に会社経営を行うことができます。

(3) オーナー社長の場合

基本構造としての株式会社においては取締役の立場は大変に脆弱《ぜいじゃく》だと述べましたが、以上のように、持株数の不均等が原因となって、取締役の立場が強固になる現象が生じます。その中でも、もっとも単純明快なのは、取締役自身が発行済株式総数の過半数を有する場合、すなわち、取締役が「オーナー社長の場合」です。

なお、この変形として、株主A(=取締役A)とその家族のみで発行済株式総数の過半数を有する場合が考えられます。この場合、取締役の地位をめぐって家族間で対立が生じない限り、取締役Aの地位は盤石《ばんじゃく》です。

■所有と経営の分離が生じる場合

基本構造としての株式会社において、株主A、株主B、株主Cは100株ずつ持っており、BとCが取締役Pを解任したいと考えたときには、解任の決議が簡単に成立します。取締役の地位は大変に弱いといえます。

これに対し、株式会社を設立するときに、A、B、Cを含む1万人が株主になることを希望し、それぞれが1万円ずつを出資したとします。

このような場合、まず株主は全員で1万人になります。そして、1株1万円だとすると、各株主は株式を1株ずつ持ちますから、各株主は株主総会で議決権を1個ずつ持つことになります。このように株主の数がきわめて多くなりますと、1人ひとりの株主は、1万分の1の議決権しか持たないことになりますから、自分の意見が全体に反映することはないと考え、結局、あたりさわりのない投票をすることになります。そうなると、現在の取締役たちが、任期満了になったときに、取締役が、再び同じ人（つまり、自分たちです）を取締役候補者として株主総会で提案すると、株主たちはあたりさわりのない投票をしますので、結局、株主総会の決議の結果は、現在の取締役たちの意図する通り、すなわち、現在の取締役が再任されることになってしまいます。

このような現象を最初に指摘したのが、ハーバード大学教授のバーリとミーンズでした。[*2] 彼らは、このような現象を、「大企業（大規模な株式会社）における経営者支配」と呼び、そのような経営者支配が生じる原因は、「所有と経営の分離」にあると主張しました。「所有と経営の分離」とは、株式会社を株式の形で所有する株主たちと、株式会社の経営を担当する取締役とがさまざまな意味で分離することを意味します。

したがいまして、株主数が数千人を超える大規模な株式会社においては、所有と経営の分離がどの程度まで進んでいるかについて、常に注意を払わなければなりません。所有と経営の分離が進行し、経営者支配が確立してしまいますと、無能な取締役でも有害な取締役でも、株主総会がその者を排除しないという現象が続いてしまいます。[*3]

基本構造としての株式会社においては取締役の立場は大変に脆弱《ぜいじゃく》でしたが、以上のように、所有と経営の分離が顕著になりますと、株主総会が無能な取締役や有害な取締役を排除せず、取締役の立場が強固になるという現象が生じます。

■〝ガリバー型〟の株式分散の場合

基本構造としての株式会社においては、取締役の地位は大変に弱いといえます。

これに対し、次のような場合はどうなるでしょうか。株式会社を設立するときに、A、B、Cを含む1万人が株主になることを希望し、それぞれが1万円ずつ出資し、これに加えて、Zも株主になることを希望し、Zが1人で5000万円を出資した場合を考えます。

まず、株主は全員で1万1人になります。そして、1株1万円だとすると、Zを除く各株主

＊2　Adolf A. Berle & Gardiner C. Means, The Modern Corporation and Private Property, 119 (1933).

＊3　本文では、蓋然性の高い現象として、すなわち、事実として、株主総会が無能な取締役や有害な取締役を排除しないと述べています。このような事実が望ましいと述べているのではありません。分散している多数の株主たちが何らかの方法（たとえばインターネット等）で連絡を取り合い、無能な取締役や有害な取締役の排除を共通の目的にして議決権を行使すれば、経営者支配を打破することは可能です。

は1株ずつ持ち、これらの株主は株主総会で1票ずつ持ちます。これに対し、Zは1人で5000株（＝5000票）を持ちます。すなわち、多くの株主が存在しつつも、強力な大株主が存在する状況です（ガリバー型）。このような場合、前述しましたように、株主の数がきわめて多くなり、Zを除く各株主は、全体から見ると1万5000分の1票しか持たないため、株主総会において自分の意見を全体に反映できるはずがないと考えることになり、結局、あたりさわりのない投票をすることになります（具体的に言えば、一般の株主は、株主総会決議を欠席するか、投票を棄権する、または、賛成に投票することになります）。そうなると、5000票を持つZの意向が、株主総会の決議の結果を左右することになります。たとえば、ある議案について、1万人の株主の3割が賛成し、7割が反対に投票した場合でも、Zひとりが賛成に投票すれば、決議は可決されます（結果として、賛成8000票、反対7000票になります）。さらに言えば、1万人の株主の1割が賛成、5割が反対に投票し、残りの4割が欠席・棄権した場合でも、Zが賛成に投票すれば、決議は可決されます（結果として、賛成6000票、反対5000票になります）。

このような状況の場合、取締役たちは、Zの信頼を確保しておけば、自らの地位が安泰になります。現在の取締役たちが、任期満了になったときに、再び同じ人（つまり、自分たちです）を取締役候補者として株主総会で提案した場合、一般株主は、あたりさわりのない投票をするため、Zが賛成すれば、株主総会の決議の結果は、取締役たちの希望どおりになる可能性が非常に高くなるのです。
このような現象は、「所有と経営の分離」の状況とは異なります。また、取締役もしくは取締役の家族が議決権の過半数を有している状況とも異なります。このような場合、取締役はZの信頼を確保すれば良いことになります。Zが取締役の選別について優れた能力を持っていないときには、株主総会は無能な取締役や有害な取締役を排除できないことになります。[*4]
基本構造としての株式会社においては取締役の立場は大変に脆弱《ぜいじゃく》でしたが、株式の分散が以上のような〝ガリバー型〟になりますと、取締役の立場が強固になる現象が生じます。

■株式相互保有の場合

基本構造としての株式会社においては、取締役の地位は大変に弱いといえます。

これに対し、今回は少し複雑な場合を想定します。

甲株式会社を設立するときに、A、B、C、Dは100万円ずつ出資し、さらに、第一商事

＊4　本文では、蓋然性の高い現象として、すなわち、事実として株主総会が無能な取締役や有害な取締役を排除できないと述べていますが、仮に、分散している多数の一般株主たちが何らかの方法（たとえばインターネット）で連絡を取り合い、無能な取締役や有害な取締役を排除しようとする意思を持って議決権を行使すれば、そのような取締役を排除することが可能になります。

株式会社、第二商事株式会社、第三商事株式会社、第四商事株式会社、第五商事株式会社、第六商事株式会社の合計6社も、それぞれが100万円ずつを出資したとします（設立される甲株式会社の株主は、個人4人および会社6社をあわせて、全員で10名となります）。1株1万円だとすると、各株主は100株ずつを持ちます。このような状況において、A、B、C、Dが甲株式会社の取締役Pを解任したいと考えたとしても、第一商事株式会社、第二商事株式会社、……、第六商事株式会社の合計6社が株主総会で解任に反対の投票をすれば、取締役Pの解任決議は成立しません。なぜなら、解任に賛成する票が400票に対して、解任に反対する票が600票となるからです。

このとき、なぜ、第一商事株式会社から第六商事株式会社の合計6社が解任の決議で反対の投票をするのかが問題になります。

実は、右のように、甲株式会社の株式の10％ずつを第一商事株式会社、第二商事株式会社、……、第六商事株式会社が持っているのと同様に、第一商事株式会社の株式の10％ずつを、甲株式会社、第二商事株式会社、……、第六商事株式会社が持っており、さらに同様に、第二商事株式会社の株式の10％ずつを、甲株式会社、第一商事株式会社、第三商事株式会社、……、第六商事株式会社が持っており、さらに同様に、第三商事株式会社の株式の10％ずつを、甲株式会社、第一商事株式会社、……、第六商事株式会社が持っており、以下第六商事株式会社の株式まで同様になっている場合が考えられます。すなわち、甲株式会社、および、第一商事株式会社ないし第六商事株式会社が、お互いの株式を持ち合うのです。

このような場合、甲株式会社の株主総会において取締役Pが自分自身が解任の対象となる議案が提出されたとき、他の5社（正確には、他の5社の代表権のある取締役）が反対票を投じることを約束すれば、甲株式会社の取締役Pは、株主A、B、C、Dが解任に賛成の投票をしたとしても、解任決議は成立しません。すなわち、取締役の地位は盤石なものになります。そして、取締役Pは、第一商事株式会社の取締役、第二商事株式会社の取締役、……、第六商事株式会社の取締役とお互いに、解任決議では反対票を投じるという約束をしておけば、他の一般の株主が解任に賛成したとしても、結果として、各株式会社の現在の取締役たちは解任されないことになります。選任についても同様です。

基本構造としての株式会社においては取締役の立場は大変に脆弱《ぜいじゃく》でした。しかし、以上のように、複数の会社が1つの会社の株式の過半数を持つということをお互いに行うとき、株式相互保有という構造が生じます。複数の会社間で株式相互保有が成立してしまうと、個人株主の意思を無視して、取締役の立場が強固になる現象が生じます。これは、各会社の取締役たちのいわば相互の助け合い[*5]のような様相を呈します。1960年頃から、世界に類例を見ない、日本に特有の現象として株式相互保有が生じました。これは、戦前の旧財閥が財閥解体によって分解された後、戦後の長期間、純粋持株会社を頂点とするコンツェルンの形成が禁止されていたため、自然発生の形で、旧財閥系の株式会社同士が少しずつお互いの株式を持ち合うことが行われ、その結果、生じた現象といえます。

＊5　もっとも問題なことは、株式相互保有が認められる状況においては、各会社の取締役が個人として他の会社の株式を1株も持っていなくても、各取締役の地位が盤石になるという点です。各会社は、会社の資金を支出して他の会社の株式を取得するわけですから、各会社の取締役は、自らは個人として1円も出資していないのに、会社の資金で取得した他の会社の株式の議決権を行使することになります。そして、いわば相互に取締役の地位を保証する結果、自らの取締役としての地位を盤石にすることになります。

CORPORATION LAW 3

株式会社は誰のものか

株式会社は誰のものでしょうか。株式会社に関係する者として、代表取締役、取締役、従業員（労働者）、会社の債権者、および、株主が考えられます。会社は誰のものかを検討してみましょう。

■取締役のもの？

代表取締役と取締役の違いですが、代表取締役も取締役も、取締役という点で同一です。取締役会設置会社においては、取締役会が特定の取締役に対し、会社の対外的代表権および対内的業務執行権を付加したものが代表取締役、と理解することができます。会社法の世界では、多くの場合、代表取締役は、「取締役＋α（プラス・アルファ）」と考えれば十分です。したがって、ここでは、代表取締役と取締役とを区別して扱う必要はないので、取締役のみを考えれば十分です。

会社は取締役のものでしょうか。取締役は、会社が任期2年で委任契約を締結している者であり、株主総会の決議によっていつでも解任が可能です（339条1項）。したがって、会社が、このような取締役のものであるとは考えられません。

■従業員のもの？

会社は、従業員（＝労働者）のものでしょうか。会社法における従業員の地位は、経営を行う取締役の履行補助者と解されています。会社が取締役のものとはいえない以上、従業員のものとは考えられません。

■会社債権者のもの？

会社は会社債権者のものでしょうか。会社債権者は会社に対し債権を有していますが、会社が債務を弁済すれば、会社と会社債権者との関係は消滅します。したがって、会社が会社債権者のものであるとは考えられません。

しかし、場合によっては、中小企業である株式会社が債権者である銀行のために存在するかのように見えるケースがないわけではありません。どういうことかと言いますと、中小企業である株式会社が、銀行から、身の丈を越える多額の融資を受けて、その後、期待したほどには利益が生まれない場合に、ときおり生じる現象です。銀行は、当該会社から、貸付金の元本を返済してもらいたいのですが、それを強行すると、当該会社が倒産しかねない。倒産してしまったら、元本についてはその数％の返済しか受けられないことが確定してしまいますから、返済を強く求めることができない。そこで、法律的にはいつでも債権回収の強行措置を実行できるのですが、実行しないで、とりあえず利息の支払いだけを約束してもらう。このような状況の場合、銀行は、当該会社を殺さずに（つまり倒産させずに）、生かしながら、少しずつの利息を長期間（ときには数十年間）にわたって支払わせ続けることになります。会社の取締役や従業員は、会社の生み出す利益額の大半を銀行に支払い続けることがわかっていても、会社が倒産すると失業になりますから、会社が倒産しないことを望みます。このような状況の場合、あたかも会社は会社債権者（この場合、銀行）に利息を支払うために経営を続けているかのような様相を呈してきます。こうなると、会社は会社債権者のものであるということもできそうです。しかし、これは例外的な場合です。

■会社は株主のもの！

以上のように検討してみると、やはり、会社は株主のものであるといわざるをえません。たしかに、個々の株主の持つ権利は小さな権利かもしれませんが、株主全体が持つ議決権は、会社における絶大な権限の根源といえます。株主全体の意思を集約する株主総会の決議は、いつでも自由に会社の解散を決定できますから（471条3号）、やはり、会社は株主全体のものであるといえます。

CORPORATION LAW 4

代表取締役社長は偉いか

■会社法の世界・会社法と異なる世界

株式会社は2つの世界を持っています。次の図で示しますように、2つの世界はどちらも円錐形をしています。下の円錐形の世界は、底面を下にしています。下の円錐形はだいたい従業員（労働者）からなる株式会社を表現しています。円錐形の底面に一番近い部分は、会社に就職してから日が浅く、まだ役職の付かない従業員たちです。株式会社の従業員の中で、通常、もっとも数の多いところです。円錐形の底面から一段上がった部分は係長を示し、次に一段上がった部分は課長を、さらに一段上がった部分は部長を示しています。単純化のために、図では、部長のすぐ上に代表取締役社長を置いてありますが、実際には、部長の上に、執行役員や当該部を担当する営業担当取締役や経理担当取締役などが存在することが考えられます。

このように、下の円錐形は、会社内の職務上の地位の上下関係（労働法・経営学の世界）を示しています。上の者から下の者に対して、業務命令を発する関係があると理解することもで

◎会社法の世界と労働法・経営学の世界（代表取締役社長は偉いか）

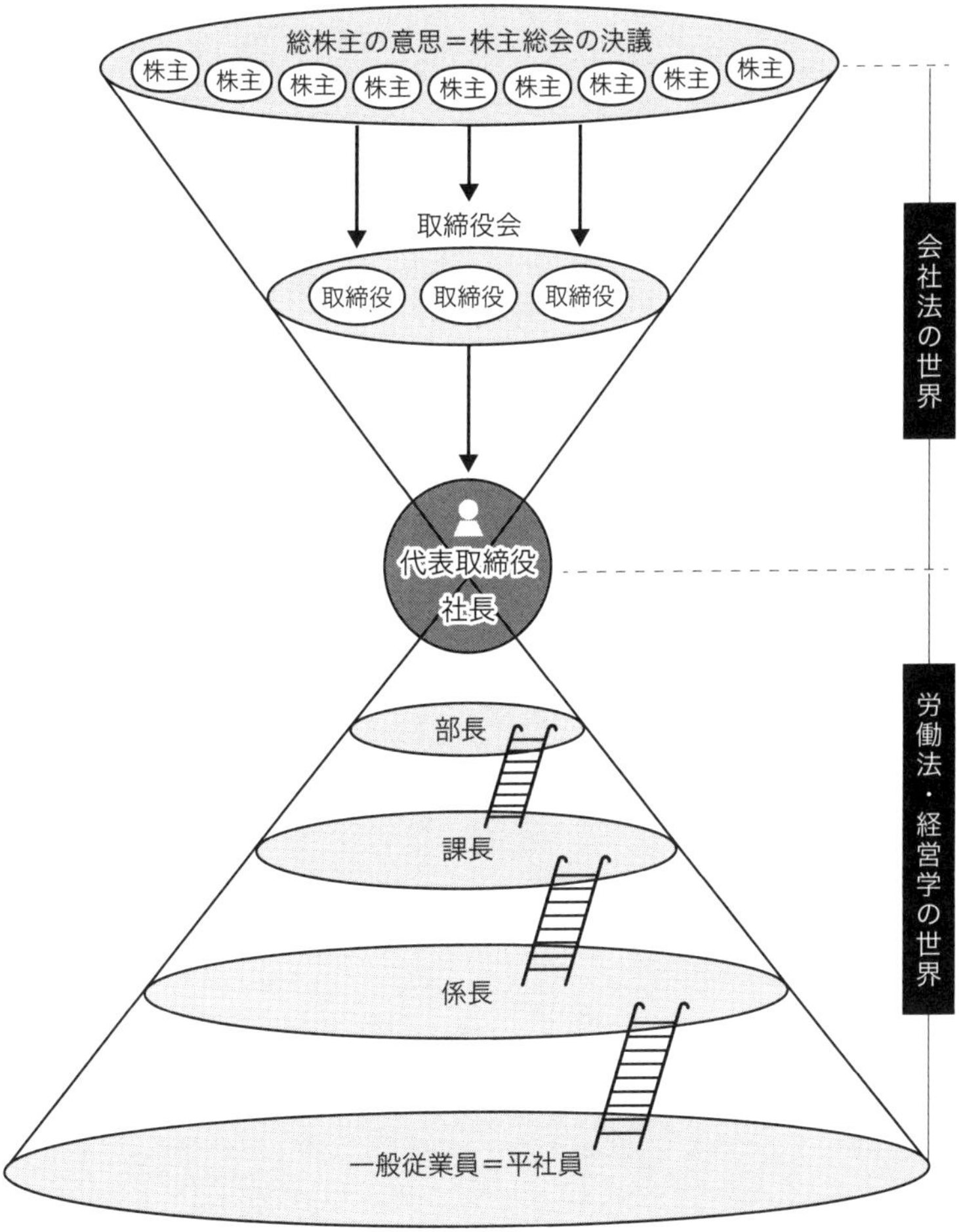

きます。また、下から上への出世の階段があると考えることもできます。このように、従業員の立場から見るとき、代表取締役社長の地位は階段の最上段に位置するものであり、また、業務命令について考えるとき、代表取締役社長は会社組織の最上位に位置していますから、代表取締役社長はもっとも偉い人と考えることになります。さらに言えば、多くの場合、従業員の昇進や異動といった人事の決定について相当大きな影響力を持っていますので、代表取締役社長が抱く自分への評価を低下させたくないと考えることから、結果として、代表取締役社長は偉いと考えることになります。

以上は、株式会社の従業員（労働者）の目から見たときの代表取締役社長の姿です。

ところが、もう1つの世界は大きく異なります。上の円錐形は底面を上にし、頂点を下にしており、下の円錐形とは逆さの状態になっています。これは会社法の世界を描いています。一番上は総株主の部分です。東京証券取引所に上場している大企業の場合、株主数は数十万人になります。総株主の意思を決定するのは株主総会になります。株主総会は、決議によっていつでも自由に取締役を選任し、決議によっていつでも自由に解任できます。株主総会と取締役はどちらが偉いかと問われれば、株主総会が上位機関であることは明らかです。

上の円錐形の中段にあるのが、取締役全員で構成する取締役会です。上の円錐形では、取締役会より下に代表取締役が位置づけられます。代表取締役は、すでに取締役である者の中から、取締役会の決議によっていつでも自由に選定され、決議によっていつでも自由に解職されます。取締役会と代表取締役はどちらが偉いかと問われれば、取締役会が上位機関であることは明らかです。

このように、会社法の世界を考えるときは、総株主によって構成される株主総会が最高機関（最高意思決定機関ともいえます）であり、その下に位置するのが、経営に関する意思決定機関である取締役会であり、最下位に位置するのが、執行機関である代表取締役になります。したがって、会社法の世界――すなわち、株主、取締役、代表取締役、監査役、会社債権者などが登場する世界――で考えるときは、代表取締役は決して偉くないことになります。

しかし、多くの人は、下の円錐形の世界の中で生活し、その世界の中で代表取締役社長を下から見上げていますから、代表取締役社長は偉いと考えることになります。

このように、株式会社は、会社法の世界と労働法の世界（あるいは経営学の世界）という2つの世界を持ち、機関としての「代表取締役」は、２つの世界を結び付けるいわば連結点の役割を果たしています。

CORPORATION LAW

第2章

会社法の歴史

CORPORATION LAW 1

会社法の歴史

■オランダ東インド会社

オランダで1602年に設立された東インド会社が、最初の近代的な株式会社だといわれています。この時代には、株式会社の設立は必要に応じて、そのつど、国家が特別の許可を与え（特許主義）、設立する株式会社ごとに個別の法律を制定しました。その後、株式会社法はゆっくり進化をしました。

■フランス革命

「株式会社は資本主義の申し子である」といわれるように、株式会社法が発展するためには、フランス革命（1789年）後の近代市民社会における資本主義経済の爆発的な発展が必要でした。フランス革命後の1807年に制定されたフランス商法典（これは、一般に「ナポレオン商法典」とも呼ばれます[*1]）の中に、株式会社に関する規定（29条から40条まで）が設けられました。しかし、全部でわずか12条しかありません。条文数が示すように、その当時の株式会社は、内部構造も行動規律も、社会における重要性も、きわめて低かったということができます。

■普通ドイツ商法典

ドイツでは、1843年にプロイセン株式会社法、1861年に普通ドイツ商法典、1884年に普通ドイツ商法典第2改正法が制定され、ドイツの資本主義経済の興隆に伴って株式会社法も頻繁に改正され発展しました。

■日本の旧商法

わが国は、明治維新（1867年）の後、不平等条約の改正と治外法権の撤廃と富国強兵を目標として、文明開化と殖産興業を行い、ヨーロッパ各国の文明制度の模倣を行いました。そこでは、もっぱらイギリス、フランス、ドイツの文明を取り込む努力をしました。

＊1　1807年に、有名なフランスのナポレオンがそれまでに施行されていた商法関係の法律を整理してまとめました。これが、通称「ナポレオン商法典」といわれるものです。

ようやく、１８８９年（明治22年）に明治憲法が発布され、１８９０年（明治23年）には、いわゆる旧民法典と旧商法典が制定されました[*2]。ところが、旧民法典の中の家族に関する条文について大きな批判が生じ[*3]、旧民法典は施行されないまま、新しい民法典を作ることになりました。この余波を受けて、旧商法典も施行されずに放置されました。

しかし、わが国の経済発展は急激であり、そのころすでに軽工業が十分に発展し、来るべき日清戦争（１８９４年）を控え、机上の議論に時間をとられる余裕はなく、経済活動に必要な法律の施行が緊急不可欠のものとなっていました。このような経済界からのたっての要請を受け、旧民法典が施行されていないにもかかわらず、旧商法典の中の会社法、手形法および破産法[*4]の部分についてのみ１８９３年（明治26年）から施行されました。

■現行商法

その後、１８９９年（明治32年）に、現在の商法典が制定され施行されました[*5]。これは、普通ドイツ商法典第２改正法およびドイツ商法典を範としたものでした。当時、株式会社に関する規定は商法１１９条から２３４条まででした。その後、日本経済の発展に伴い、株式会社の部分は、明治44年改正、昭和13年改正、昭和23年改正と何度も改正され、そのたびに条文の数が増加していきました。

第二次世界大戦後の１９５０年（昭和25年）には、ＧＨＱ[*6]の指導の下で、アメリカ会社法の考え方が大幅に導入されました。１９６６年（昭和41年）、１９８１年（昭和56年）、１９９０年（平成２年）の大改正を経て、１９９９年（平成11年）には株式交換・株式移転制度の新設、２０００年（平成12年）には会社分割制度の新設、２００２年（平成14年）には現在の指名委員会等設置会社制度の新設が行われました。

■会社法の誕生

２００５年（平成17年）には、商法典の中にあった株式会社および持分会社に関する規定がすべて廃止されるとともに、１９３８年（昭和13年）に制定された有限会社法も廃止され、これらを統合した法典として、新たに単独立法としての「会社法」が制定されました。会社法は

＊２　普通ドイツ商法典の第２改正法（１８８４年）を模範として１８９０年（明治23年）に旧商法典が成立しました。
＊３　いわゆる法典論争です。
＊４　当時のフランスでは、商人のみが破産することができるという「商人破産主義」が採用されていました。そのため、破産法は商法典の中に規定されていました。わが国の旧商法典はフランス商法典の影響も受けたため、商法典の中に破産法が規定されていました。
＊５　明治32年３月９日法律48号（施行 明治32年６月16日）。
＊６　ＧＨＱ（General Headquarters）とは、連合国（軍）最高司令官総司令部のことです。

条文が１０００条を超える大法典です。なお、２０１４年（平成26年）に、監査等委員会設置会社などを新設する会社法改正が行われました。また、２０１９年（令和元年）に、株式交付制度などが新設されました。

CORPORATION LAW 2

有限会社と株式会社

■有限会社法の制定と廃止

有限会社法は1892年にドイツで制定され、有限会社はドイツで大成功しました。大成功とは、ドイツでは、製鉄所や鉄道などの巨額の資金が必要となる大規模な企業は株式会社になり、あまり多額の資金を必要としない企業は有限会社になったことをいいます。ドイツの会社が作った商品に、たとえば、ABC GmbH（Gesellschaft mit beschränkter Haftung）という文字が記載されていたら、それは、ABC有限会社ということです。ドイツのワインのラベルなどによく見つけることができます。ちなみに、XYZ AG（Aktiengesellschaft）と記載されていたら、XYZ株式会社のことです。

ドイツを模範として、わが国も、1938年（昭和13年）に有限会社法を制定しました。[*1] 最

＊1　昭和13年4月5日法律74号（施行 昭和15年1月1日）。

◎組織別・資本金階級別法人数

会社法に基づき設立できる会社は、全部で４種類あり、株式会社、合名会社、合資会社、および、合同会社です。現在、有限会社は設立できません。

令和元年度の税務統計によると、株式会社（旧有限会社を含む）が 255 万 9,561 社、合名会社が 3,343 社、合資会社が１万 3,540 社、合同会社が 11 万 3,196 社、その他（企業組合、相互会社、医療法人等）が６万 8,780 社あります。

区　分	1,000 万円以下	1,000 万円超１億円以下	１億円超10 億円以下	10 億円超	合　計	構成比
（組織別）	社	社	社	社	社	%
株式会社	2,203,324	336,529	14,422	5,286	2,559,561	92.8
合名会社	3,196	144	2	1	3,343	0.1
合資会社	13,059	473	7	1	13,540	0.5
合同会社	112,327	757	97	15	113,196	4.1
その他	51,426	16,122	657	575	68,780	2.5
合計	2,383,332	354,025	15,185	5,878	2,758,420	100.0
構成比	(86.4)	(12.8)	(0.6)	(0.2)	(100.0)	

出典：国税庁長官官房企画課「令和元年度分　会社標本調査─調査結果報告─税務統計から見た法人企業の実態」14 頁（2021 年）

終的には非常に多くの有限会社が設立されたにもかかわらず、理由はよくわからないのですが、有限会社はあまり人気が出ませんでした。名刺の表記などで、株式会社のほうが格好がよいからだという説もありました。また、「有限」という言葉が、未来がないような否定的なニュアンスがあるからだという説もありました。

そこで、２００５年（平成17年）の会社法を制定する際に、有限会社法の条文の内容を会社法の中に取り込み、形式的には有限会社法を廃止しました。この時点までに成立していた有限会社はそのまま存続することが認められています[*2]が、２００６

年5月1日の有限会社法の廃止日以降は、新しく有限会社を設立することはできません。

■株式会社と有限会社の比較

簡単に、株式会社と有限会社の比較をしましょう。

株式会社も有限会社も、営利の追求を目的とする社団法人です。株式会社の構成員を株主と呼び、有限会社の構成員を社員と呼びます。その関係から、構成員の集まる会議体を、株式会社では株主総会、有限会社では社員総会と呼びます。株式会社の株主は何万人でも許されますが、有限会社の社員は最大50人と制限されています。株式会社の株主も、有限会社の社員も、会社の債権者に対して有限責任しか負いません。有限会社法が廃止される前では、株式会社には必ず取締役会がありましたが、有限会社には法定機関としての取締役会はありませんでした。株式会社においては、強力な株主平等原則がありましたが、有限会社では、定款に規定を置くことにより、社員平等原則は容易に変容されました。

＊2　会社法の施行に伴う関係法律の整備等に関する法律2条1項「前条第三号の規定による廃止前の有限会社法（以下「旧有限会社法」という。）の規定による有限会社であってこの法律の施行の際現に存するもの（以下「旧有限会社」という。）は、この法律の施行の日（以下「施行日」という。）以後は、この節の定めるところにより、会社法（平成十七年法律第八十六号）の規定による株式会社として存続するものとする。」

CORPORATION LAW 3

合同会社は有限会社の生まれ変わり

■合同会社とは

最近、合同会社という言葉を見聞きすることがあると思います。合同会社は持分会社[*1]の1つです。合同会社は、株式会社の一種ではありません。

合同会社は、2005年（平成17年）に制定された会社法が初めて創り出しました。これについては、あたかも新型の電気自動車が発売されたかのように思っている人が多いかもしれませんが、実は、専門家の目で見ると、以前に存在し、現在も存在し続けているガソリンエンジン自動車というべき有限会社とほとんど変わりません。ちょっと悪口を言えば、有限会社がなんとなく古びて人気がないので、名前を変えて再デビューさせたら、少し人気が出た、という感じです。

もう少し丁寧に述べますと、わが国は、1938年（昭和13年）にドイツの有限会社法を模倣して有限会社法を制定し、2005年（平成17年）に会社法を作るときに、株式会社の中に有限会社を溶け込ませて有限会社という制度を廃止しました。ところが、そのころ、経済界の一部から、アメリカで使われているＬＬＣ[*2]という制度をわが国に持ち込みたいという要望があり、そのＬＬＣを模倣して作られたのが、合同会社です。

「右手で茶碗を壊しながら、左手で茶碗を作った」ともいわれます。もっとも、現在、合同会社に人気があるのであれば、「終わりよければすべてよし」と考えることもできるでしょう。ただし、合同会社の分だけ、複雑な条文が多量に増えました。

■合同会社は有限会社と似ている

有限会社と合同会社を比べてみましょう。有限会社も合同会社も、株式を発行できません。有限会社も合同会社も、団体の構成員は社員[*3]と呼ばれます（株主とは呼ばれません）。有限会社の社員も、合同会社の社員も、団体の債務については個人として責任を負いません。つまり、

＊１　持分会社は、合名会社、合資会社、および、合同会社をあわせた総称です（575条1項）。会社法は、会社の種類を、まず、株式会社と持分会社に大きく分類し、その後、持分会社を、合名会社、合資会社、および、合同会社に分類しています。現在、会社法に基づき設立することができる会社は、株式会社、合名会社、合資会社、および、合同会社の4種類です。

＊２　ＬＬＣとは、「Limited Liability Company」の略語です。

＊３　会社法において、「社員」とは団体の構成員のことであり、従業員や労働者のことではありません。

有限責任です。有限会社も合同会社も、重要なことは社員総会で決めます。有限会社も合同会社も、定款で決めることのできる範囲が広範です。

このように、有限会社と合同会社とはよく似ていて、合同会社は、廃止した有限会社の生まれ変わりということができそうです。

CORPORATION LAW

第3章

会社法の重要な判決

CORPORATION LAW 1

ミスタードーナツ事件[*1]

■事件の概要

ドーナツ等を販売するチェーン店において、食品衛生法で使用が許可されていない添加物を含んだ肉まんが販売され、これを販売した会社は106億2400万円の損害を被りました。大阪地方裁判所は、当該肉まんを販売した会社の取締役2人に、右106億2400万円の損害賠償責任を認めました。[*2]

■事件の詳細

株式会社ダスキン（以下「ダスキン」といいます）は、ミスタードーナツをフランチャイズ方式によって経営しています。[*3] ダスキンは、本件で問題となる「大肉まん」（以下「本件肉まん」といいます）をA社から仕入れていました。A社はB社にその製造を委託し、B社は、B社の子会社の中国工場で本件肉まんを製造しました。ダスキンは、2000年（平成12年）4月から、本件肉まんを日本全国のミスタードーナツの店舗で販売しました。その後、第三者Cが、ダスキンに、本件肉まんの皮の部分に、食品衛生法で使用が許されていない添加物ＴＢＨＱ[*4]が含まれていることを伝えました。しかし、ダスキンの取締役であるY_1（被告）およびY_2（被告）は、本件肉まんの販売継続を決定し、結局、ダスキンは、平成12年4月から同年12月20日ころまでの間に、添加物ＴＢＨＱが含まれた本件肉まん１３１４万個を日本全国のミスタードーナツの店舗で販売しました。

ところが、本件肉まんの販売について匿名の通報があり、平成14年5月15日に、保健所がミスタードーナツの立入検査を行ったことから、マスコミに知られるところとなり、ダスキンは、本件肉まんに関する上記事実の公表を余儀なくされました。当然、本件肉まんの販売は停止さ

＊1　大阪地判平成17年2月9日判時１８８９号１３０頁。

＊2　その後、大阪高裁は被告取締役2人に対して53億４３５０万円の損害賠償を認めており（大阪高判平成19年1月18日判時１９７３号１３５頁）、当該大阪高判は最高裁によって確定しています（最決平成20年2月12日〈LLI／DB 文献番号 L06310183〉。参照、株式会社ダスキン Web サイト https://www.duskin.co.jp/ir/news/2008/080213.html〈２０２２年2月27日最終閲覧〉）。

＊3　日本ではミスタードーナツという株式会社は存在せず、株式会社ダスキンがミスタードーナツの名でフランチャイズ方式によりドーナツ等の販売事業を展開しています。

＊4　ＴＢＨＱは、t-ブチルヒドロキノンのことです。

れ、在庫品は回収され、全国のミスタードーナツの売上げが減少しました。そのため、ダスキンは、ミスタードーナツ加盟店に対する営業補償57億円余、本件問題に関係するキャンペーン費用20億円余、信頼回復等のための広告費用6億円余その他諸費用合計106億2400万円の支出を行いました。

ダスキンの株主X（原告）は、被告Y_1および被告Y_2らが、第一に、ダスキンが本件肉まんの供給元から商品を受け取るに当たり、受入検査を行うべき善管注意義務（平成17年改正前商法254条3項[*5]、民法644条）があったのにこれを怠ったこと、第二に、本件肉まんがTBHQを含んでいるためその販売が食品衛生法に違反することを認識しながら上記販売の継続を決定・実行し、その結果、ダスキンに合計106億2400万円の損害を与えたことに憤慨し、本来は、損害を被った株式会社ダスキンが原告となって被告Y_1および被告Y_2に対し上記損害額についての損害賠償請求を行うのですが、株式会社ダスキンが損害賠償請求の訴えを提起しないので、ダスキンの株主であるXがダスキンに代わって損害賠償請求の訴え（＝株主代表訴訟[*6]）を提起しました。

この訴えに対し、大阪地裁は、「被告Y_1および被告Y_2は、ダスキンに対し、連帯して、106億2400万円を支払え。」とする判決を言い渡しました。[*7]

■事件の教訓

株式会社の取締役は、あらゆる法令に抵触しないように細心の注意を払って、会社の経営を行わなければならないということです。また、仮に何らかの法令違反の事実に気がついたときは、隠蔽したままで誰にもわからないだろうと判断するのではなく、その時点で、緊急に取締役会を開催し、取締役全員によって善後策を検討すべきだということになります。裁判所による詳細な事実認定に照らしますと、最初に気がついた時点で、法令違反となる一連の流れをいったん停止して問題を処理したほうが、隠蔽した後に発覚し多方面に多額の後始末を行うことに比べて、はるかに安価で済むということもいえます。

＊5　本件事件は平成17年改正前商法の時代のものなので、実際の判決には商法254条3項が記されています。同条項は、現在の会社法330条に該当します。

＊6　株主代表訴訟は、本来であれば会社が追及すべき取締役等の責任を、会社が追及しないときに、株主が会社に代わり原告となって追及する制度です。株主代表訴訟については、226頁を参照してください。

＊7　その後、大阪高裁は、被告取締役らが支払うべき金額を53億4350万円とする判決を言い渡し、最高裁はこれを認めています。

CORPORATION LAW 2

花見酒（秀和 対 忠実屋・いなげや事件）[*1]

■落語「花見酒」

落語に「花見酒」という話があります。八ッつぁんと熊さんが、花見客に酒を売って一もうけしようと、酒を入れた酒樽を運んで花見に行きました。花見の場所に着くと、まずは景気づけにと、八ッつぁんが十銭を熊さんに支払って茶碗一杯の酒を飲み、今度は、熊さんが十銭を八ッつぁんに支払って茶碗一杯の酒を飲みました。これを繰り返した2人は、とうとう、酒樽を空っぽにしてしまいました。酒が全部売れたから儲かっただろうと喜んだ2人が、売上金を調べてみると……、十銭しかありませんでした、という話です。

■事件の概要・詳細

落語「花見酒」と同じようなことが、会社の資金調達の場面でも行われました。

平成元年7月10日の時点で、秀和株式会社（申請人。以下「秀和」といいます）は、株式会社忠実屋（被申請人。以下「忠実屋」といいます）の発行済株式総数９０２９万株余の33・３４％の株式を取得し、株式会社いなげや（被申請人。以下「いなげや」といいます）の発行済株式総数５０８８万株余の21・４４％の株式を取得しました。その後、秀和は、大株主として、忠実屋およびいなげやに対し、訴外A会社との3社による合併を行うことを提案しました。この圧力に対抗するために、忠実屋の取締役たちといなげやの取締役たちは、相談をした結果、忠実屋がいなげやの発行する大量の新株を引き受け、ついで、いなげやが忠実屋の発行する大量の新株を引き受けることにより、忠実屋およびいなげやに対して有する秀和の持株比率を低下させることを計画しました。具体的には、いなげやは忠実屋に対し１２４０万株の新株を発行し、忠実屋はいなげやに対し２２００万株の新株を発行します。これによって、忠実屋およびいなげやは、相互に相手方会社の発行済株式総数の19・５％の株式を保有することになります。そして、秀和がいなげやの発行済株式総数に占める持株比率は、21・４４％から17・２４％に低下し、秀和が忠実屋の発行済株式総数に占める持株比率は、33・３４％から26・８１％に低下します。

ところが、新株発行のために払い込まれる金銭の資金源に問題がありました。どういうこと

＊1　東京地決平成元年7月25日判時１３１７号28頁、東京地決平成元年7月25日判時１３１７号32頁。

◎秀和対忠実屋・いなげや事件の説明図

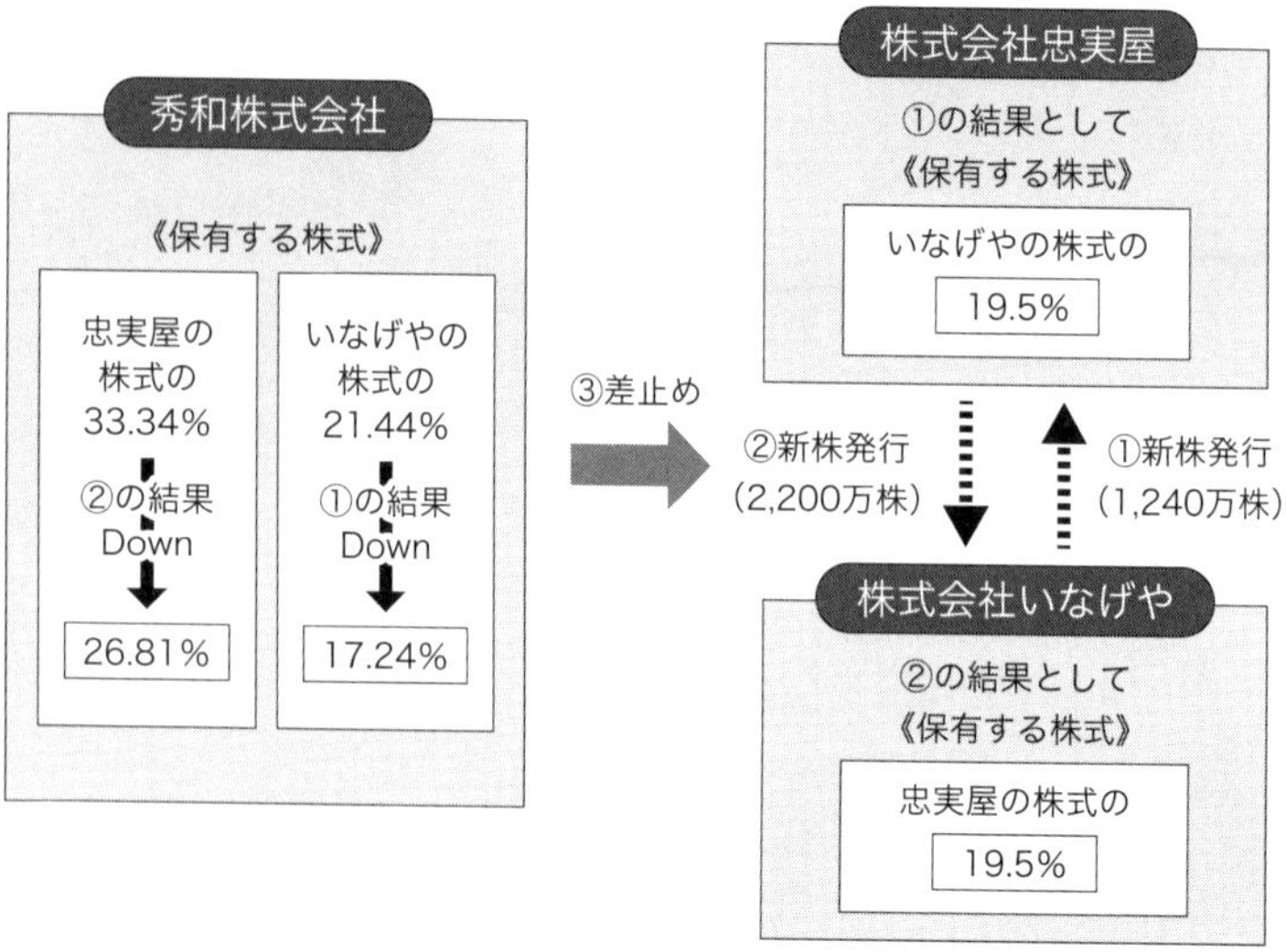

かといいますと、まず、いなげやの新株発行（1240万株）の払込みのために、忠実屋は金融機関から195億円余の借り入れをして、これをいなげやの新株発行の払込金額として、いなげやへ払い込みます。ここまでであれば、通常の新株発行と特に異なることもなかったのですが、その同日（平成元年7月26日）に、今度は、忠実屋の新株発行（2200万株）の払込みのために、いなげやは、つい先ほど忠実屋が払い込んでくれた195億円を含む246億円を、忠実屋の新株発行の払込金額として、忠実屋へ払い込みます。つまり、最初に、195億円が忠実屋からいなげやへ移転し、その後、今度は、その195億円を含む246億円が、いなげやから忠実屋

へ移転したのです。

最終的な状態を冷静に観察してみれば、結局、いなげやは１２４０万株の新株を発行しますが、実質的な金銭は全然増加していないことになります。また、忠実屋は、２４６億円の払い込みに対して２２００万株の新株を発行するかの様相を呈していますが、実質的な金銭は51億円（＝２４６億円－１９５億円）しか増加していないことになります。これは、まさに、落語の花見酒を、大企業が実演したことになります。

東京地裁は、本件新株発行は著しく不公正な方法による新株発行にあたると判示して、秀和による新株発行差止めの仮処分申請を認め、忠実屋およびいなげやの新株発行を差し止めました。

■事件の教訓

忠実屋およびいなげやの行ったことは、最初に紹介しました落語の八ッつぁんと熊さんの行ったことと同一ですから、笑い話にしかなりません。裁判所によって差し止められたのは当然です。それはさておき、このときの忠実屋およびいなげやには、取締役や監査役、会計監査をする公認会計士や法律顧問の弁護士などが大勢いたと思うのですが、誰一人、花見酒だからやめにしようと言い出さなかったのでしょうか、不思議です。

CORPORATION LAW 3

取締役の監視義務に関する判決[*1]

事件の概要

最高裁は、取締役会において何も発言できないような弱い立場の平取締役であっても、ワンマン社長である代表取締役の業務執行につき監視する義務があり、業務執行が適正に行われるようにする職務があるとする厳しい判決を言い渡しました。

事件の詳細

個人企業として電気製品修理業を営んでいたY_1（被告）は、訴外B会社（新潟ソニー販売株式会社）から仕事をもらっていました。Y_2（被告）、Y_3（被告）は、右個人企業の従業員でした。その後、右個人企業を株式会社に改めたものが訴外A会社（株式会社マルゼン）です。A会社の資本金額は100万円であり、そのうち95万円をY_1が出資し、5万円をY_4が出資しました。A会社は設立の当初から株主総会も取締役会も開いたことがありませんでした。会社業務は常にY_1が独断で行い、会計帳簿も決算書類もほとんど作成されず、監査役の監査も受けませんでした。A会社の設立当初は、B会社から安定した電気製品修理の仕事があったのでA会社の業績はまずまずでした。

昭和42年夏、ワンマン経営者である代表取締役社長Y_1が他の取締役に相談することなく、独断で、A会社の事業を自動車修理業にまで拡張することを計画し、その資金を得るために、A会社を振出人とする900万円の融通手形を訴外C宛てに振り出したところ、Cにだまされ、1銭の金銭も得ることなく、上記融通手形を持ち逃げされました。その後、手形の満期に至り、第三者X（原告）が上記手形の支払いを求めてきました。A会社は資金不足のために手形金額900万円を支払うことができず倒産しました。

手形所持人である原告Xは、Y_1、Y_2、Y_3に対し取締役としての責任を追及し、900万円の損害賠償を求めて訴えを提起しました。Xは、A会社振出の手形金額の支払いを受けることができず、900万円の損害を被ったところ、A会社の代表取締役たるY_1は取締役会も株主総会も開催せず、独断的に業務を運営し会社の業績資産状態を悪化させ、同様に取締役であるY_2およびY_3も代表取締役Y_1の業務執行に対する監督監視義務を懈怠したのであるから、Xが被っ

＊1　最判昭和48年5月22日民集27巻5号655頁。

た損害900万円を連帯して賠償する責任があると主張しました。

最高裁は、株式会社の取締役会は会社の業務執行につき監督・監視する地位にあるから、取締役会を構成する取締役は、代表取締役の業務執行につき、これを監視し、必要があれば、取締役会を自ら招集し、取締役会を通じて業務執行が適正に行われるようにする職務を有しており、そのようなことをしなかったY_2およびY_3には、右職務を行うにつき重大な過失があり、Y_2およびY_3に手形金額900万円を支払う責任があるとの結論を述べました。[*2]

■事件の教訓

昭和40年頃までの時代において、地方における電気製品修理を行う個人企業の店といえば、その主人と労働者の関係は、親方と徒弟といった関係に近かったものと考えられます。このような個人企業が、いわゆる「法人成り」の風潮に乗って、株主2人、資本金額100万円の小規模な株式会社を設立したのですが、現在の会社法施行以前[*3]においては、株式会社は必ず取締役会設置会社でなければならないと法定されていたため、どうしても取締役が3人以上必要になりました。[*4]おそらく、その3人を充たすために、代表取締役であるY_1に命じられてまたは頼まれて、雇われ人であるY_2とY_3が取締役に就任したものと推測することができます。代表取締役Y_1は、最初から、Y_2やY_3を実質的な取締役とは考えていませんから、取締役会を開催することもしなかったし、経営についての相談をすることもしなかったのです。このような事情であるにもかかわらず、最高裁は、Y_2とY_3に対し、およそ取締役たる者は代表取締役の業務執行全般につき監視する義務があり、取締役会を通じて業務執行が適正に行われるようにする職務があるとする判決を言い渡しました。平取締役にとっては大変に厳しい判決です。その後、一部の学説には、形式的な取締役であれば責任を負わないことにしたいとする見解もありましたが、最高裁の考え方は現在まで変わっていません。

なお、現在の会社法の下では、取締役となる3人を見いだせないのであれば、取締役会非設置会社にすればよいことになりますから、現在では、先の一部の学説の見解は論拠を失っています。かつての商法の下でも、また、現在の会社法の下でも、取締役は大変に重い責任を負っています。このことを知らない人が多いのですが、ぜひ、この最高裁判決を知っていただきたいと思います。

＊2　正確には、東京高裁の判決に対してY_2およびY_3が行った上告を、最高裁は棄却しました。Y_1は控訴せず、第一審でその責任が認められ、確定しています。

＊3　現在の会社法は、２００５年（平成17年）に制定され（平成17年7月26日法律86号）、平成18年5月1日に施行されました。

＊4　平成17年改正前商法２５５条。

CORPORATION LAW 4

野村證券が99%負けた事件[*1]

■事件の概要

野村證券株式会社（以下「野村證券」といいます）の株式と、かつて存在した株式会社大和銀行（以下「大和銀行」といいます）の株式を有する株主が、それぞれの会社の株主総会に出席したいと思いました。しかし、両会社の株主総会が同日同時刻に別々の場所で開催されるため、やむなく、株主本人は大和銀行の株主総会に出席し、野村證券の株主総会には、右株主が委任した弁護士を代理人として出席させようとしました。ところが、野村證券が弁護士である代理人の入場を拒絶しました。そこで、株主は、わざわざ弁護士に委任して、弁護士を自己の代理人として株主総会に出席させようとしたのに、野村證券がこれを拒絶したことは商法（会社法）に違反[*2]する違法行為であり、このことによって精神的損害を被ったと主張し損害賠償を求めました。裁判所は、野村證券が商法（会社法）に違反する違法行為を行ったことは認定しましたが、株主の被った損害は精神的損害ではないと判示し、原告株主の請求を棄却しました。

■事件の詳細

　事件当時、野村證券（被告）は資本金１８００億円余の証券会社であり、その株式を東京証券取引所第1部に上場していました。[*3] 野村證券は、平成11年6月29日午前10時に定時株主総会（以下「本件株主総会」といいます）を開催しました。これと同一の日時に、大和銀行も株主総会を開催しました。その日時（すなわち、平成11年6月29日午前10時）は、証券市場に上場し3月末日を決算期とする株式会社の多数が集中的に株主総会を開催する日時に当たり、当時の上場会社１９６８社のうちの１７９７社（91・３％）が同日時に株主総会を開催しました。

　Ｘ（原告）は、野村證券の株式２１３８株、および、大和銀行の株式７０００株を有する株主でした。このように、野村證券および大和銀行の両会社の株主であったＸは、同日同時に開催される両者の株主総会に自身が出席したいと考えましたが、それは不可能のため、Ｘ本人は大和銀行の株主総会に出席することに決めました。そして、Ｘは、本件株主総会に先立つ6月22日に、野村證券の株主総会への出席を弁護士Ｂに委任し、同日付でその旨を野村證券に申し

＊1　神戸地尼崎支判平成12年3月28日判タ１０２８号２８８頁。
＊2　本件事件は、会社法が制定される前の事件であるため、商法違反となります。
＊3　現在、野村證券は野村ホールディングス株式会社の完全子会社であり、その資本金は１００億円です。

出ました。

これに対し、野村證券は、野村證券の定款13条「株主は、当会社の議決権を有するほかの株主を代理人として、議決権を行使することができる。」を根拠にして、株主以外の者の株主総会への代理出席は認められないとして、Xの申出を拒絶しました。結局、株主Xの代理人である弁護士Bは、野村證券の株主総会に出席できませんでした。

そこで、本件株主総会の開催後に、Xは次のように主張し、100万円相当の精神的損害を被ったとして損害賠償を求めて訴えを提起しました。

Xは、「仮に、被告〔野村證券の〕定款一三条の規定が有効であるとしても、右規定は、株主総会が、株主以外の第三者によって撹乱されることを防止し、会社の利益を保護する趣旨に出たものであるから、代理人資格の制限は合理的な理由による相当程度の制限である場合に限り許容されるとするのが相当であるところ、原告〔X〕は弁護士を代理人として議決権を行使しようとしたのであるから、本件総会を撹乱する危険性などは毛頭存在しなかったというべきである。したがって、被告〔野村證券〕が原告〔X〕の右議決権の代理行使を拒絶したことは合理的な理由による相当程度の制限に基づくものではなく、違法である。」と主張しています。

この訴えに対し、神戸地裁尼崎支部は、「本件総会へ出席を委任された者が弁護士であることからすれば、受任者である弁護士が本人たる株主の意図に反する行動をとることは通常考えられないから、株主総会を混乱させるおそれがあるとは一般的には認め難いといえる。したがって、右申出〔＝株主本人の代わりに弁護士の出席を求める申出〕を拒絶することは、本件総会がこの者の出席によって撹乱されるおそれがあるなどの特段の事由のない限り、合理的な理由による相当程度の制限ということはできず、被告〔野村證券の〕定款一三条の規定の解釈運用を誤ったものというべきである。そこで、右特段の事由の有無について検討する。……

原告〔X〕は、被告〔野村證券〕に対し、本件総会に先立ち、自己の選任した代理人の氏名及び職業を委任状と共に被告〔野村證券〕に告知していたのであるから、被告〔野村證券〕としては、本件総会当日に、代理人たる弁護士に対して、代理人自身の身分・職務を証明する書類の提示を求めて、右代理権の有無、代理人の同一性を確認し、その上で会場への入場を認めるという取扱いをすれば足りたのであって、右手続の履践が本件総会を開催するに際しての事務処理を著しく煩雑にし、総会の開催を混乱させることになったと認めるに足りる証拠はない。そうすれば、被告〔野村證券〕には、本件総会の開催にあたり、原告〔X〕の代理人による議決権の行使を拒絶するに足りる特段の事由があったとはいえない。

以上によれば、被告〔野村證券〕が、原告〔X〕による弁護士を代理人とする議決権の代理行使の申出を拒絶したことは、被告〔野村證券の〕定款一三条の規定の解釈運用を誤ったものであるから、商法二三九条二項[*4]に違反するものというべきである。」と判示しました。

しかしながら、判決の最後になって、神戸地裁尼崎支部は、「原告〔X〕は、……〔被告野村證券による弁護士の〕代理出席の拒絶により財産的損害を被ったとはいえても、精神的損害を被ったとはいえない。……原告〔X〕の本件損害賠償請求は、その余の点につき判断するまでもなく理由がないことになる……。」と判示し、原告Xの請求を棄却しました。

■事件の教訓

裁判所（神戸地裁尼崎支部）は、原告である株主Xの主張を認め、野村證券のとった行動は平成17年改正前商法239条2項（＝現行の会社法310条1項）に違反したと明確に判示しています。したがいまして、会社法の理論としましては、本件事件は、野村證券が会社法に違反した事案であるということができます。

ただ、原告Xの訴訟上の請求は、野村證券の行為が会社法に違反したことを確認することだけではなく、野村證券の当該違法行為に起因して、Xに「精神的損害」として100万円の損害が発生したから、野村證券が100万円を支払うことを請求していました。そして、残念なことですが、裁判所は、Xが弁護士による代理出席を拒絶されたことにより精神的損害を被ったとはいえないと述べて、Xの請求を棄却しました。

本件判決は、会社がその定款によって株主総会の代理人を同社の株主に限定していた場合であっても、株主が弁護士を代理人とできることを認めた点で非常に重要な判決です。

しかし、本件判決の最後の点は、学問的には賛成しがたい部分といえます。なぜなら、原告である株主Xが被った損害はもっぱら財産的損害かもしれませんが、精神的損害がゼロであったとは考えられません。勝手に詮索しますと、裁判所は、精神的損害の損害額をいくらと認定すればよいかの判断に困惑したのではないかと思われます。裁判所がXの精神的損害を認めていれば、野村證券が100%負けた事件になったはずです。いずれにせよ、この判決は、わが国の証券業界のトップである野村證券の会社法違反行為を完全に認定しながら、最後の詰めのところで、敵の王将を取り逃がしたといえる判決です。

＊4　本件事件は、2005年（平成17年）に会社法が制定される前の事件です。このため実際の判決には商法239条2項が記されています。平成17年改正前商法239条2項は、現行の会社法の310条1項に相当します。

CORPORATION LAW 5

法人格否認の法理に関する判決[*1]

■法人格否認の法理

法人格否認の法理とは、正義・衡平の見地から、会社の背後にいて会社を操って利得している者（＝背後者）の責任を追及するために、当該事案においてのみ会社の有する「法人格」という外殻を一時的に否認する法理です。[*2] 法人格否認の法理は、いろいろな場面で用いられますが、ここでは、法人格が形骸化していたとして法人格否認の法理が適用された裁判例を紹介します。

■事件の概要

原告Xは、訴外A会社からの要請を受けて、A会社と工事請負契約を締結し、その後、請け負った工事を完成させました。ところが、工事を完成させた頃には、A会社が事実上閉鎖してしまったため、Xは、A会社から請負代金の支払いを受けられませんでした。そこで、Xは、請負代金の支払いをA会社に請求することをあきらめ、A会社の代表取締役Yに対し、法人格否認の法理により請負代金の支払いを求めて訴えを提起しました。

東京高裁は、おおむね、以下のような事実を認定しました。すなわち、東京高裁は、①被告Yが訴外A会社の代表取締役であり、A会社はその経営のすべてをYが掌握し、実質的にはYの個人企業であり、株券の発行を行ったことはなく、取締役等も会社登記簿上の記載として名目的に存在するにすぎず、会社の運営の一切の権限はYが事実上専行してきたこと、②Yは、A会社名義で行った不動産取引に失敗するや否やA会社を事実上閉鎖し、相次いで別の株式会社を設立するなどし、その営業活動において会社の行為と個人の行為との間に区別を明確にすることなくすべて一括してこれを掌握処理していたこと、③本件契約である原告Xとの間の請負契約に際しても、たしかに名義はA会社名義を用いたものの、その実体はYの個人的企業としての不動産取引等のために行われたものであることを認定しました。

そのうえで、東京高裁は、「してみれば、A会社はYの個人会社であって形骸に過ぎず、A会社とXとの間の本件各取引は、名義はA会社との間で行われたものではあっても、その実体

＊1　東京高判昭和53年3月3日判時890号112頁。
＊2　法人格否認の法理については、114頁を参照してください。

はYの行為としてなされたものと認めるべきであるから、Xは、A会社の法人格を否認し、〔本件〕右取引によって生じたA会社の債務〔＝請負代金支払債務〕につき、Yにその責任を追求し得る」と判示して、Xの請求を認容しました。

■事件の教訓

株式会社には法人格および株主有限責任の原則[*3]が認められますので、原則として、株式会社が負担した債務は、会社が有する財産を限度として会社自体が責任を果たすべきことになります。会社が有する財産では足りないとしても、株主や取締役が責任を負うことはありません。しかし、正義・衡平の見地から、株式会社の背後にいて会社を操って利得している者に責任を負わせるべき場合が生じます。まさに、右で述べたような場合です。このような場合、裁判所は法人格否認の法理を適用して、本件事案のように、代表取締役などに責任を負わせます。なお、公刊されているものからは、A会社の株式を誰がどのように有しているかが明らかになりませんが、おそらく、事実としては、A会社の株式の全部もしくは大部分をYが有していたものと推測できます。

２００５年（平成17年）に会社法が制定され、これに伴って株式会社に最低資本金額の定めがなくなったことから、「株式会社は、少額の資本金額（たとえば、10万円とか１万円）で設立できる。」と宣伝し、少ない資金で株式会社を設立して起業しようとする人を扇動する広告や文章をよく見かけます。しかし、右に述べました法人格否認の判決を読めばわかると思いますが、あまりに小規模な形態の株式会社であって、株式会社なのか個人企業なのかが判然としない場合には、会社債権者のために、裁判所は法人格否認の法理を用いて、背後者[*4]に責任を課すということを知っておくべきでしょう。背後者は、会社のみに責任を押しつけて、逃げることはできないのです。

＊3　株主有限責任の原則については、110〜112頁を参照してください。

＊4　背後者とは、会社の背後に存在し、会社を操って利益を得ている者のことです。本件事件のYのような者です。

CORPORATION LAW

第4章

会社法の基本原則

CORPORATION LAW 1

定款は会社の憲法

■定款は会社の憲法

定款は、株式会社の基本事項や重要事項を定めるものです。国における憲法に相当します。[*1] 定款に定められた内容は、株主、取締役、会計参与、監査役、執行役等に対して効力を持ちます。もっとも、定款の定めが、わが国の各種強行法規や公序良俗に違反するときは当然に無効です。

会社の設立中でも成立後でも、新たに株主になる者は定款の内容を理解しそのすべてを承認したものと考えられています。[*2] 取締役、会計参与、監査役、執行役等は定款の個々の規定を当然に知っていると考えられます。[*3]

定款に記載される事項は、絶対的記載事項、相対的記載事項、任意的記載事項に分類されます。

■絶対的記載事項

会社法は、定款に必ず記載すべき事項を定めています（27条）。これを絶対的記載事項（＝必要的記載事項、法定記載事項）といいます。絶対的記載事項の記載が欠けるときまたは記載内容が虚偽のときは、定款全体が無効になります。以下に絶対的記載事項を説明します。

①会社の事業目的を記載しなければなりません（27条1号）。事業目的としては、会社がどのような事業を行うかを記載します。たとえば、鉄鋼の製造・販売、鉄道事業、食料品の販売などです。

②商号を記載しなければなりません（27条2号）。商号とは、会社の正式な名称です。株式

＊1　本文で用いた「憲法」という言葉は、国家の中で一番重要なルールを定めたもの、というくらいの意味で使いました。憲法学における真の意味の憲法は、国や地方公共団体に対する国民の自由権等の基本的人権を定めたものという意味に理解するのが正しい理解です。

＊2　定款の内容があまりに複雑難解であって、一般人である株主がその内容を理解するのがきわめて困難な場合には、予測できない不利益を被ることが考えられますので、そのような場合に、株主が定款の内容をすべて承認しているとみなすことについては、再検討されるべき問題ではないかと考えます。

＊3　取締役、会計参与、監査役、執行役等が、自己の会社の定款が規定する内容を理解していないことは明らかな職務怠慢であり、過失があるといえます。

会社は商号に必ず「株式会社」という文字を付けなければなりません（6条2項）。

③本店の所在地を記載しなければなりません（27条3号）。本店の所在地としては最小独立行政区画[*4]を記載します。本店の所在地は、債務の履行地や、会社を原告または被告とする訴訟における管轄裁判所を決定しますから、重要です（4条、835条1項）。

④設立に際して出資される財産の価額またはその最低額を記載しなければなりません（27条4号）。会社の責任財産の価額の目安となるものです。

⑤発起人の氏名・名称および住所を記載しなければなりません（27条5号）。定款に発起人として署名・記名押印した者のみが発起人となります。設立手続[*5]に何らかの瑕疵があるとき、発起人は損害賠償責任を負う（53条1項）ので、重要です。

⑥発行可能株式総数を記載しなければなりません。これは、最初から定款に定められなくてもよいのですが、定款に定められていないときは会社の設立登記の時までに、発起設立では発起人全員の同意によって、募集設立では創立総会によって、定款を変更して定款に定めなければなりません（37条1項、98条）。発行可能株式総数は、会社が発行する株式の数の最大限度です。通常、会社の設立時には株式を最大限度までは発行せず、その一部を発行し、残余分は必要に応じて会社成立後に発行することにします。公開会社では設立時に発行する株式の総数は発行可能株式総数の4分の1以上でなければなりません（37条3項）。

■相対的記載事項

相対的記載事項とは、定款に定めなければ効力が生じない事項です。相対的記載事項が定款に定められていなくても定款自体の有効性に影響は生じません。たとえば、取締役会・会計参与・監査役・監査役会・会計監査人を設置する旨の定め、会社の存続期間の定め、種類株式についての定め、株主総会の開催地についての特別な定め、公告をする方法についての定めなど相対的記載事項は多数あります。

■任意的記載事項

任意的記載事項とは、それを記載しなくても定款が無効になることはなく、また、必ずしも定款で定める必要がなく、契約や取締役会の定める規則等で定めてもその効力が認められる事項です。このような事項を定款で定める場合、契約等と異なり、その内容を変更するためには

＊4　最小独立行政区画とは、市・町・村および東京都の23区をいいます。

＊5　株式会社の設立方法には、発起設立と募集設立の2種類があります。発起設立とは、設立に際して発行される株式のすべてを発起人のみが引き受ける設立です。募集設立とは、設立に際して発行される株式の一部を発起人が引き受け、その残りについて引受人を募集する設立です（25条1項）。

厳格な定款変更の手続き[*6]が必要となります（466条、309条2項11号）。たとえば、定時株主総会の招集時期、株主総会の議長、取締役や監査役の員数、会長・参与等の役職の定めなど任意的記載事項は多様です。

■定款の備置・閲覧

会社は、定款を本店および支店に備え置き（31条1項）、株主および会社債権者等の閲覧請求および謄本抄本交付請求に応じなければなりません（31条2項・3項）。

■定款の瑕疵

定款に絶対的記載事項の定めがなかったり、絶対的記載事項に虚偽の記載があったりしますと、定款全体が無効になります。定款が無効になりますと、会社の設立の無効事由となりますから、大問題です。

■定款に違反したら

定款の定めに違反した場合、たとえば、株主総会の決議が定款に違反したときは、原則として株主総会決議の取消事由となります（831条1項2号）。決議取消の訴えが提起されると、裁判所は、原則として、決議取消の判決を言い渡すことになります。代表取締役や取締役が、定款の定めに違反して何らかの行為を行うときは、差止請求の対象となり（360条1項、385条1項）、行ったときは損害賠償責任が生じます（423条）。

＊6　定款を変更するためには、株主総会において特別決議による承認を必要とします（466条、309条2項11号）。株主総会の決議については、145〜146頁を参照してください。

CORPORATION LAW 2

公開会社と非公開会社

■公開会社と非公開会社

すべての株式会社は、「公開会社」と「非公開会社」とに二分されます。公開会社である株式会社のルールを知ろうとするときに、非公開会社についての条文を読んだところで何の役にも立ちませんし、非公開会社である株式会社のルールを知るために公開会社についての条文を理解しても、百害あって一利なしとなります。会社法は条文の中で、「公開会社は……」というように、公開会社という言葉を明示して使います。これに対し、非公開会社は、条文の中ではいつでも「公開会社でない株式会社」という言葉で登場します。そこで、学説・判例は、「公開会社でない株式会社」を簡略化して「非公開会社」と呼びます。[*1]

■公開会社とは

会社法は公開会社の定義を2条5号で定めます。2条5号は、公開会社とは、「その発行する全部又は一部の株式の内容として譲渡による当該株式の取得について株式会社の承認を要する旨の定款の定めを設けていない株式会社をいう。」と規定します。

それでは、この条文を分析して説明しましょう。

株式会社が、株式を1種類だけ発行する場合は簡単です。発行する株式の種類について特に定款に記載していない場合が、「1種類だけ発行する」ということになります。その株式の譲渡について譲渡制限[*2]を課す旨の規定が定款に存在しなければ、その会社は公開会社といえます（2条5号）。これに対し、その株式の譲渡について、定款に譲渡制限を課す旨の規定がある場合、その会社は「公開会社でない会社」、すなわち、「非公開会社」となります。

難解な公開会社・非公開会社の区別

難解なのは、定款に、2種類以上の株式を発行すると規定している場合です。仮に、定款に

*1　なお、一部に、「全株式譲渡制限会社」と呼ぶ学説もあります。

*2　株式譲渡自由の原則とは、誰からの制約も受けず、また、会社からの制約も受けることなく、株主は株式を自由に譲渡できる、ということです。その例外として、会社は定款に株式譲渡制限の定めを置くことができ、譲渡制限の課された株式を譲渡するときは、会社に対し株式の譲渡等承認請求という手続きを踏まなければなりません。詳しくは、270頁を参照してください。

3種類の株式を発行すると規定している会社を想定しましょう。このとき、3種類の株式の中に1種類でも譲渡制限の課されていない種類株式がある場合、その会社は公開会社といえます。これに対して、3種類すべての種類株式について譲渡制限が課されていれば、その会社は非公開会社といえます。

たとえば、甲株式会社の定款は、A種類株式、B種類株式、C種類株式、以上の3種類の種類株式を発行すると定めているとします。このとき、A種類株式にもB種類株式にもC種類株式にも譲渡制限が課されているとします。この場合、甲株式会社は非公開会社となります。

次に、乙株式会社の定款は、D種類株式、E種類株式、F種類株式、以上の3種類の種類株式を発行すると定めているとします。このとき、D種類株式にもE種類株式にも譲渡制限が課されていますが、F種類株式には譲渡制限が課されていないとします。この場合、乙株式会社は公開会社となります。

最後に、丙株式会社の定款は、G種類株式、H種類株式、I種類株式、以上の3種類の種類株式を発行すると定めているとします。このとき、G種類株式にもH種類株式にもI種類株式にも譲渡制限が課されていないとします。この場合、丙株式会社は公開会社となります。

まとめとして、公開会社とは、発行する全部または一部の株式の譲渡について会社の承認を必要とする旨（＝譲渡制限）の定款の定めを設けていない株式会社のことです（2条5号）。非公開会社とは、発行する全部の株式の譲渡について会社の承認を必要とする旨（＝譲渡制限）

の定款の定めを設けている株式会社のことです。

■簡単な判別方法

特別に、公開会社と非公開会社の概念を簡単に整理する方法を教えます。公開会社を定義づける2条5号とは逆になりますが、非公開会社のほうを先に理解するのです。すなわち、非公開会社とは、発行する全部の株式について定款で譲渡制限の定めを設けている株式会社です。そして、公開会社を、非公開会社以外の株式会社であると理解するのです。

右に述べた内容を理解すれば、日本中のすべての株式会社について、公開会社か非公開会社かを判別することができます。ちなみに、日本中のすべての株式会社は、必ず、公開会社か非公開会社のどちらかに分類されます。

■譲渡制限を課す方法（107条と108条の違い）

会社が発行する株式に譲渡制限を課す方法としては、107条1項1号による方法と108条1項4号による方法の2つの方法があります。どちらも、定款に規定を設けることにより譲渡制限を課すことになります。107条の方法を採用すると、会社が発行するすべての株式について一律に譲渡制限を課すことになります。

107条1項（および同項1号）は、「株式会社は、その発行する全部の株式の内容として次に掲げる事項を定めることができる。　一　譲渡による当該株式の取得について当該株式会社の承認を要すること。……」と規定しています。

これに対して、108条1項（および同項4号）は、「株式会社は、次に掲げる事項について異なる定めをした内容の異なる二以上の種類の株式を発行することができる。……四　譲渡による当該種類の株式の取得について当該株式会社の承認を要すること。……」と規定しています。

右に述べた107条1項（および同項1号）ならびに108条1項（および同項4号）は、一見すると、内容にそれほどの違いはないように思えます。しかし、107条1項は「全部の株式の内容として」と規定し、108条1項は「内容の異なる二以上の種類の株式」と規定しており、この点が大きな差異を生じさせるのです。

107条の方法を採用した場合には、会社が数種の株式を発行するときに、1種類の株式だけを除外することはできません。たとえば、会社がA種類株式、B種類株式、C種類株式を発行する場合、そのすべての株式に関して、一律に譲渡制限が課されることになります。

これに対し、108条の方法を採用するときは、会社が発行する数種の株式の中の1種類だけ、または、2種類だけというように、限定して譲渡制限を課すことができます。

CORPORATION LAW 3

取締役会設置会社と取締役会非設置会社

■取締役会設置会社とは

「取締役会設置会社」とは、①取締役会を置く株式会社、または、②会社法の規定によって取締役会を置かなければならない株式会社のことです（2条7号）。取締役会設置会社でない株式会社を、通常、「取締役会非設置会社」といいます。

日本中のすべての株式会社は、取締役会設置会社か取締役会非設置会社のどちらかに分類されます。そして、株式会社について検討するときは、必ず、取締役会設置会社か取締役会非設置会社かを分けて考えなければなりません。なぜなら、取締役会設置会社か取締役会非設置会社かによって、多くの場合、適用される会社法の規定の内容が異なるからです。

たとえば、株主総会の権限に違いが生じます。何らかの事項について、株主総会で「○○○と決定する」と決議したとします。それが株主総会の権限内であれば法律的に有効ですが、株主総会の権限外であれば、事実として決議がなされたとしても法律的には無効です。

◎株式会社の基本４分類

	公開会社	非公開会社
取締役会 設置会社	主として上場会社など	株式会社の 約40％が該当
取締役会 非設置会社	存在しない （公開会社は取締役会を 設置しなければならない） （327条1項1号）	旧有限会社の形態 現在の株式会社の 約60％が該当

具体的に、株主総会で、「今年度は従業員全員に冬季賞与として１人１００万円を支払うことを決定する」と決議した場合を考えてみます。

株主総会の権限は、取締役会非設置会社については２９５条１項が規定し、取締役会設置会社については２９５条２項が規定します。どのように違うかと言いますと、取締役会非設置会社においては、株主総会は、会社の組織、運営、管理、その他会社に関する一切の事項について決定権限があります（２９５条１項）。つまり、取締役会非設置会社においては、株主総会は会社のすべての事項について決定することが可能ということを意味します。したがって、右の冬季賞与の決議は法律的に有効になります。

これに対し、取締役会設置会社においては、株主総会は、会社法が規定する事項および当該会社の定款で定めた事項に限って決定権限があるにすぎません（２９５条２項）。したがって、仮に、株主総会が右の事項から外れた問題について決議したときは、法律的には無効です。右の冬季賞与の決議は、取締役会設置会社では法律的に無効になります。

このように、会社法の下では、問題となっている株式会社が取締役会設置会社か取締役会非設置会社かを正確に分けて理解することが重要であり必要となります。

■取締役会設置会社と取締役会非設置会社の見わけ方

ある株式会社が取締役会設置会社か取締役会非設置会社かは、どうやって見わけるのでしょうか。当該会社の定款に、取締役会を設置する旨の記載があれば、取締役会設置会社です（2条7号）。しかし、注意すべきは、仮に定款に取締役会を設置する旨の記載がないとしても、会社法の規定（327条1項）により、「取締役会を置かなければならない株式会社」であれば、取締役会設置会社となります（2条7号）。たとえば、公開会社や監査役会設置会社など（327条1項1号～4号）は、仮に定款に取締役会を設置する旨の記載がないとしても取締役会設置会社となります。なお、取締役会設置会社はその旨を登記しなければなりません（911条3項15号）。

■株主総会決議に代わる取締役会決議

取締役会非設置会社において株主総会を開催し、株主総会決議を経なければならないことであっても、取締役会設置会社では取締役会決議のみで済むことが、たくさんあります。株主数が多い会社において、株主総会を開催して決議することは大変な時間と手間がかかりますから、取締役会を設置したほうが効率的かつ迅速な会社経営を行えます。以下のような場合には、取締役会の有無が大きな違いとなって現れます。

会社が新株を発行するとき、取締役会非設置会社では、必ず株主総会の決議が必要になります（199条2項）。これに対し、取締役会設置会社では、授権資本の範囲内であれば、原則として、取締役会の決議によって新株を発行することができます（201条）。

取締役が自己または第三者のために会社の事業の部類に属する取引をしようとする場合（＝競業取引行為の場合）、取締役会非設置会社においては当該競業取引行為についての株主総会の決議による承認が必要になりますが、取締役会設置会社では取締役会の決議による承認でよいことになります（365条1項、356条1項1号）。

取締役が自己または第三者のために会社と取引をしようとする場合、および、取締役以外の者との間において会社と当該取締役との利益が相反する取引をしようとする場合（＝利益相反取引行為の場合）、取締役会非設置会社においては当該利益相反取引行為についての株主総会の決議による承認が必要になりますが、取締役会設置会社では取締役会の決議による承認でよいことになります（365条1項、356条1項2号・3号）。

CORPORATION LAW
4

委員会のある会社

■委員会のある会社は2種類

取締役会設置会社は、取締役会、代表取締役のほかに、通常、監査役という機関を備えます。ところが、取締役会設置会社の中に、監査役のいない指名委員会等設置会社および監査等委員会設置会社という異色の株式会社があります。指名委員会等設置会社は、会社法が制定[*1]される以前、２００２年（平成14年）の商法改正によって創設されました。監査等委員会設置会社は、２０１４年（平成26年）の会社法改正によって創設されました。これらについて、以下で解説しましょう。

■指名委員会等設置会社

指名委員会等設置会社は、経営上の決定の迅速化と経営責任者に対する監督監視機能の強化を目的とした制度設計がなされています。

◎指名委員会等設置会社（平成 14 年商法改正で導入）

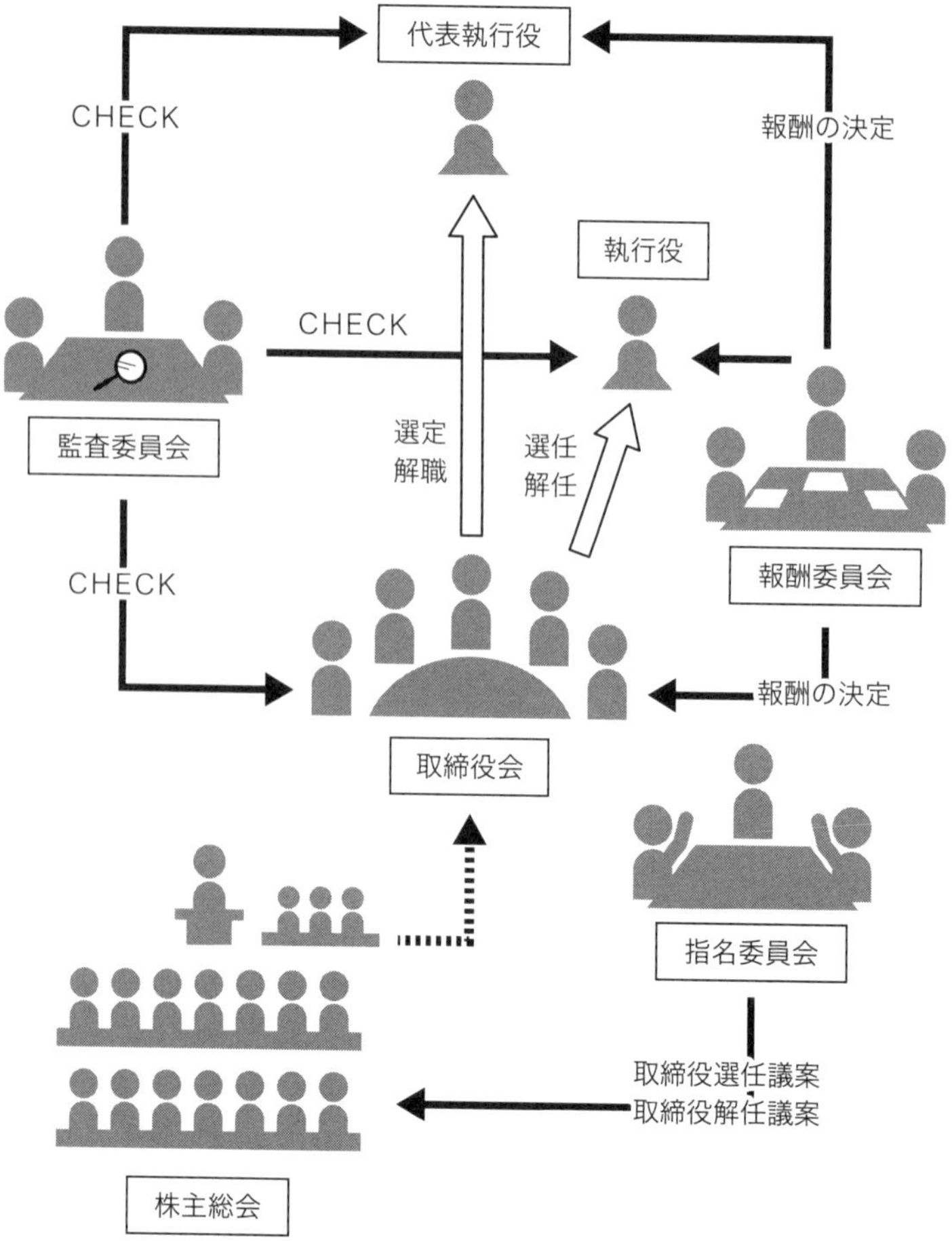

出典：柴田和史『日経文庫 ビジュアル 図でわかる会社法（第２版）』141 頁（日本経済新聞出版、2021 年）より

経営上の決定の迅速化の点ですが、従来の取締役会設置の株式会社では、原則として、経営に関する意思決定は取締役会が会議を経て決議によって決定するという建前でしたが、取締役が20人以上いるような大規模な株式会社では、それでは迅速性に欠けるとする指摘がありました。そこで、指名委員会等設置会社においては、経営事項の大半の決定権限を1人または複数の執行役（402条）に集中させ、その執行役がさまざまな事項を独断で決定し、会社全体をぐいぐいと引っ張っていくことにしました（418条）[*2]。これが、指名委員会等設置会社を制

＊1　会社法は2005年（平成17年）に制定されました（平成17年7月26日法律86号）。
＊2　わが国では、なぜか、先頭に立って会社を牽引してくれる優れた経営者がどこかから突如として出現することを、多くの取締役や従業員が待ち望みます。そして、優れた経営者が次々とすばらしい決断を下してくれるという神話を信仰し、自分たちはひたすらそれに従うという態度をとります。つまり、一般の取締役や従業員たちは受け身であって、いわゆる「指示待ち」の態度に徹します。さらに、必ず、自分たちの会社にそのような優れた経営者が現れると期待し、そのための受け皿として指名委員会等設置会社を用意するということになります。このあたりの考え方は、国民性とか国民の文化や風土といったものに起因するのではないかと考えます。
日産自動車の元代表取締役会長カルロス・ゴーンを思い出すまでもなく（彼は裁判を受ける前に外国に逃亡していますから、犯罪人かどうかは確定していません）、1人の人物に権限を集中させることがどれほど恐ろしい結果を招くかということは、多くの歴史上の事実が証明していることです。むしろ、民主主義的な考え方が成熟すれば、従業員の中から、自分も経営を決定する会議に参加し、多くの知恵を結集してよりよい判断ができるように貢献したいと考える人が出てくるはずです。わが国に特徴的な、〝天から優れた人が降ってくる〟という他力本願的な考え方には、あまり共感できません。

度設計したときの真の狙いです。[*3]

■執行役の監督監視が取締役会の機能

指名委員会等設置会社においては、執行役に権限が集中して独断専行が可能になります。このこととのバランスを取る意味から、執行役に対する監督監視が厳しくなるように制度設計がなされています。すなわち、執行役に対する監督監視が取締役会の中心的機能となります。

取締役会は会社の内部者・外部者を問わず、経営能力のある者を見つけ出し、この者を執行役に選任することになります（402条2項）。ですから、執行役は必ずしも取締役の中から選ばれる必要はありません。この点は、取締役会設置の株式会社における代表取締役と大きく異なるところです。[*4] 執行役の任期は1年間と定められており（402条7項）、その経営手腕や経営成果は1年間で取締役会によって評価されます。合格にならなければ、1年間でお役ご免となります。

また、従来の取締役会設置会社における監査役は取締役の業務執行については妥当性についての監査権限を持たないと解されていますので、指名委員会等設置会社では、取締役の業務執行の妥当性監査にまで踏み込めるようにするために、監査役ではなく他の取締役によって監査させることにし、したがって、取締役によって組織される監査委員会が取締役の業務執行についての監査を行うことになりました。

なお、指名委員会等設置会社では、監査役を設置することは認められません。指名委員会等設置会社においては、取締役会の中心的な機能は執行役の監督監視となり（416条1項2号）、また、執行機関としての代表取締役は認められません。その代わり、執行役の中から代表権を有する代表執行役が選定されます（420条1項）。指名委員会等設置会社は、監査委員会、指名委員会、報酬委員会の三委員会を設置しなければなりません（2条12号）。

■監査等委員会設置会社

2014年（平成26年）に、従来の監査役会設置会社と指名委員会等設置会社の中間形態として、監査等委員会設置会社という新しい構造の株式会社が制度化されました。[*5]

これは、経営事項の意思決定機関としての取締役会を備え、従来型のように、執行機関・代

＊3　指名委員会等設置会社の立法提案をしたのは、本書の著者（柴田和史）です。詳しくは、経済産業省経済産業政策局産業組織課（編）『21世紀の企業経営のための会社法制の整備』70頁（商事法務研究会、2001年）を参照してください。著者はその研究会の座長を務めました。

＊4　取締役会設置会社において、代表取締役は必ず取締役の中から選定されなければなりません（362条3項）。

＊5　前述しました経済産業省経済産業政策局産業組織課（編）『21世紀の企業経営のための会社法制の整備』の報告書の中で、監査等委員会設置会社についての立法提案を行ったのも本書の著者（柴田和史）です。

◎監査等委員会設置会社（平成 26 年会社法改正で導入）

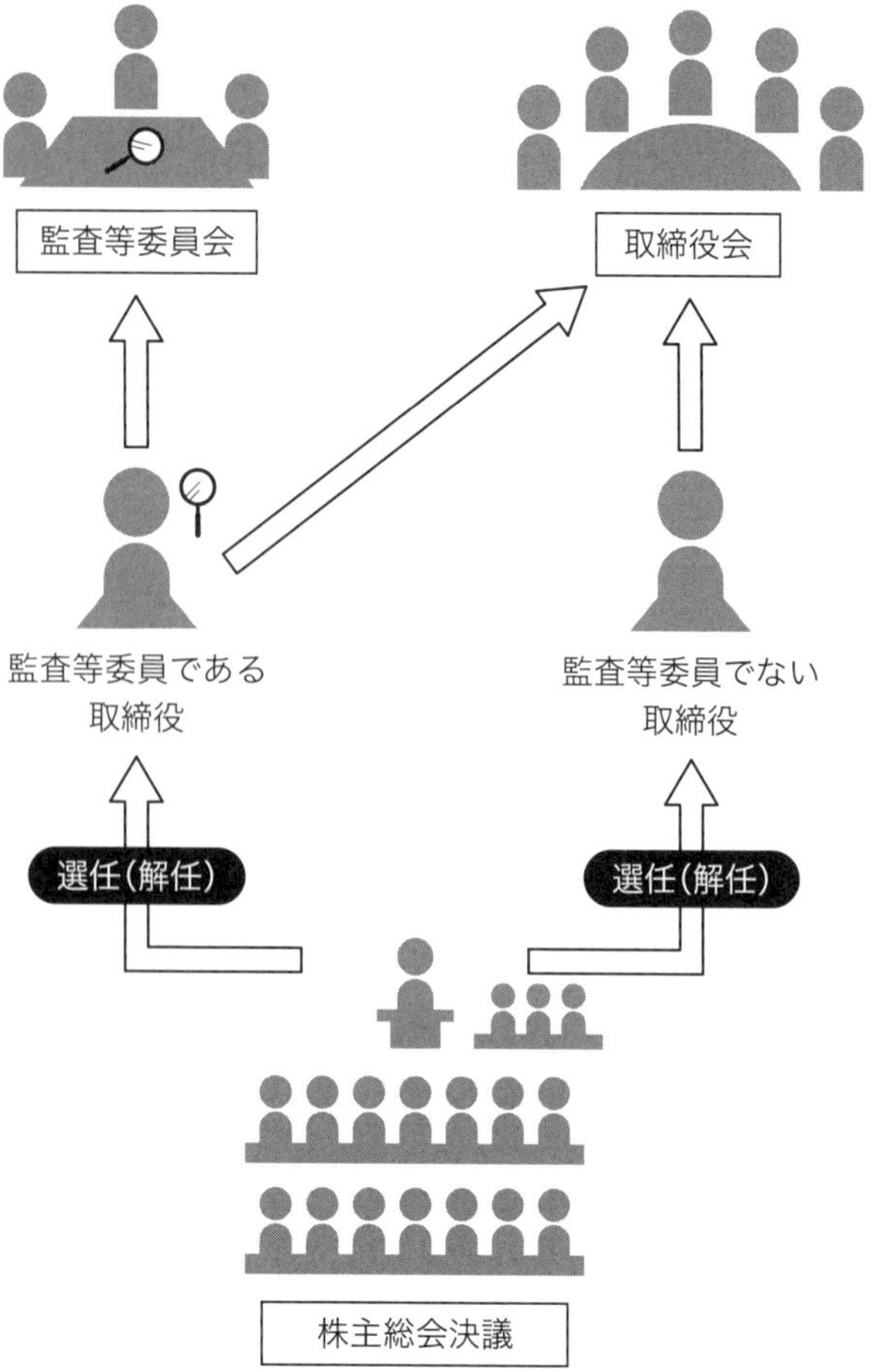

出典：柴田和史『日経文庫 ビジュアル 図でわかる会社法（第２版）』145 頁（日本経済新聞出版、2021 年）より

表機関としての代表取締役を備えますが、監査役を取り除き、その代わりに、取締役によって組織される監査等委員会を設置する（399条の2第1項・2項）というものです。執行役、指名委員会、報酬委員会はありません。

　指名委員会等設置会社では、経営事項の大半の決定権限を1人または複数の執行役に集中させ、その執行役が独断で決定することを可能にしました。これが、指名委員会等設置会社の真の狙いでした。これに対し、執行役という新しい機関を設けたくないと考える人たちのために、従来の代表取締役という執行機関を認めながら、経営事項の意思決定を代表取締役に集中させることを可能にした会社形態が監査等委員会設置会社です。すなわち、取締役会の過半数が社外取締役である場合（399条の13第5項）、または、定款で定めた場合（399条の13第6項）に、本来、取締役会で決定すべき業務決定事項を大幅に取締役（通常は代表取締役）に委譲することが認められます。したがって、代表取締役は、1人で経営に関する意思決定機関と執行機関を兼ねることになります。この方式を採用することにより、代表取締役の権限を、指名委員会等設置会社における執行役の権限とほとんど同一にすることが可能になります。

　このように、監査等委員会設置会社においては、たしかに特定の代表取締役による経営事項の決定の迅速化が図られますが、他方において、悪くしますと、特定の代表取締役による独断専行を放任することになりかねません。

　そこで、次に、監査等委員会設置会社において特定の代表取締役が暴走した場合に、その者の権限を機能的かつ迅速に剥奪できるかという問題を考えておかなければなりません。

指名委員会等設置会社においては、執行役は1年間の任期の満了により終任となります（402条7項）。また、任期中であっても、いつでも取締役会は執行役を解任することができます（403条1項。再任できます）。これと同様に、監査等委員会設置会社においても、代表取締役は1年間の任期の満了（332条3項）により終任となります（再任できます）。また、任期中いつでも取締役会は代表取締役を解職することができます（399条の13第1項3号）。したがって、ほぼ同様の仕組みになっているということができます。[*6]

■法律で作る制度を生かすも殺すも人間次第

著者の見るところ、暴走した代表取締役または執行役を、本当に取締役会のコントロール下に置くことができるか否かの問題は、いずれの会社形態を採用したとしても、結局は取締役会を構成する取締役たちの人間性によって決まると思います。つまり、取締役会を構成する取締役たちが積極的に自分の意思を表明し、能動的に行動して暴走を食い止めるのか、それとも、そのときの権力者である暴走者（代表取締役や執行役）に唯々諾々と追従するのかということです。[*7]どのような道具や武器を用意しても、それを手に取って戦う気概がなければ、権力を握った者の暴走を止めることはできません。

＊6　指名委員会等設置会社において、取締役会が、会社とはまったく無関係であった者を執行役に選任した場合であれば、取締役会が決議によって執行役を解任すると、以後、その者は会社とは無関係な者になります。これに対し、監査等委員会設置会社において、取締役会が決議によって代表取締役を解職するとき、当該代表取締役は、以後、代表権を失いますが、取締役の地位は失いません。取締役の任期満了まで、取締役としての地位は継続します。

＊7　唯々諾々（いいだくだく）とは、何事にも「はいはい」と従うことです。

CORPORATION LAW 5

株主平等の原則

■株主平等の原則とは

会社法は、「株式会社は、株主を、その有する株式の内容及び数に応じて、平等に取り扱わなければならない。」と規定し（１０９条1項）、株主平等の原則を基本原理として採用することを確認しています。

株主平等の原則とは、株主は、会社に対する法律関係（すなわち、権利および義務の関係）において、同一内容の株式を有する者どうしにおいては、その有する株式の数に比例して平等の扱いを受けるという原則です。株主平等の原則には、多数派株主の専横や取締役等の恣意的または独断的行為から少数派株主を保護する機能があります。

株主平等の原則は会社法の根幹をなす重要な基本原理です。これを敷衍《ふえん》しますと、株主に対する配当財産（通常は金銭）の割当てに関する事項を決定するとき、同一種類の株式の株主については、株主の有する株式の数に応じて配当財産を割り当てなければならないと定められ

（454条3項）、株主に対する残余財産（通常は金銭）分配の割当てに関する事項を決定するとき、残余財産分配の割当てについて同一種類の株式の株主については、株主の有する株式の数に応じて残余財産を割り当てなければならないと定められています（504条3項）。

また、株主総会における議決権については、原則として、株主はその有する株式1株につき1個の議決権を有すると定められています（＝一株一議決権の原則）（308条1項）。さらに、株式の割当てを受ける権利および新株予約権の割当てを受ける権利については、株主割当ての場合、株主は、その有する株式の数に応じて募集株式の割当てを受ける権利を有すると定められています（202条2項、241条2項）。これらの規定は、株主平等の原則を具体化した規定と理解されています。

■株主平等原則の例外

株主平等の原則の例外は、法令で定められている場合に限り、許されます。たとえば、一株一議決権の原則の例外の場合[*1]、みなし種類株式を定めた場合（後述します）、特定の権利行使について株式保有期間を定めた場合[*2]（303条2項、847条1項等）などがあります。

*1　一株一議決権の原則およびその例外については、105～109頁を参照してください。
*2　権利行使するために、一定期間（たとえば6か月）前から引き続き株式を有することを求める定めです。

■株主平等の原則に違反した場合の効果

法令が定める例外を除き、株主平等原則に反する定款の定め、株主総会の決議、取締役会の決議、取締役の業務執行行為等は会社の善意・悪意にかかわらず無効となります。ただし、個々の問題ないし個々の行為に関して不利益を受ける株主の全員がそれを承認するときは、無効とは解さないと考えられています。

■みなし種類株式（株式についての属人的な定め）

非公開会社に限り、剰余金配当請求権、残余財産分配請求権、および、議決権に関する事項について、株主ごとに異なる取扱いを行うことを定款で定めることができます（109条2項、105条1項）。これは、株式の種類ごとに異なる取扱いを定めるのではなく、株主ごとに異なる取扱いを定めるので、「株式についての属人的な定め」といいます。定款に株式についての属人的な定めがある場合、当該株主が有する株式はその権利に関する事項について内容の異なる種類株式（108条）とみなされます（109条3項）。ここから、「株式についての属人的な定め」は、別名「みなし種類株式」といわれます。

みなし種類株式（株式についての属人的な定め）は、会社法の制定時に、それまで存在していた有限会社法[*3]39条1項[*4]、44条[*5]、73条[*6]を引き継ぎ、明文化したものです。このような定款の定めを新設または変更する株主総会の決議は、総株主の半数以上（定款でこれを上回る割合を定めることができる）、かつ、総株主の議決権の4分の3以上（定款でこれを上回る割合を定めることができる）の賛成が必要です（309条4項）。

みなし種類株式（株式についての属人的な定め）は株主平等原則の例外となりますが、どのようなものが認められるかが問題となります。たとえば、剰余金配当請求権については、持株数にかかわらず全株主の配当を一律同額とする旨の定めや、特定の株主の配当を持株数の割合以上に優遇する旨の定めなどが認められるといわれています。残余財産分配請求権についても同様です。議決権については、持株数にかかわりなく一人一議決権を認める旨の定めや、持株数にかかわりなく特定の株主について一定数の議決権を認める旨の定めが認められるといわれています。

具体的な状況、たとえば、株主Aは60株、株主Bは30株、株主Cは10株を有するといった非公開会社を想定してみましょう。みなし種類株式とは、そのような会社において、その保有す

＊3　2005年（平成17年）に会社法が制定されたことに伴い、有限会社法は廃止となりました。

＊4　有限会社法39条1項「各社員ハ出資一口ニ付一個ノ議決権ヲ有ス但シ定款ヲ以テ議決権ノ数又ハ議決権ヲ行使スルコトヲ得ベキ事項ニ付別段ノ定ヲ為スコトヲ妨ゲズ」

＊5　有限会社法44条「利益ノ配当ハ定款ニ別段ノ定アル場合ヲ除クノ外出資ノ口数ニ応ジテ之ヲ為ス但シ会社ノ有スル自己ノ持分ニ付テハ利益ノ配当ハ之ヲ為サズ」

＊6　有限会社法73条「残余財産ハ定款ニ別段ノ定アル場合ヲ除クノ外出資ノ口数ニ応ジテ之ヲ社員ニ分配スルコトヲ要ス」

る株式数にかかわらず、株主総会において、A、B、Cは等しく30議決権を有するものとするとか、剰余金の配当に関しては、A、Bは等しく40株、Cは20株を有するものとみなす（この場合、1株につき1万円の配当金だとすると、AとBは40万円、Cは20万円）といった定めを定款に置くことを意味します。

みなし種類株式の制度は、会社法制定（2005年〈平成17年〉）以前において、有限会社において可能と解されていた[*7]ことですが、実際にはほとんど利用されていなかったものです。

＊7　株式会社における株主平等の原則に慣れている者の目には、みなし種類株式（株式についての属人的な定め）の制度は、大変に奇異なものに映ると思います。本文で沿革を述べましたが、この制度は、そもそもの有限会社の位置づけに関係します。有限会社は、小規模な簡易形態の株式会社であると思っている方が大多数だろうと思います。しかし、会社というものを、原始的な形態である合名会社から高度で複雑な形態である株式会社に進化発展するものとして理解するとき、実は、有限会社は、株式会社よりは合名会社に近いものとして制度設計がなされています。すでに有限会社法は廃止されていますから、今さら、いろいろと議論をしても虚しいのですが、旧有限会社法のさまざまな規定を意のままに使いこなすことにより、個々の社員は「社員有限責任の原則」を享受しながら、会社の構造としては合名会社のような柔軟な構造の会社が可能だったのです。しかしながら、有限会社の設立や運営に関与した多くの専門家の方々、および、当該有限会社の社員や取締役の方々が、一致して、「株式会社のような有限会社」を希望したため、いつのまにか、有限会社は「小規模な株式会社」という理解が一般化してしまったのです。本書の「株式」についての解説のところで（240頁を参照してください）、人が集まって形成する法人における個々のメンバーの地位というものは、本来、1つひとつの内容が異なるものであると述べていますが、株式についての属人的な定めを理解するとき、1つひとつの内容の異なるメンバーの地位という解説がよりよく理解できるのではないかと思います。

CORPORATION LAW 6

一株一議決権の原則

■一株一議決権の原則

会社法は、「一株一議決権の原則」を採用していますから、例外の場合を除き、原則として1株式に1個の議決権が認められます（308条1項）。つまり、株式を1株有する株主には株主総会において議決権が1個認められ、株式を5株有する株主には株主総会において議決権が5個認められるということです。一株一議決権の原則は、株主平等原則が根底にあり、その上に立脚しているといえます。

なお、例外についてですが、以下に述べますように、1株式につき議決権が1個未満となる場合がいくつか定められています。これに対し、1株式に議決権を1個より多く備える複数議決権株式（たとえば、1株式に議決権が2個ある株式や100個ある株式）は、わが国では認められません。

■一株一議決権の原則の例外

(1)単元未満株式

単元株制度[*1]が採用されている会社では、1単元に相当する数の株式について1議決権が認められますから、1単元未満の株式については議決権が認められないことになります（188条、308条1項但書）。具体的に述べますと、「1単元の株式数を100株にする」と定款に定めてある会社では、株式100株ごとに議決権1個が認められます。この場合、株式を99株有する株主には議決権が1個もありません。株式を199株有する株主には議決権が1個となります。

(2)議決権制限種類株式

会社は、定款で定めることにより、議決権制限種類株式（108条1項3号）を発行することができます。議決権制限種類株式を有する株主には、定款の定めに従い、特定の議題またはすべての議題について株主総会で議決権が認められません。なお、議決権制限種類株式を有する株主であっても、当該種類株式の種類株主総会が開催される場合には、その種類株主総会においてのみ議決権が認められます（324条1項）。

(3) 取締役・監査役の選任権付種類株式が発行されている場合のそれ以外の種類株式

非公開会社は、定款で定めることにより、取締役・監査役の選任権付種類株式を発行することができます(108条1項9号)。取締役・監査役の選任権付種類株式を発行している会社では、取締役・監査役の選任および解任の決議は、通常の株主総会ではなく、選任権付種類株式を有する株主による種類株主総会で行われます(347条)。したがって、それ以外の株式を有する株主には、当該種類株主総会では議決権が認められないことになります。

(4) 自己株式

会社が保有する自己株式については、株主総会における決議の公正を配慮して議決権の行使が認められません(308条2項)。

(5) 相互保有株式

ある株式会社(A会社)が、他の株式会社(B会社)の総株主の議決権の4分の1以上を有

＊1 単元株制度とは、定款により一定数の株式を1単元と定め、1単元の株式に対し1個の議決権を認める制度のことです(188条1項)。単元株制度については、275頁を参照してください。

する場合、または、その他の事由を通じてB会社の経営を実質的に支配することが可能な関係にあるものとして法務省令で定める場合、B会社はA会社の株式を保有していてもA会社の株主総会において議決権を行使できません（308条1項括弧書、会社施規67条[*2]）。なお、子会社の有する親会社株式も相互保有株式の一種となりますから、子会社が親会社の株式を保有していても親会社の株主総会において議決権を行使できません。

（6）自己の株式を会社に売り渡す株主の有する株式

会社が特定の株主から自己の株式を取得する場合、その取得を承認する株主総会の特別決議において、当該株主は議決権を行使できません（160条4項）。

（7）基準日後に発行された株式

議決権行使に関する基準日後に、株式を取得した株主は、原則として、当該基準日に係る株主総会において当該株式に係る議決権を行使できません（124条1項）。ただし、基準日株主の権利を害さない限り、会社は議決権行使を認めることができると規定されます（124条4項）。

＊2　会社施規67条「法第308条第1項に規定する法務省令で定める株主は、株式会社（当該株式会社の子会社を含む。）が、当該株式会社の株主である会社等の議決権（同項その他これに準ずる法以外の法令（外国の法令を含む。）の規定により行使することができないとされる議決権を含み、役員等（会計監査人を除く。）の選任及び定款の変更に関する議案（これらの議案に相当するものを含む。）の全部につき株主総会（これに相当するものを含む。）において議決権を行使することができない株式（これに相当するものを含む。）に係る議決権を除く。以下この条において「相互保有対象議決権」という。）の総数の4分の1以上を有する場合における当該株主であるもの（当該株主であるもの以外の者が当該株式会社の株主総会の議案につき議決権を行使することができない場合（当該議案を決議する場合に限る。）における当該株主を除く。）とする。〔以下省略〕」

CORPORATION LAW
7

株主有限責任の原則

■株主の責任は有限

株主になろうとして会社に株式引受けの申込みをし、割当てを受けた者（＝株式引受人）は、その割当てを受けた株式についての引受価額を金銭で出資する義務または財産を給付する義務（＝出資義務）を負います。手続上、定められた期日までに、株式引受人が出資義務を履行しないときは、株式の交付を受ける権利を失います。

この出資義務を履行すれば、出資に係る株式の交付を受けることになります。株式を有する者を株主といいます。ひとたび株主となった後には、どのような義務も負うことはありません。会社が株主に追加出資を要請したとしても、株主に追加出資をする義務は生じませんし、会社がどれほど多額の債務を抱えて倒産したとしても、原則として株主は会社の債務について責任を負うことはありません（１０４条）。これを「**株主有限責任の原則**」といいます。[＊1]

■株式会社の発展と株主有限責任

世界的に株式会社が発展してきた最大の理由は、株主に株主有限責任の原則が認められたことにあるといわれています。この点について解説しましょう。

新しく事業を始めるとき、そこには必ず、失敗するかもしれないというリスク（危険の可能性）があります。このことは、数百年の経験から明らかな真理といえます。多額の金銭の獲得を望む者たちの多くは、リスクのある事業に乗り出して、努力と運に恵まれた者が成功を収めてきました。そのような歴史の中で、リスクのある事業に乗り出した者たちは、なんとか少しでもリスクを回避したいと工夫を凝らしました。新規の事業に、1人で出資をするのではなく、複数の人が共同して出資をするということは、成功したときの利益が分割されてしまいますが、なによりもリスクを分散することに魅力があります。

このようななか、新規事業のために、最初に100万円を出資することは躊躇しないし、事業が失敗したときにその100万円を失うことも納得できるが、しかし、仮に当該事業が金融機関や取引先などから1億円の債務を負担して倒産したときに、その全額を負うことになるの

＊1　株式会社が、仮に、100億円の債務を抱えて倒産したとしても、株主は、持っていた株式の価値が0円になりますが、何らかの債務を負うことはありません。

は嫌だと考える人は少なくなかったと思われます。このとき、株式会社の株主について、出資した金額は失うが、それ以上の金銭負担は一切生じないとする株主有限責任の原則が生み出されたのです。[*2] これにより、新規事業に投資する者の不安が払拭されて、株式会社に出資される金額が一挙に増えることになりました。このような経緯から、株主有限責任の原則こそ、株式会社制度を発展させてきた原動力と考えられています。さらに言えば、資本主義経済を発展させてきた不可欠の要因とも考えられています。

＊2　歴史的に、株式会社が生まれる以前に一般的であった合名会社においては、そのメンバー（「社員」といいます。出資者のことです）は無限責任を負います。社員無限責任の原則ということになります。したがって、社員が会社の債務の全部について責任を負うことになるのです。たとえば、合名会社が10億円の債務を抱えて倒産したときは、各社員は全員がその10億円について連帯責任を負うことになります。

CORPORATION LAW 8

法人格否認の法理

■会社債権者と株主有限責任の原則

会社が倒産したときに会社の債務総額が1億円、会社の全財産を現金化したところ100万円が得られた場合を想定します。破産手続に従うとすると、それぞれの会社債権者は会社から債権額の1％の弁済を受けることになります。

このとき、会社が合名会社であれば、全会社債権者は残額（＝9900万円）について合名会社の各社員に請求することができます（580条1項）。合名会社の各社員は、合名会社の債務の全額について連帯責任を負うからです（＝無限責任）。

これに対し、株式会社であれば、株主有限責任の原則があるため、会社債権者は、株式会社が弁済できなかった残額（＝9900万円）を株主に請求することができません。会社債権者は会社からわずかの弁済を受け、なお多額の残額があるとしてもあきらめることになります。以上が株式会社における原則です。

■法人格否認の法理

ときとして正義・衡平の見地から、一方で会社債権者の被る損害が多大であり、他方で株式会社の背後にいて会社を操って利得している者（以下では、「背後者」[*1]といいます。多くの場合、代表取締役も兼ねている支配株主です）が存在し、その者に対し、会社債権者が弁済を受けられなかった債務についての責任を負担させるべきであると思われる場合が生じます。このとき、裁判所は、法人格否認の法理を適用し、会社債権者が当該背後者に対し債権残額の弁済を求めることを許します。

■正義・衡平

このように、法人格否認の法理とは、正義・衡平の見地から、損害を被っている会社債権者と問題とされた特定の株主などの背後者との関係においてのみ（相対的にのみ）、かつ、当該訴訟においてのみ、株式会社の有する「法人格」という外殻を一時的に存在しないものと考え、会社債権者が当該背後者に対して責任を追及することを認める考え方です。

■法人格の濫用と形骸化

法人格否認の法理が認められる多くの場合は、株主が1人か実質的に1人であり、当該株主が代表取締役となってワンマン経営をし、会社の財産や利益などが、株主であり代表取締役でもある当該個人の財産や利益と区別なく混在しているような状況です。そのような状況の株式会社が、倒産などにより契約上の債務を履行しない場合または不法行為に基づく損害賠償債務などを履行しない場合に、債権者を救済するために、法人格を否認し、株主であり代表取締役でもある当該個人の責任を追及するのです。

学説や判例は、法人格の否認の事例を、法人格の濫用の事例[*2・3]と法人格の形骸化の事例[*4]とに分

＊1　背後者は、自然人または法人である大株主または支配的株主などが想定されます。会社の大株主または支配的株主に責任を認めた例として、松山地宇和島支判昭和47年3月7日判タ278号207頁があります。完全子会社の債務について完全親会社に責任を認めた例として、仙台地判昭和45年3月26日労民21巻2号330頁、津地裁判平成7年6月15日判時1561号95頁などがあります。また、契約責任や不法行為責任を不正に免れるために、会社で偽装解散や事業譲渡が行われたときに、実質的に同一事業を継続する別会社に対し法人格否認の法理により責任を追及することが認められています（東京地判昭和56年5月28日判タ465号148頁、奈良地決平成11年1月11日労判753号15頁、福岡地判平成16年3月25日金判1192号25頁）。

＊2　法人格の濫用を認め、法人格否認の法理が適用された判例として、最判昭和48年10月26日民集27巻9号1240頁、東京地判昭和49年6月10日判時753号83頁、東京地判昭和56年5月28日判タ465号148頁、奈良地決平成11年1月11日労判753号15頁、福岡地判平成16年3月25日金判1192号25頁などがあります。

＊3　法人格の濫用については、法人格が背後者により意のままに道具として支配されているという支配の要件、および、背後者に違法または不当の目的が認められるという目的の要件を満たす必要があります。

けて考えます。

＊4　法人格の形骸化を認め、法人格否認の法理が適用された判例として、松山地宇和島支判昭和47年3月7日判タ278号207頁、東京地判昭和51年5月27日判タ345号290頁、東京高判昭和53年3月3日判時890号112頁、東京高判昭和55年8月28日判タ426号107頁、横浜地判昭和58年3月3日判タ504号159頁などがあります。法人格の形骸化は、会社が債務を逃れるために仮装的に事業譲渡を行う場合にも適用されます。

CORPORATION LAW 9

株式譲渡自由の原則

■合名会社の社員の地位との比較

株式会社には、株式譲渡自由の原則があります。株式譲渡自由の原則を解説するためには、ちょっと回り道になりますが、合名会社、合資会社および合同会社の社員[*1]の地位の譲渡の問題と比較する必要があります。

合名会社、合資会社、合同会社の社員は「退社」という法律行為が認められています（606条1項・3項、607条1項）。会社は、社員（＝構成員）の集合体である社団[*2]と考えられており、退社は、その社団から離脱して完全に関係を切断することです。その際、自己の

＊1　ここで言う「社員」は、従業員や労働者ではありません。会社法における「社員」は、団体の構成員のことです。

＊2　社団は、構成員全員を拘束する定款が最初に存在し、それぞれの構成員が団体に加入することにより社員という形で間接的に結合する団体のことです。

持分（＝社員の地位）を退社の時点で評価し、会社に対し評価額の金銭による払戻しを請求することができます（611条1項・3項）[*3]。したがって、会社設立の際または設立後の加入の際に多額の金銭等を出資した社員は、その後、経営をめぐる意見の対立や個人的な資金の必要などのさまざまな理由により会社からの退社を望むとき、持分（＝社員の地位）の払戻しがなされることにより、投下した資金を回収することができます。

■株式譲渡自由の原則

これに対し、株式会社では原則として「退社」も「出資金の払戻し」も認められません。したがって、株主が何らかの理由により株式会社からの離脱を望みその投下資金の回収を図るときには、株主は、株主が有する株式を他の者に売却するなどしてその者から対価を得るしかありません。そこで、会社法は、誰からも（会社からも）制約を受けることなく、株主は株式を自由に譲渡できるとする株式譲渡自由の原則を認めています（127条）。このように、本来、株式譲渡自由の原則は、株式会社制度の根幹に関わる重要な原則といえます。

■譲渡制限株式の導入

1960年代に、中小企業の経営者から、経営者にとって好ましくない者が株主になることを防止する規定を設けてほしいとの強い要請があり、これを受けて、1966年（昭和41年）

の商法改正により平成17年改正前商法204条1項但書[*4]が設けられました。これにより、株式を譲渡するときは取締役会の承認を要するという定め（＝譲渡制限の定め）を定款に設けることが認められました。このとき新設された制度は、株式の譲渡を希望する株主の要請と好ましくない者を株主名簿に記載したくないとする経営者（主として取締役・支配株主）の要請を巧みに調和させたものであり、投下資金の回収のための株式譲渡自由の原則をある程度維持したものといえます。現在の会社法も基本的にこの制度を継承しています（107条1項1号、108条1項4号[*5]）。

株式譲渡自由の原則は、そもそも、株主はその有する株式を誰に譲渡することも自由という原則です。会社法は、譲渡制限の定めのない株式については株式譲渡自由の原則を認めています。しかし、譲渡制限の定めのある株式については、会社法は、株主がその有する株式を誰かに譲渡する自由は認めていますが、株主がその有する株式を「誰に」譲渡するかの自由は認めていません。なお、詳細は株式の譲渡の解説を参照してください。

＊3　なお、合同会社の社員については債権者の異議の特則があります（635条）。
＊4　平成17年改正前商法204条1項「株式ハ之ヲ他人ニ譲渡スコトヲ得但シ定款ヲ以テ取締役会ノ承認ヲ要スル旨ヲ定ムルコトヲ妨ゲズ」
＊5　詳しくは、251頁および256頁の譲渡制限株式を参照してください。

CORPORATION LAW 10

法人の機関

■法人とは

法人は、私たち自然人（＝人間）とは異なり、法律が権利義務の主体となるものとして人工的に創り出したものです。人の集合体や財産の結合体に、法律が法人格を付与すると、その集合体自身または結合体自身が主体となって権利を有すること、および、義務を負うことが可能になります。法人格の付与された人の集合体や財産の結合体を法人といいます。具体例を使って解説しましょう。

たとえば、中学校を卒業したときのクラスが3年1組だったとします。このとき、自然に、〇〇中学校3年1組の〇〇年度卒業生全員の集団というものを考えることができます。この集団は、何年かに一度、同窓会を開催します。あるとき、世話好きの者が皆から会費を集め、集まった会費20万円で大きくて立派なクラス旗を作成したとします。このとき、そのクラス旗は誰の所有になるかという問題が生じます。当該同窓会が所有するのがもっとも問題のない結論ですが、同窓会という集団は、そのままでは「法人格」を有していませんから、同窓会がクラス旗を所有することはできません。

以上に対し、たとえば、一般社団法人法の定めにしたがって、右の同窓会が一般社団法人となり、法人格を得たとすれば話は変わります。法人格を持つ同窓会は、クラス旗の所有者になることができます。また、クラス旗の製作を専門業者に注文したときに、代金が30万円だったとします。世話好きの者は右の専門業者に20万円を支払っていますが、製作代金債務として10万円が残っています。同窓会が法人でないときは、残金10万円の債務は、同窓会のメンバー全員の債務になるか、または、専門業者に製作を依頼した「世話好きの者」のみの債務になる可能性があります。これに対し、右の同窓会が法人格を有するのであれば、残金10万円の債務は、法人格を持つ同窓会が負うことになります。

このような点が、法人格があるかないかの大きな違いとなります。

■法人の機関とは

さて、たとえば一般社団法人法の定めにしたがって、右の同窓会が一般社団法人となり、同窓会が法人格を得たとします。すなわち、同窓会という集団は法人になったのです。このとき、次の点が法律上の問題となります。

誰がクラス旗を製作することを決定するのか、誰がクラス旗の製作代金として30万円を支払うと決めるのか、誰がクラスのメンバー全員から1人1万円ずつ集めることを決めるのか、誰がクラス旗のデザインを決めるのか——。

このようなことは、すべて法人の意思決定の問題ですから、結局は、法人の意思を決定するのは誰かという問題になります。いつでも全員一致で法人の意思を決定するというのであれば話は別になりますが、通常は、メンバーから選ばれた1人または数人が決定した内容を法人の意思決定の内容とします。このとき、右の1人または数人を、法人の意思決定機関といいます。同窓会のメンバーの誰でも良いから誰かが決定すれば、それが直ちに法人としての同窓会の意思になるというわけではありません。同窓会が一般社団法人であれば、同窓会のメンバーの中の理事になった人の意思決定が法人の意思になります。一般社団法人においては理事は意思決定機関だからです。

次に、意思決定機関である理事の意思決定により、クラス旗を30万円で製作することを専門業者に注文するというところまで、法人である同窓会の意思が決定されました。しかし、これだけでは話は進みません。誰かが、実際に専門業者の店に行き、クラス旗のデザインを示して、製作費30万円でクラス旗の製作を注文するという契約締結行為をしなければなりません。この行為を行う者を法人の執行機関といいます。法人が第三者と契約を締結するためには、法人側の者は、法人を代表する権限を持っていなければなりません。代表権を持っている者を法人の代表機関といいます。法人を代表する権限を持たずに契約を締結した場合は、無権代表行為となり、原則として、契約の効力は当該法人に帰属しません。法人の対外的活動の場面だけを見るときには、しばしば執行機関である人は同時に代表機関も兼ねています。以上で、法人の意思決定機関、執行機関、代表機関を解説しました。次は、株式会社における機関を解説します。

■株式会社の機関

株式会社の機関を解説するにあたり、取締役会設置会社と取締役会非設置会社とを分けて解説しなければなりません。

取締役会設置会社においては、会社の最高意思決定機関は株主総会であり、経営に関する意思決定機関は取締役会であり、取締役会で決定したことを執行する執行機関は代表取締役および選定業務執行取締役であり、代表権を持つのは代表取締役となります。[*1]

＊1　取締役会設置会社のうち、指名委員会等設置会社においては、会社の最高意思決定機関は株主総会であり、経営に関する意思決定機関は執行役であり、執行役が決定したことを執行する執行機関は執行役であり、代表権を持つのは代表執行役となります。取締役会は、執行役の監督監視機関になります。取締役会設置会社のうち、監査等委員会設置会社においては、会社の最高意思決定機関は株主総会であり、経営に関する意思決定機関は取締役会であり、取締役会で決定したことを執行する執行機関は代表取締役および業務執行取締役であり、代表権を持つのは代表取締役となります。ただし、定款で定めることにより、または、取締役の過半数が社外取締役であるときの取締役会の決議により、経営に関する重要な意思決定について代表取締役を決定機関にすることができます。

取締役会非設置会社においては、会社の最高意思決定機関は株主総会であり、経営に関する意思決定機関は取締役および株主総会であり、株主総会または取締役が決定したことを執行する執行機関は取締役となります。また、取締役は原則として代表権を持ちます（３４９条１項・２項）。

CORPORATION LAW 11

多様な機関設計

機関設計が自由に！

会社法は、株式会社を設立するときに、その内部構造を自由に設計できることにしました（326条2項）。基本的でもっとも単純な株式会社には、株主総会と1人の取締役が備わります。ちなみに、著者は、株主が1人で取締役が1人、同じ人が株主であり取締役であるような株式会社を完全一人《いちにん》会社と名付けました。[*1]

発起人等が、設立しようとする株式会社について、会社のさまざまな事項についていちいち株主総会の決議を必要とするのでは機動性に欠けると判断すれば、取締役会を設置します。また、貸借対照表や損益計算書の作成に取締役だけでは能力不足であり専門知識を有する者の協力が必要と判断すれば、会計参与[*2]を設置します。さらに、取締役の業務執行をチェックする機関が必要と判断すれば監査役[*3]を設置し、より強力なチェック機関が必要と判断すれば監査役会[*4]を設置します。加えて、外部の専門家による会計関係のチェック機関が必要と判断すれば会

⑦

株主総会 ＋ 取締役会 ＋ 代表取締役 ＋ 監査役会

株主総会 ＋ 取締役会 ＋ 代表取締役 ＋ 監査役会 ＋ 会計参与

⑧

株主総会 ＋ 取締役会 ＋ 代表取締役 ＋ 監査役会 ＋ 会計監査人

株主総会 ＋ 取締役会 ＋ 代表取締役 ＋ 監査役会 ＋ 会計監査人 ＋ 会計参与

⑨ 監査等委員会設置会社

株主総会 ＋ 取締役会 ＋ 代表取締役 ＋ 監査等委員会 ＋ 会計監査人

株主総会 ＋ 取締役会 ＋ 代表取締役 ＋ 監査等委員会 ＋ 会計監査人 ＋ 会計参与

⑩ 指名委員会等設置会社

株主総会 ＋ 取締役会 ＋ 代表執行役・執行役 ＋ 指名委員会等 ＋ 会計監査人

株主総会 ＋ 取締役会 ＋ 代表執行役・執行役 ＋ 指名委員会等 ＋ 会計監査人 ＋ 会計参与

「指名委員会等」とは「指名委員会＋監査委員会＋報酬委員会」のことです（2条12号）。

◎株式会社における機関設計の選択肢

「株式会社における機関設計の一覧」に示した機関設計①から⑩を採用できる株式会社は以下です。

	非大会社[注1]	大会社[注2]
非公開会社[注3]	①②③④⑤⑥⑦⑧⑨⑩	③⑥⑧⑨⑩
公開会社[注4]	⑤⑥⑦⑧⑨⑩	⑧⑨⑩

注1　非大会社とは、大会社でない株式会社のことです。

注2　大会社とは、①最終事業年度の貸借対照表上の資本金の額が5億円以上の株式会社、または、②最終事業年度の貸借対照表上の負債の合計額が200億円以上の株式会社のことです（2条6号）。

注3　非公開会社（＝公開会社でない株式会社）とは、発行する全部の株式の譲渡について会社の承認を必要とする旨の定款の定めを設けている株式会社のことです。非公開会社については、82～86頁を参照してください。

注4　公開会社とは、発行する全部または一部の株式の譲渡について会社の承認を必要とする旨の定款の定めを設けていない株式会社のことです（2条5号）。公開会社については、82～86頁を参照してください。

◎株式会社における機関設計の一覧

（326条、327条、328条、349条3項、362条3項、402条1項、420条1項）

①

株主総会 ＋ 取締役

株主総会 ＋ 取締役 ＋ 会計参与

株主総会 ＋ 取締役 ＋ 代表取締役

株主総会 ＋ 取締役 ＋ 代表取締役 ＋ 会計参与

②

株主総会 ＋ 取締役 ＋ 監査役

株主総会 ＋ 取締役 ＋ 監査役 ＋ 会計参与

株主総会 ＋ 取締役 ＋ 代表取締役 ＋ 監査役

株主総会 ＋ 取締役 ＋ 代表取締役 ＋ 監査役 ＋ 会計参与

③

株主総会 ＋ 取締役 ＋ 監査役 ＋ 会計監査人

株主総会 ＋ 取締役 ＋ 監査役 ＋ 会計監査人 ＋ 会計参与

株主総会 ＋ 取締役 ＋ 代表取締役 ＋ 監査役 ＋ 会計監査人

株主総会 ＋ 取締役 ＋ 代表取締役 ＋ 監査役 ＋ 会計監査人 ＋ 会計参与

④

株主総会 ＋ 取締役会 ＋ 代表取締役 ＋ 会計参与

⑤

株主総会 ＋ 取締役会 ＋ 代表取締役 ＋ 監査役

株主総会 ＋ 取締役会 ＋ 代表取締役 ＋ 監査役 ＋ 会計参与

⑥

株主総会 ＋ 取締役会 ＋ 代表取締役 ＋ 監査役 ＋ 会計監査人

株主総会 ＋ 取締役会 ＋ 代表取締役 ＋ 監査役 ＋ 会計監査人 ＋ 会計参与

計監査人[*5]を設置します。

ほかにも、経営の迅速性を重視し、取締役会を監督監視機関と位置づけ、少数の者（＝執行役）に経営を委ねようと判断すれば、３種の委員会を設置する指名委員会等設置会社[*6]を採用します。取締役会および監査役・監査役会を設置するわが国の伝統的な機関設計と指名委員会等設置会社の中間的形態が必要と判断すれば、監査等委員会設置会社[*7]を採用します。

なお、機関の設置は完全に自由ではなく、一定の制約があります（参照、３２６条、３２７条、３２８条、３４９条3項、３６２条3項、４０２条1項、４２０条1項）。このため、株式会社の機関設計は大きく分類すると10種類、細かく分類すると25種類となります。

＊1　柴田和史『類型別中小企業のための会社法（第2版）』２７２頁（三省堂、２０１５年）。
＊2　会計参与については、２３４頁を参照してください。
＊3　監査役については、２２９頁を参照してください。
＊4　監査役会については、２３２頁を参照してください。
＊5　会計監査人については、２３６頁を参照してください。
＊6　指名委員会等設置会社については、91頁を参照してください。
＊7　監査等委員会設置会社については、95頁を参照してください。

CORPORATION LAW

第 5 章

株主総会

CORPORATION LAW 1

株主総会の存在意義と権限

■株主総会の存在意義

株式会社において、株主は出資者であり、いわば、会社の所有者です。しかし、会社の日頃の経営は取締役に任されています。このため、株主全体の総意の確認が必要なときに、株主総会が必要になります。株主は株主総会に集まり、審議を行い、必要があれば決議をします。具体的に定められた場所[*1]に、原則として、株主本人が出席して[*2]議論を行うことが想定されています。

■取締役会設置会社における株主総会の権限

取締役会設置会社では、株主総会が決定できる事項は限定されています。取締役会設置会社の株主総会の権限は、会社法が定めた事項、および、定款が定めた事項に限られます（295条2項）。

これらをその内容からおおむね分類すると、第一に、会社の基礎的な事項に関わること、第二に、取締役会に決定を委ねるのが不都合なこと、第三に、株主の権利や利益に関わること、となります。具体的には、以下に述べる限定された事項のみを株主総会が決定し、それら以外の事項は、原則として、取締役会が決定権限を持つことになります。

上記の分類の第一のものとしては、資本金額の減少（４４７条）、定款変更（４６６条）、事業譲渡（４６７条1項）、会社の解散（４７１条3号）、吸収合併（７８３条1項、７９５条1項）、吸収分割（７８３条1項、７９５条1項）、株式交換（７８３条1項、７９５条1項）、新設合併（８０４条1項）、新設分割（８０４条1項）、株式移転（８０４条1項）、株式交付（７７４条の2）などがあります。

第二のものとしては、検査役の選任（３１６条）、取締役の選任（３２９条1項）、取締役の解任（３３９条1項）、取締役の報酬等の決定（３６１条）、取締役の責任の一部免除（４２５条1項）、などがあります。

＊1　株主総会を開催する場所は、必ず、その都度、株主総会招集通知によって株主に知らされます。

＊2　議決権の行使方法としては、本人が出席するほか、代理人を出席させるとか議決権行使書を提出するなどの方法があります。詳しくは、１４６～１５３頁を参照してください。

第三のものとしては、株式の内容を変更するための定款変更（466条）、新たな種類株式の設定のための定款変更（466条）、自己株式の取得（156条1項）、株式の併合（180条）、計算書類の承認（438条2項）、剰余金の資本組入（450条2項）、毎年の配当の決定（454条1項）などがあります。

■株主総会は最高意思決定機関

このように、取締役会設置会社では株主総会が決定できる事項は限定されたものになっていますが、株式会社の基礎的な構造についての決定権、および、取締役の選任権と解任権があるため、株主総会は株式会社の最高意思決定機関ということができます。

■取締役会非設置会社における株主総会の権限

取締役会非設置会社では、取締役会設置会社と異なり、株主総会は会社のすべての事項を決定できる、文字通り万能の最高意思決定機関です（295条1項）。取締役会非設置会社においては、会社経営に関する事項を株主総会で決議した場合、その決議は有効ですから、取締役は当該決議内容に従わなければなりません（355条。取締役の株主総会決議遵守義務）。

CORPORATION LAW 2

株主総会の招集・開催

■株主総会の招集手続き

(1)株主総会を招集することの決定

取締役会設置会社では、通常、取締役会が、株主総会を招集すること、その開催日時、開催場所、株主総会の目的となる事項(＝議題)などを決定し、その取締役会決議に基づいて代表取締役が株主総会を招集します(298条4項、296条3項)。

会社は、株主名簿に記載されている全株主に対し招集通知を発送します(298条、299条)。招集通知には、株主総会の開催日時や開催場所のほか株主総会の目的となる事項(＝議題)を記載します。招集通知は原則として株主総会の2週間前までに発送しますが、非公開会社では1週間前までに発送します(299条1項)。また、株主全員の同意があれば、招集手続きを省略することができます(300条)。

◎株主総会招集通知の見本

株主各位

令和Ｘ年６月１日

東京都千代田区富士坂上１丁目１番１号

柴田商事株式会社

代表取締役社長　柴田　一郎

第８回定時株主総会招集御通知

拝啓　平素より格別のご高配を賜り厚く御礼申し上げます。

さて、当社第８回定時株主総会を下記のとおり開催致しますので、ご出席くださいますよう御案内申し上げます。

敬具

記

1．日時　令和Ｘ年６月 26 日 (土曜日) 午後１時

2．東京都千代田区富士坂上１丁目１番１号

3．目的事項

報告事項　第８期事業報告の内容の報告の件

決議事項

第１号議題　計算書類の承認の件

第２号議題　剰余金配当の件

第３号議題　取締役２名選任の件

第４号議題　定款一部変更の件

以上

出典：柴田和史『類型別中小企業のための会社法（第２版）』102 頁（三省堂、2015 年）を基に著者作成

（2）定時株主総会と臨時株主総会

株主総会には、定時株主総会と臨時株主総会があります（296条1項・2項）。これら2つの株主総会の権限は原則として同じと考えられています。ただ、定時株主総会は、通常、計算書類（＝貸借対照表・損益計算書・株主資本等変動計算書・個別注記表）の承認と剰余金の配当に関する議案についての決議のために、毎年、おおよそ同じ時期に行われます。[*1・2]

（3）少数株主の株主総会招集請求権

株主も一定の要件を満たせば株主総会を招集できます。すなわち、6か月前より引き続き総株主の議決権の100分の3以上を有する株主は、株主総会の目的となる事項（＝議題）と招集の理由を取締役に示して、臨時株主総会の招集を請求することができます（297条1項）。非公開会社であれば、6か月の株式保有期間は不要です（297条2項）。株主によるこの請求後遅滞なく招集手続きがなされないとき、または、この請求を行った日から8週間以内の日を開催日とする株主総会の招集通知が発送されないときは、その株主は裁判所の許可を得てその株主の名で株主総会を招集することができます（297条4項）。

■株主総会の招集通知が必要な理由

（1）招集通知は株主のためのもの

日本中のさまざまな場所（北は北海道から南は沖縄まで）に住んでいる株主は、定時株主総会や臨時株主総会が、いつ、どこで開催されるかを知りません。そのため、株式会社は、株主総会の開催を決定したら、全株主に株主総会招集通知を発送しなければなりません。招集通知には、株主総会を開催する日時（何月何日何時何分開始）、開催する場所などが記載されます。個々の株主は、招集通知を見ることによって、株主総会の開催を事前に知ることができます。株主総会の招集通知は、株主のために必要だということです。

株式会社のうち公開会社[*3]では、株主総会の招集通知は株主総会開催日の2週間以上前に発送しなければなりません（299条1項）。株式会社のうち、取締役会の設置されている非公開会社の場合、株主総会の招集通知は開催日の1週間以上前に発送しなければなりません（299条1項）。

この2週間とか1週間とかの期間は、日本中に散在している個々の株主が、株主総会当日に重なっている仕事・育児・介護・学業などの予定や、株主総会の開催場所に行くための交通費・食費・宿泊費等を十分に考慮して株主総会に出席するかしないかを検討する時間、さらには、株主総会における質問や株主提案の準備をする時間を法律が確保したものです。

（2）株主名簿の記載が重要

会社は、株主の氏名・名称、住所、持株数などを株主名簿の記載によって確認します。株主

＊1　株主総会は、毎年、開催しなければならないかと質問されることがありますが、どんなに小さい規模の株式会社でも、株主総会は必ず1年に1回は開催しなければなりません。これは法人税の納付と関係します。株式会社は法人税を納めなければなりません。法人税法は、会社が1年間に産出した利益額を基準として、その約30％の額を法人税として国に納めなければならないと定めています。このとき、個々の会社の1年間に産出した利益額は、それぞれの会社が損益計算書を作成し、作成された損益計算書について株主総会で承認の決議をすることによって初めて損益計算書とその利益の額が確定します。税務署は、この確定した損益計算書の利益額を基準として、法人税額を算定します。ですから、株主総会を開催して株主総会決議によって、1年間分の損益計算書を確定させる必要が生じます。損益計算書が確定しなければ、法人税額を計算することができず、税務署から怒られることになります。
また、株主への配当額を決定するためには、貸借対照表から計算される剰余金の分配可能額を確定させなければなりません。このためにも、株主総会を開催して株主総会決議によって、事業年度末時点の貸借対照表を確定させる必要が生じます。貸借対照表が確定しなければ、株主に配当を交付することができず、また、仮にいいかげんに配当を交付し違法配当になったときには、今度は、株主や債権者から怒られることになります。

＊2　株主総会は1年に1回だけ開催すべきものかと質問されることがありますが、そんなことはなく、何回、開催してもかまいません。

＊3　公開会社については、82頁を参照してください。東京証券取引所等に上場されている会社は上場会社であって、同時に公開会社です。

名簿の記載ですが、婚姻等で氏名の一部が変更されても、相続等で株主の氏名が変更されても、事業譲渡などで株主である法人の名称などが変更されても、株主側からの申請に基づく株主名簿の記載の書換えがなされない限り、会社は、変更されたことを知ることができません。住所についても同じことがいえます。

■株主総会の開催日時と開催場所

(1) 株主総会の開催日時

臨時株主総会の開催日時については、取締役会設置会社であれば取締役会が決定し、また、少数株主が招集する臨時株主総会であれば、その少数株主が決定します。

定時株主総会の開催日時はその会社の事業年度と関係してきます。わが国の多くの株式会社は、4月1日を開始日、3月31日を最終日とする事業年度を採用しています。そして、ほとんどの場合、この3月31日を定時株主総会で株主が議決権を行使するための基準日と定めています(124条1項・2項)。これは、3月31日時点の株主名簿に記載されている株主が定時株主総会で議決権を行使できるということを意味します。そして、会社法は、基準日の定めは3か月以内の権利行使についてのみ有効と定めています(124条2項括弧書)ので、3月31日を基準日と定めている株式会社においては、定時株主総会は6月30日までに開催しなければならないことになります。

（2）事業年度の定め方

それぞれの株式会社は定款で事業年度の期間を定めています。多くは、1年間を1事業年度とし、この1事業年度の開始日を、4月1日か、または、1月1日などと定めます。会社の創業日が2月14日である場合に、事業年度の開始日を2月14日と定めることも許されます。このとき、2月14日から翌年の2月13日までが、1事業年度になります。事業年度は、定款で定めれば、半年間でもよいし、3か月間でもよいです。1966年（昭和41年）頃までの株式会社は、上場会社でも、半年間を1事業年度としていたものが多くありました。

さて、定時株主総会ですが、株主総会は計算書類の承認のために、原則として、少なくとも、1事業年度が終わると1回は開催しなければなりません。ですから、定款で、1事業年度を1年間と定めている株式会社においては、株主総会は少なくとも1年間に1回は開催することになります。また、定款で、1事業年度を半年間と定めている株式会社においては、株主総会は少なくとも半年間に1回は開催することになります。

（3）株主総会の開催場所

株主総会を会社の本店から離れた場所（たとえば、会社の本店が東京都千代田区である場合に九州の別府温泉など）で開催してもよいかという問題が考えられます。原則的には不可ですが、できないわけではありません。

２００５年（平成17年）の会社法制定以前の商法の時代には、株主総会の開催場所（＝招集地）は、定款に別段の定めがある場合を除いて、会社の本店所在地のある最小独立行政区画またはその隣接区域内でなければならないという規定がありました（平成17年改正前商法２３３条）。最小独立行政区画とは、一般的には、市・町・村および東京都の区をいいます。たとえば、会社の本店が東京都千代田区にある場合、本店の建物の中で開催するか、または、千代田区およびその隣接している区である中央区、港区、台東区、文京区、新宿区にあるホテルや貸会議室で開催することが許されるということでした。ただ、地方の市・町・村などに本店がある株式会社においては、本店所在地および隣接区域の中で探しても、適当な会場が見つからない場合がありました。

そこで、現在の会社法では右の制約が廃止されました。しかし、株主総会を自由にどこで開催してもよいということにはなりません。なぜなら、なにかまずいことを行った取締役は、株主総会の場で株主から説明を求められたり責任追及がなされたりすることを回避したがるものですから、従来とは異なったはるか遠隔地での株主総会の開催を画策します。このような取締役の画策を防止するために、会社法では、従来と異なった場所で株主総会を開催するときは、取締役は招集通知の中でその理由を説明しなければならないと定めています（２９８条１項５号、会社施規63条２号）。

なお、株主総会を非常識な遠隔地とか交通の不便な地で開催することを防止するのは、あくまでも株主のためですから、株主の全員が、遠隔地や交通の不便な地で株主総会を開催することに同意したときは（300条）、そのような地での開催も許されることになります。したがって、株主総会をハワイ諸島の特定のホテルなどで開催することは、株主全員の同意があれば許されると考えられます。なお、このとき、ある株主が、その地で株主総会を開催することには同意するが自分は欠席する、ということであっても同意として扱われます。

■株主総会参考書類等の電子提供措置

(1)電子提供措置制度の新設

2019年（令和元年）12月の会社法改正により、会社がウェブサイト上に株主総会参考書類等の一定の書類の内容を電磁的方法によって株主に提供することにより、株主総会招集通知と共に株主総会参考書類などの一定の書類を発送しなくてよいことが認められました（325条の2～325条の6）[*4]。

＊4　2019年（令和元年）12月の会社法改正により新設された電子提供措置制度は、2022年（令和4年）9月1日から施行されます。

（2）電子提供措置の概要

定款に電子提供措置をとる旨の定めがある場合、株式会社は、株主総会の招集手続きを行うに際し株主総会参考書類等[*5]の内容について電子提供措置をとることができます（325条の2柱書）。ただし、取締役が招集通知を発するに際し、株主に対し議決権行使書面を交付するときは、議決権行使書面に記載すべき事項に係る情報については電子提供措置をとる必要はありません（325条の3第2項）。

定款に電子提供措置をとる旨の定めがある場合、取締役は、電子提供措置開始日から株主総会の日後3か月を経過する日までの間[*6]、電子提供措置事項[*7]に係る情報について継続して電子提供措置をとらなければなりません（325条の3第1項柱書）[*8]。ここに、電子提供措置開始日とは、株主総会の日の3週間前の日または株主総会招集通知を発した日のいずれか早い日のことです（325条の3第1項第1括弧書）。

株主総会の招集手続きにおいて電子提供措置をとる場合、株主総会招集通知（書面または電磁的方法〈299条2項・3項〉）には、会社法298条1項1号〜4号に掲げる事項のほか、①電子提供措置をとっている旨、②有価証券報告書を開示用電子情報処理組織（EDINET）を使用して提出するときはその旨、および、③その他法務省令で定める事項を記載・記録しなければなりません（325条の4第2項後段）。

株主総会の招集手続きにおいて電子提供措置をとる場合、株主総会招集通知の発送に際し、取締役が、株主総会参考書類等（①株主総会参考書類、②議決権行使書面、③会社法437条所定の計算書類および事業報告、④会社法444条6項所定の連結計算書類）を交付しまたは提供することは必要とされません（325条の4第3項）。

＊5　株主総会参考書類等とは、①株主総会参考書類、②議決権行使書面、③会社法437条所定の計算書類および事業報告、ならびに、④会社法444条6項所定の連結計算書類をいいます（325条の2第1号～4号）。

＊6　電子提供措置開始日から株主総会の日後3か月を経過する日までの間を「電子提供措置期間」といいます（325条の3第1項第2括弧書）。

＊7　電子提供措置事項とは、①会社法298条1項各号所定の事項、②会社法301条1項に規定する場合には、株主総会参考書類および議決権行使書面に記載すべき事項、③会社法302条1項に規定する場合には、株主総会参考書類に記載すべき事項、④会社法305条1項の規定による請求があった場合には、同項の議案の要領、⑤取締役会設置会社である場合において、取締役が定時株主総会を招集するときは、会社法437条所定の計算書類および事業報告に記載または記録された事項、⑥取締役会設置会社である会計監査人設置会社である場合において、取締役が定時株主総会を招集するときは、会社法444条6項所定の連結計算書類に記載または記録された事項、⑦前各号に掲げる事項を修正したときは、その旨および修正前の事項のことです（325条の5第1項第3括弧書、325条の3第1項各号）。

＊8　有価証券報告書（金商法24条1項）を提出しなければならない株式会社が、電子提供措置開始日までに、会社法325条の3第1項各号に掲げる事項を記載した有価証券報告書の提出手続きを開示用電子情報処理組織（金商法27条の30の2。通称、EDINET）を使用して行う場合には、当該事項に係る情報については、電子提供措置をとる必要はありません（325条の3第3項）。

（3）株主の電子提供措置事項に係る書面交付請求権

電子提供措置をとる旨の定款の定めのある株式会社の株主は、会社に対し、電子提供措置事項（325条の5第1項第3括弧書）を記載した書面の交付を請求できます（325条の5第1項）。この請求を「**書面交付請求**」と呼びます（325条の5第2項第1括弧書）。書面交付請求は、株主総会の議決権行使に係る基準日までに請求しなければなりません（325条の5第2項第2括弧書）。株主総会の招集手続きにおいて電子提供措置をとる場合、取締役は株主総会招集通知の発送に際して、書面交付請求をした株主に対し、当該株主総会に係る電子提供措置事項を記載した書面を交付しなければなりません（325条の5第2項）。[*9]

書面交付請求の日から1年を経過したときは、会社は、書面交付請求をした当該株主に対し書面交付を終了する旨を通知することができ、かつ、異議がある場合には1か月間以上の一定の期間内に異議を述べるべき旨を催告することができます（325条の5第4項）。右の通知および催告を受けた株主が行った書面交付請求は、催告期間を経過した時にその効力を失います（325条の5第5項）。ただし、当該株主が催告期間内に異議を述べたときは、効力は失われません（325条の5第5項但書）。

＊9　株式会社は、電子提供措置事項のうち法務省令で定めるものの全部または一部について、書面交付請求により交付する書面に記載することを必要としない旨を定款で定めることができます（325条の5第3項）。

CORPORATION LAW 3

株主総会の決議、議決権行使

■株主総会の決議は3種類

株主総会の決議には、普通決議、特別決議、特殊決議の3種類があります（309条）。

（1）普通決議

法律や定款が別な決議を要求しない限り、通常の事項は「普通決議」によって決定されます。普通決議では、その決議において議決権を行使できる株主の議決権の過半数を有する株主が出席し（＝株主総会成立要件。定足数ともいいます）[*1]、出席した株主の議決権の過半数の賛成（＝

＊1　定款に規定を置くことにより、定足数の要件を緩和することも排除することもできます（309条1項）。ただし、役員（＝取締役・監査役・会計参与）の選任・解任を決議する場合には、「過半数」を3分の1にまでしか緩和できません（341条）。

決議成立要件）により決議が成立します（309条1項）。

（2）特別決議

定款変更、解散、合併、会社分割、事業譲渡など特に重要な問題については「特別決議」が要求されます。特別決議では、その決議において議決権を行使できる株主の議決権の過半数[*2]を有する株主が出席し、出席した株主の議決権の3分の2以上[*3]の賛成により決議が成立します（309条2項）。

（3）特殊決議

会社が定款変更により発行する全部の株式の内容として、新たに譲渡制限の定めを置く場合、または、組織再編により株式が譲渡制限株式等に変わる場合には、「特殊決議」が要求されます。特殊決議では、その決議において議決権を行使できる株主の半数以上（＝頭数の半数以上）[*4]、かつ、当該株主の議決権の3分の2以上[*5]の賛成により決議が成立します（309条3項）。

■議決権の行使方法

株主は、以下のようないろいろな方法で議決権を行使することができます。

(1)本人が議決権を行使する

第一に、株主は本人が株主総会に出席し議決権を行使することができます。[*6] 会社法は、原則として、株主本人が株主総会に出席することを想定しています。[*7]

(2)代理人が議決権を行使する

第二に、株主は、株主総会に代理人を出席させ議決権を行使させることができます(310条1項)。この場合には、株主または代理人は会社に委任状を提出する必要があります(310条1項後段)。会社は、定款により、株主総会に出席する代理人の資格を制限すること

＊2　定款に規定を置くことにより、「過半数」を3分の1にまで緩和できます(309条2項)。

＊3　定款に規定を置くことにより、「3分の2以上」を、それを上回る割合(たとえば、4分の3以上など)にできます(309条2項)。

＊4　定款に規定を置くことにより、「株主の半数以上」を、それを上回る割合(たとえば、株主の3分の2以上など)にできます(309条3項)。

＊5　定款に規定を置くことにより、「3分の2以上」を、それを上回る割合(たとえば、4分の3以上など)にできます(309条3項)。

ができます。[*8] ただし、およそ代理人を認めないという定款の定めは無効です。

（3）会社が委任状を利用する

第三に、会社が委任状を利用することがあります。会社は、株主総会に先立ち、各株主に「議決権代理行使に関する委任状」を送付します。過去における多くの場合、委任する内容は白紙になっています。これを「**白紙委任状**」といいます。したがって、株主が委任状に署名または記名押印して会社に返送しますと、その株主は、すべての議案について、賛成なり反対なりを適当に自由に行使するよう会社に委任したことになります。このとき、委任状に、仮に「反対」と記載しても、株主総会で必ずしも反対票として処理される保証はありません。会社がその委任状を賛成票として行使すれば、株主総会の決議においては賛成票として数えられます。この場合、委任契約上の問題は生じるかもしれませんが、株主総会の決議自体に瑕疵は生じないと考えられています。

なお、委任状は、会社が利用するだけでなく、株主が利用することもあります。[*9] 現在の取締役たち（＝会社側）と、それに反対する株主が、双方ともに全株主に委任状を送付して、「議決権代理行使に関する委任状」をかき集める場合を「**委任状合戦**」・「**プロキシーファイト**（Proxy Fight）」といいます。

＊6　基本的には、株主であれば、誰でも株主総会に出席できます。国籍や性別の違いは問題になりません。言語の違いも問題になりませんが、特定の株主がフランス語しか会話できないとしても、会社側にフランス語の対応をしなければならないという義務はありません。ただ、いくつか、株主が出席できない場合があります。

まず、会社が単元株制度を採用している場合です。単元株制度とは、定款に10株とか、100株とか、1000株とかを1単元と定め、1単元につき1個の議決権を認めるという制度です。たとえば、1000株を1単元と定めている会社では、980株を有する株主には議決権が認められません。そのため、株主総会に出席できないことになります。1350株を持っている株主には、1議決権が認められますから、株主総会に出席できます。株式を大量に（たとえば何億株も）発行している株式会社でも、1000より大きい数を1単元とすることはできません。つまり、5000株を1単元にするという定款の規定は無効です。また、200株以上発行している株式会社が、単元株制度を採用することによって、議決権の総数が200分の1より少なくなるような定款規定も無効となります。たとえば、全株式数が2万株の場合に、100株を1単元にすると、議決権の総数は200議決権となりますから、この定めは有効です。ところが、この場合に、200株を1単元にすると、議決権の総数は100議決権となりますから、この定めは無効です。単元株制度を採用していることは、定款を見ればわかります。また、会社の登記を見てもわかります（911条3項8号）。

このほか、株主の有する株式が、「議決権のない種類株式」（＝完全無議決権種類株式。議決権制限種類株式の一種です）の場合、株主であることは間違いありませんが、議決権がないので、株主総会には出席できません。

それから、株主の持っているX株式会社の株式を、X株式会社に譲渡するときは、手続上、X株式会社の株主総会における特別決議が必要になりますが、この株主総会の決議に、当該株主は議決権を行使できません。通常、当該議題について議決権を行使できない株主は、当該議題に係る審議にも出席できないと解されています。

◎議決権行使書の見本

議決権行使書　柴田商事株式会社　御中

議　　案	原案に対する賛否	
第１号議案	賛	否
第２号議案	賛	否
第３号議案	賛（次の候補者を除く）	否
第４号議案	賛	否

株主総会日　　　　議決権の数
令和Ｘ年６月26日　　　　10個

私は上記開催の貴社定時株主総会（継続会または延会の場合を含む）の議案につき、右記（賛否を○印で表示）のとおり議決権を行使いたします。
令和Ｘ年　　月　　日

107-0071　港区森青山２丁目１番２号
柴　田　二　郎

（ご注意）当社は、議案につき賛否のご表示のない場合は、会社提出議案につき賛成の意思表示があったものとして取り扱わせていただきます。柴田商事株式会社

出典：柴田和史『類型別中小企業のための会社法（第２版）』112頁（三省堂、2015年）より

（4）議決権行使書（書面投票制度）を使用する

第四に、委任状とは異なるものとして議決権行使書があります。議決権行使書を用いる制度を「**書面投票制度**」といいます。株主に議決権行使書を利用させるか否かは、取締役会設置会社では取締役会が決議によって決定することであり、取締役会非設置会社では取締役が決定することになります（298条1項3号、362条4項）[*10]。ただし、議決権を有する株主が1000人以上の会社にあっては、会社は必ず株主に議決権行使書を利用させなければなりません（298条2項）[*11]。議決権行使書の場合、株主が議決権行使書の個々の議案に「反対」と

＊7　株主総会に出席するための諸費用（交通費・宿泊費・食事代等）はどうなるのでしょうか。残念なことですが、株主が株主総会に出席するための交通費も宿泊費も、株主総会が午前10時から開始して午後4時に終了する場合の昼食代も、すべて株主の自己負担となります。この問題は、まともに取り上げられることはないのですが、著者は、結構重要な問題だと考えています。会社の本店が東京にあり、東京で株主総会が開催される場合、北海道や沖縄に住む株主にとっては、株主総会に出席するための交通費だけでも何万円とかかります。東京に住んでいる株主は、少ない交通費で株主総会に出席できますが、遠隔地に住む株主の負担は相当に大きいわけです。昼食代ですが、過去には、サンドイッチとか幕の内弁当を配付した例があります。交通費や宿泊費を自己負担でやってくる株主に対し、この程度のサービスがあってもよいのではないかと思います。また、このことは、株主への配慮が手厚い会社という良いイメージの形成につながります。なお、現在、大企業の株主総会のほとんどは、平日の午前10時から開催されています。しかし、遠隔地に住んでいる株主や平日に仕事等をしている株主を配慮すれば、土曜日または日曜日の午後1時から株主総会を開催するということが検討されるべきだと考えます。

＊8　会社の定款に、「代理人を頼むときは、必ず、現在、株主である者に頼むこと」、同じことですが、「代理人は当社の株主に限る」という趣旨の定めのあることがあります。この定めがあるときは、出席できない株主は、他の株主に議決権行使の代理を頼むことになります。なお、著者は、このような定款の定めがあるときでも、株主はいつでも弁護士を議決権行使の代理人にできるという見解を提唱しています。もちろん、このとき、弁護士はその会社の株主である必要はありません。この提案は、地裁判決（神戸地尼崎支判平成12年3月28日判タ1028号288頁）では認められていますが、今のところ、まだ、最高裁に採用されていません。詳しくは、64頁の「野村證券が99％負けた事件」を参照してください。

記載して送付したときは、会社は必ずこれを反対票として計算しなければなりません。そうしないときは株主総会の決議取消事由となります。

(5)電磁的方法によって議決権を行使する

第五に、右に説明した議決権行使書をインターネットを通じて行使する方法として、電磁的方法による議決権行使という方法があります(298条1項4号)。この場合、会社が用意したウェブサイト上に議決権行使書に類似する画面が表示され、株主はそこで議決権を行使します。

＊9　従来、会社側から株主に委任状を送付する場合には、株主に署名捺印ないし記名捺印を求めていました。ところが、個々の株主が代理人を選んで株主総会に出席させる際には、会社によっては、委任状に印鑑登録証明書の付いた印影を要求することがあります。著者は、このような扱いは、会社側からの委任状の場合や議決権行使書の場合と比較して、バランスを失していると考えます。会社が、印鑑登録証明書の付いた印影までを要求することは、株主にとって過度の負担と考えます。

＊10　東京証券取引所などに上場している大企業の場合、株主総会に先立って、株主には、必ず議決権行使書が送られてきます。株主は、この議決権行使書に、第一号議案には賛成、第二号議案には反対などと記載して、株主総会の前日までに到着するように議決権行使書を会社に郵送すれば、株主総会の決議の時にその場に居合わせたのと同じ扱いを受けます。

＊11　株主数が1000人に満たない会社では、議決権行使書を株主に送付することは会社法によって強制されていませんから、多くの中小企業では、議決権行使書は使われないことになります。このような場合、株主総会に出席できない株主は、議決権を行使するための代理人を株主総会に出席させることになります。

CORPORATION LAW 4

株主総会に出席する義務

■株主総会に出席する義務はない

中小企業の代表取締役や大株主の中には、「株主総会を欠席することはできない」などと述べる人がいます。しかし、これは完全に誤りです。

株主は、株主総会に出席する権利を持っています。しかし、株主が株主総会に出席することは義務ではありません。したがって、株主は、株主総会に出席したくなければ、「なんとなく出たくない」といった程度の理由で、さらに言えば、理由がなくても、株主総会に出席しなくてよいのです。株主には、正当な理由があろうとなかろうと、出席しないことを選択する自由があります。

そうすると、中小企業の株式会社の場合、「議決権総数の90％の株式を持つ株主が株主総会を欠席したら、株主総会の決議ができなくなって大変なことになる」という人がいます。たとえば、損益計算書の承認の決議ができなくなり、税務署に怒られるなどと理由を挙げます。

しかし、日本中、ほとんどの株式会社の定款には、株主総会の普通決議の定足数要件[*1]を排除する旨の定めがあります（309条1項）。したがって、定款で定足数要件を排除した場合、損益計算書の承認決議は、わずか1議決権を持つ株主1人が株主総会に出席すれば、法律上、有効な決議を行うことができます。株主総会で決議を成立させなければならないと考える株主がたった1人でもいてその株主が出席すれば、株主総会決議は可能になります。

■書面による決議（書面決議）

病気や旅行、本業としての仕事や学業のために、すべての株主が株主総会に出席できない場合には、書面による決議という方法もあります（319条）。書面による決議とは、議決権を行使できるすべての株主が書面または電磁的方法によって特定の議案について同意したときは、実際に株主総会を開く必要はなく、株主総会の決議があったものとみなす制度です。

＊1　定足数とは、決議をする前提として必要となる議決権数を持つ最少限度の出席者数のことです。たとえば、309条1項は、普通決議の定足数について、「議決権を行使することができる株主の議決権の過半数を有する株主が出席し」と定めています。

CORPORATION LAW 5

株主提案権

■株主の提案

株主総会で審議される株主総会の目的事項（＝議題）、および、その内容である議案は、通常、会社側（取締役会等）が決定して提出します。しかし、株主から提案することもできます。次に説明する「議題提案権」、「議案提出権」、および、「議案要領通知請求権」をまとめて「株主提案権」といいます。

(1) 議題提案権

取締役会設置会社においては、6か月前より引き続き総株主の議決権の100分の1以上または300個以上の議決権を有する株主は、株主総会の開催日より8週間前までに、取締役に対し、一定の事項を株主総会の目的事項（＝議題）とすることを請求できます（303条1項・2項）。取締役会非設置会社においては、株主であれば（すなわち、いつから株主になったとしても、たとえ1議決権しか有さなくても）、いつでも（たとえば、株主総会の場でも）、取締役に対し、一定の事項を株主総会の目的事項（＝議題）とすることを請求できます（303条1項）。このような、株主が有する株主総会の目的事項（＝議題）を提案する権利を「議題提案権」といいます。

（2）議案提出権

株主は、株主総会の目的事項（＝議題）に関連して、自らが発案する議案を提出することができます（304条）。[*1] これを「議案提出権」といいます。株主は、株主総会の開催前に、または、株主総会の場において、取締役に対し議案を提出できます。

（3）議案要領通知請求権

株主の誰かが議案を提出しても、他の株主は、ある株主から議案が提出されたことすら知らないことが考えられます。そこで、会社法は、株主に議案要領通知請求権というものを認めて

＊1　株主から提出された議案が法令・定款に違反する場合や、最近3年内に総株主の議決権総数の10分の1以上の賛成を得られずに否決されたものと同一内容の議案の場合には、会社は株主の議案提出権の行使を拒否することができます（304条但書）。

います（305条）。取締役会設置会社においては、6か月前より引き続き総株主の議決権の100分の1以上または300個以上の議決権を有する株主は、株主総会の開催日より8週間前までに、取締役に対し、その株主が提出する議案の要領を、会社の費用負担で、全株主へ通知することを請求できます（305条1項）。取締役会非設置会社においては、株主は、株主総会の開催日より8週間前までに、取締役に対し、その株主が提出する議案の要領を、各株主に会社の費用負担で通知することを請求できます（305条1項）。通常、会社は、株主から提出された議案の要領を株主総会招集通知に記載して全株主に通知します。

なお、実際には、少数派株主が提出した議案が株主総会で可決されることはあまり期待できませんが、少なくとも提出した議案が招集通知に記載されることによって、他の株主に知らせることができるという効果があります。

■株主提案権の具体例

右に述べた内容を、例を用いて説明します。取締役会設置会社において、取締役会が定めたところの招集通知に記載されている議題が、第一号議題「剰余金配当の件」、第二号議題「取締役4名選任の件」だとします。このとき、会社が、第一号議題についての会社提出議案「剰余金の配当は1株につき50円とする。」、第二号議題についての会社提出議案「取締役候補者A、B、C、Dを取締役に選任する。」を提出したとします。なお、株主総会の決議は議案ごとになされます。

この株主総会において、株主Xが、監査役Eを解任したいと考えた場合には、株主Xは、株主総会の開催日の8週間前までに議題提案権（303条）に基づいて「監査役1名解任の件」という議題を提案したうえで、さらに、議案提出権（304条）に基づいて「監査役Eを解任する」という議案を提出しなければなりません。これに対し、株主Xが、剰余金の配当を1株100円にしたいとか、取締役候補者にX自身を追加したいと考えるのであれば、議題提案権を行使する必要はなく、「剰余金の配当は1株につき100円とする。」、「Xを取締役候補者とする。」といった議案を、株主総会の場で議案提出権に基づいて提出すればすむことになります。

CORPORATION LAW 6

取締役・監査役等の説明義務

説明義務

取締役、会計参与、監査役、執行役は、株主総会において、株主が説明を求める事項について説明をしなければなりません（314条）。これは「取締役等の説明義務」と呼ばれます。これを株主の側から見れば、説明請求権と考えられます。すなわち、株主は、株主総会において、特定の事項について取締役等に説明を求めることができます。

拒否事由

株主からの質問に対して、取締役等は、原則として回答しなければなりません。しかし、例外として、取締役等が説明を拒否できる場合があります。すなわち、第一に、株主の説明を求める事項が株主総会の目的である事項（＝議題）に関係しない場合、第二に、株主の質問に対して説明を行うことが株主共同の利益を著しく害する場合[*1]、第三に、説明をするために調査が必要な場合、第四に、説明をすることにより会社およびその他の者の権利を侵害する場合、第五に、当該株主総会において実質的に同一事項について繰り返し説明を求める場合、第六に、その他正当な理由がある場合です（314条但書、会社施規71条）[*2]。このうち、第三については、質問をする株主が、相当の期間前に株主総会において説明を求める事項を会社に通知して

＊1　株主共同の利益を著しく害する場合の例としては、医薬品製造会社が海外の会社と新規の医薬品を高額の使用料で製造する契約を締結したとき、株主が当該契約の当否を判断するためとして、その医薬品の製法についての詳細な説明を要求する場合などが考えられます。

＊2　会社施規71条

「法第314条に規定する法務省令で定める場合は、次に掲げる場合とする。

一　株主が説明を求めた事項について説明をするために調査をすることが必要である場合（次に掲げる場合を除く。）

イ　当該株主が株主総会の日より相当の期間前に当該事項を株式会社に対して通知した場合

ロ　当該事項について説明をするために必要な調査が著しく容易である場合

二　株主が説明を求めた事項について説明をすることにより株式会社その他の者（当該株主を除く。）の権利を侵害することとなる場合

三　株主が当該株主総会において実質的に同一の事項について繰り返して説明を求める場合

四　前3号に掲げる場合のほか、株主が説明を求めた事項について説明をしないことにつき正当な理由がある場合。」

いたとき、または、必要な調査が著しく容易なときには、取締役等は説明を拒絶することができません（会社施規71条1号イ・ロ）。なお、取締役および監査役は、同じ質問については一括して説明することが許されています。

取締役等によって説明義務が果たされなかった場合は、決議方法の法令違反となるため、株主総会の決議取消事由となります（831条1項1号）。

CORPORATION
LAW

第6章

取締役・監査役・会計参与・会計監査人

CORPORATION LAW 1

取締役についての基礎知識

■社長と取締役はどっちが偉い？

社長と取締役はどちらが偉いのでしょうか。ほとんどの株式会社では、社長は1人ですが、取締役は何人も存在します。ですから、常識的には、社長のほうが取締役より偉いと思うかもしれません。しかし、実は、会社法や商法は、「社長」という言葉について何も定めていません。

会社法が経営を担当する機関として規定を置くのは、取締役、代表取締役、選定業務執行取締役などです。つまり、日本中の多くの株式会社が、経営活動を実行するために、上位の者ほど数が少なくなるというピラミッド型の組織を構築し、頂点に立つ者をたまたま「社長」と呼ぶことに決めただけのことです。「へぇ～」と思うかもしれませんが、株式会社であっても必ずしも、会社のトップを社長と呼ばないことがあります。たとえば、銀行などのトップは、多くの場合、「頭取」と呼ばれます。また、教育関係の株式会社では、トップを「理事長」とか「学長」とすることがあります。このように、個々の株式会社のトップの名称は、「社長」に限られません。どのように定めてもよいのです。

社長以下の名称も同様で、専務、常務、部長、課長、係長などの名称は、ある時代の流行というしかありません。後述しますが、執行役員、上席執行役員、○○部門マネージャーなどの名称も、現代の流行ということになります。実際、明治32年（1899年）に商法典を制定した当時は、企業の組織として、番頭《ばんとう》、手代《てだい》、丁稚《でっち》という名称が一般的だったようです。[*1] したがって、現在、個々の会社において、トップの者に大統領、2番目に総理大臣、3番目に社長という名称を付けても、それは会社の自由であり、法律上の問題は生じません。

会社法の中で、頻繁に登場する名称は取締役と代表取締役です。したがって、会社法を理解するために、重要な名称は取締役と代表取締役ということになります。

最後に、冒頭に挙げた「社長と取締役はどっちが偉い？」という問題に、会社法の立場から答えましょう。この答えは、「どっちが偉いかは、個々の会社の状況による」です。なぜなら、右で説明したように、「社長」という肩書は、個々の会社が自由に使用できる実務用語なので、

＊1　番頭および手代という言葉は、2005年（平成17年）の商法改正まで、商法43条で使われていました。平成17年改正前商法43条1項「番頭、手代其ノ他営業ニ関スル或種類又ハ特定ノ事項ノ委任ヲ受ケタル使用人ハ其ノ事項ニ関シ一切ノ裁判外ノ行為ヲ為ス権限ヲ有ス」。

会社法上の制度である「取締役」とは次元の異なるものだからです。

■役員・重役・取締役

（1）「役員」とは

会社の役員といったら、どのような役職名や肩書きが思い浮かぶでしょうか。社長、会長、副社長、専務、常務、代表取締役、取締役、監査役、執行役、執行役員、ＣＥＯ、ＣＯＯ、ＣＦＯなどでしょうか。役員には、日常の会話で用いられる「役員」という言葉と、会社法上の厳密な意味を持つ「役員」という言葉とがあります。

（2）日常用語の「役員」

日常会話で用いられる「役員」については、厳密な定義がありません。日常の会話においては、法律上の権限や義務や責任などを意識して用いられることはあまりなく、ほとんどの場合、「会社の中の偉い人」という程度の意味で使われます。ですから、社長、副社長、専務、常務、代表取締役、取締役、監査役、執行役、執行役員、ＣＥＯ、ＣＯＯ、ＣＦＯ等の全部が含まれそうです。日常生活で用いられる「重役」も同様です。厳密な定義はありません。

（3）会社法上の「役員」

会社法上の「役員」という言葉は厳密に定められています。ただし、単純ではありません。会社に対する責任を定める423条1項は、取締役、会計参与、監査役、執行役、会計監査人を「役員等」と定めます。後述しますように、会計監査人[*2]は、会社の外部の人であって、外部からの目で公正な会計監査を行うことを求められている人ですから、会社の経営を担い、会社に対し経営上の責任を負う人という観点からは、取締役、会計参与、監査役、執行役らと一線を画すことになります。執行役は、指名委員会等設置会社の経営を指導し牽引する最高責任者ですから、当然に、会社の内部者といえます[*3]。したがって、423条1項は、取締役・会計参与・監査役・執行役、以上をまとめて「役員」と定義し、会計監査人を「等」に含めていると理解されます。

以上に対し、株主総会は誰についての選任権を持ち解任権を持つかという観点からは、取締役、会計参与、監査役が「役員」として規定されます（329条1項、339条1項）。取締役、会計参与、監査役は、いずれも株主総会の決議によって選任・解任されます。

＊2　会計監査人については、236頁を参照してください。
＊3　執行役の選任・解任は取締役会の決議によって行われます（402条2項、403条1項）。株主総会の決議ではありません。

このように、何を問題にしているかによって、会社法上の役員の範囲が異なることになります。ただ、会社法上の「役員」という言葉が問題となるときは、ほとんどの場合、会社に対する責任が問題になるときですから、「役員」というときは、取締役、会計参与、監査役、執行役を指していると理解すべきことが多いと思われます。

以上に述べたように、「役員」という言葉を用いますと、場合によって差異が生じる可能性があり、また、読者の方が混乱するおそれがありますから、本書では、役員という言葉は使わないようにし、取締役、会計参与、監査役、執行役といった用語を用いて記述します。

■執行役員とCEO

(1)「執行役員」が生まれた経緯

多くの大企業では、バブル時代に取締役の数(=員数)が必要以上に増加しました。しかし、バブル崩壊後(1991年以降)経営の引き締めが求められ、その一環として、取締役会制度改革が行われました。その際、多くの会社で、取締役の員数を減少させるとともに、取締役のポストの代わりとして執行役員制度が導入されました。これにより、今まで員数が過剰で実質的な話合いが困難となっていた取締役会の活性化を図りました。

実務においてすでに導入されている執行役員制度ですが、現在のところ、会社法にこれに関する規定は存在しません。したがって、執行役員の地位・権限・員数等は、個々の会社により異なっています。執行役員制度を導入した会社の多くにおいて、執行役員は、取締役会等によって決定され、特定部門の責任者である使用人（従業員）に与えられる肩書きとなっています。簡単に言えば、取締役より下位であるが、それまでの部長より上位の職位名を新設したのです。執行役員は、代表取締役や選定業務執行取締役の指揮の下、会社の業務執行の一端を担い、任された部門を統率します。

(2) 執行役員の地位

執行役員と会社の契約形態については定型的なものはありません。執行役員が使用人（従業員）の地位にあれば、執行役員と会社との契約関係は労働契約になります。執行役員を受任者の地位に置く会社もあります。この場合は、執行役員と会社との契約関係は委任契約となります。

執行役員が使用人（従業員）であったとしても、受任者であったとしても、取締役ではないので、会社法の取締役に関する規定、たとえば、取締役に課される義務の規定（357条1項ほか）、取締役の会社に対する責任の規定（423条）、取締役の第三者に対する責任の規定（429条）、株主代表訴訟の規定（847条）等が適用されることはありません。

なお、注意すべき点は、執行役員は、指名委員会等設置会社における「執行役」とはまったく異なるということです。執行役については、91～99頁の「委員会のある会社」をご覧ください。

(3)「CEO」って何？

近年、CEOという言葉が流行しています。この言葉はアメリカの株式会社に由来します。アメリカでは、株式会社の構造が、日本の指名委員会等設置会社に似たところがあります。つまり、取締役会には、経営の担当者かつ責任者を選任し、これを監督監視し、評価し、必要があれば解任するという機能が求められます。このとき、取締役会が選任する経営担当者をオフィサー（Officer）といいます。オフィサーは、担当する部門によって異なる名称が付されます。すなわち、CEO（Chief Executive Officer、最高経営責任者）、CFO（Chief Financial Officer、最高財務責任者）、CTO（Chief Technology Officer、最高技術責任者）、CIO（Chief Information Officer、最高情報責任者）、COO（Chief Operating Officer、最高執行責任者）、といった具合です。

日本とアメリカとでは株式会社の制度が異なりますから、アメリカで用いられている名称を日本で用いるときには、当然、ズレが生じます。取締役会設置会社において、代表取締役や監査役が存在する場合、CEO（最高経営責任者）という言葉を用いたいのであれば、代表取締役社長が相当すると思います。指名委員会等設置会社において、CEOという言葉を用いたいのであれば、代表執行役が相当すると思います。しかし、それ以外は、必ずしもうまく当てはまりません。仮に、経理部長にCFO（最高財務責任者）を用いますと、会社法において、経理部長は最高財務責任者ではありませんし、経理担当取締役にCFO（最高財務責任者）を用いたところで、会社法上、取締役は全員が会社の経営に連帯して責任を負うことになっていますから（423条、430条）、特定の取締役だけが経理の最高責任者ということはできません。

■取締役の職務

(1) 取締役会設置会社の取締役の職務

取締役の職務は、会社の経営において必要となるさまざまな事項を決定し、会社の経営を行うことです。

取締役会設置会社においては、取締役の職務は、取締役会に出席し、取締役会において経営上の問題について検討し、議論し、決定すべき事項について決議によって決定することです。したがって、取締役会設置会社の個々の取締役の職務は、取締役会の会議を通じて、会社の経営を行うことになります。極端な言い方をすると、取締役会設置会社の場合、取締役の職務は、取締役会を行う会議室の中でのみ行われるということになります。なお、後述するように、取締役は他の取締役の職務執行について監督監視をする義務を負うので、これについては会議室の中でのみとはいえません。

ここで注意すべきことは、説明のこの段階では、会社法の理論において、取締役会で決定した内容を、会社の従業員組織の上位に位置づけられる部長や課長などに業務命令として伝える権限を有する取締役がいないという点です。そこで、取締役会で決定した内容を、部長や課長に業務命令として伝える権限を有する者が必要になります。

(2) 代表取締役と選定業務執行取締役

取締役会制度が設けられた1950年(昭和25年)以来、代表取締役に取締役会で決定した内容を部長や課長に業務命令として伝える権限があることは認められていました。しかし、多くの株式会社において代表取締役は数が少ないことから、また、長い間、右の説明のように解さない少数派学説が存在したことから、2005年(平成17年)に制定された会社法は、新たに、「選定業務執行取締役」[*4]という制度を設けました。すなわち、取締役会の決議により、取締役の中から特に業務執行権限を付与された取締役を選定業務執行取締役と呼び、この者は取締役会で決定した内容を従業員に業務命令として伝達する権限を持ちます(363条1項2号)。

かくして、現在では、取締役会で決定した内容を従業員に業務命令として伝達する権限を持つのは、代表取締役および選定業務執行取締役ということになります。なお、確認ですが、取締役会設置会社におけるただの取締役にその権限は認められません。

(3) 取締役会非設置会社の取締役の職務

取締役会非設置会社においても、取締役の職務は、会社の経営において必要となるさまざまな事項を決定し、会社の経営を行うことです。ただし、取締役会非設置会社では、取締役の数は1人でも2人でも許されます(なお、取締役会設置会社においては、取締役は3人以上必要です)。したがって、取締役が1人の場合には、1人で会社全般の経営上の問題について検討し、考慮し、決定すべき事項について単独で決定しなければなりません。取締役が2人以上存在しても、取締役会非設置会社ですから、会社法上の取締役会は存在しません。取締役が2人以上存在する場合、会社の経営上のさまざまな問題を決定するときは、取締役の過半数の同意によって決定しなければなりません(348条2項)。取締役会非設置会社の取締役は、各自に業務執行権限が認められています(348条1項)から、取締役が単独で決定した事項または取締役の過半数の同意によって決定した事項を、各取締役が従業員に業務命令として伝達す

＊4 すでに会社法2条15号イ括弧書が業務執行取締役の定義を規定しているので、これと区別するために、363条1項2号所定の業務執行取締役を、講学上、「選定業務執行取締役」と呼びます。

る権限があることになります。

■代表取締役と取締役会

(1) 代表取締役とは

取締役会設置会社では、代表取締役は、取締役である人の中から取締役会の決議によって選ばれます。これを選定といいます(362条2項3号・3項)。名称としては、「取締役」に「代表」が付加されることになりますが、これを法律的に説明すると、ただの「取締役」である者に、「代表権」が付加されることを意味します。

代表権を付加したのは取締役会ですから、代表取締役が能力不足であるとか、何か問題を起こした場合、取締役会はいつでもその決議によって、代表取締役から「代表権」を剥奪することができます。取締役会が決議によって特定の代表取締役の代表権を剥奪することを解職といいます(362条2項3号)。解職されると、代表取締役はただの取締役になります。[*5]

なお、取締役会の決議によって、取締役の地位を剥奪することはできません。取締役の地位を剥奪できるのは、原則として株主総会決議だけです(339条1項)。

(2) 代表取締役と取締役会の関係

右のように説明してくると、代表取締役と取締役会の上下関係は、会社法の理論においては、取締役会が上位機関、代表取締役が下位機関であるということが理解できると思います。

しかし、現実の株式会社を見ると、明らかに代表取締役のほうが、ただの取締役より偉い地位にあるとか強い立場にあるように思われます。このような理論上の上下関係と現実の上下関係が逆転している現象は次のような理由から生じます。

すなわち、会社設立の手続を経て、設立の登記を済ませて、株式会社が成立した瞬間を考えますと、実は、会社が決定しなければならない事項のすべてについて、取締役会が決議して決定しなければならないことになります。しかし、現実には、些末な決定事項（たとえば、会社で購読する新聞をどれに決めるかとか、会社で使用するコンピュータをどれに決めるかとか）は、明示的にまたは黙示的に、次々に取締役会が代表取締役に任せることになります。そうして、いつの間にか、ほとんどの株式会社では、本来、取締役会が決定しなければならない決定事項の大部分を、取締役会が代表取締役に任せることになります。その結果、気がつくと、代表取締役は些末な問題から重要な問題までの決定権限を持つこととなり、ただの取締役よりも偉いということになってくるのです。

しかし、前述したように、取締役会は代表取締役の選定権と解職権を持っていますから、や

＊5　2018年11月22日、日産自動車の取締役会は代表取締役カルロス・ゴーンを解職し、代表権をはく奪しました。カルロス・ゴーンは翌年4月の臨時株主総会で取締役を解任されるまでは、取締役を続けていました。

は、法律構造としては、取締役会が上位機関、代表取締役が下位機関ということになります。

(3) 代表取締役の重要な権限

代表取締役には、重要な権限が2つあります。

第一が、対外的な契約締結権限です。株式会社が第三者と原料や製品の売買契約を締結する場合とか、事務所や営業所の賃貸借契約を締結する場合には、株式会社を代表する人が必要になります。つまり、株式会社が契約の一方の当事者として契約を有効に締結するためには、絶対に、株式会社を代表する者が必要になります。株式会社で代表権を持つ者は、通常、「代表取締役」ですから、契約の一方当事者が株式会社であるときは、契約書には、「○○株式会社代表取締役A」と記載されます。このとき、仮に真実のところ代表権を持たない者が右のような記載をしたときには、無権代表者による契約締結となり、会社に契約の効力が生じません。つまり、この場合、会社は契約上の権利を有することなく、契約上の義務を負うこともありません。したがって、契約を有効に締結するためには代表取締役が必要になります。

第二が、前述した業務執行権限です。経営に関するさまざまな問題は取締役会で決定されますから、誰かが、決定された内容を従業員に業務命令という形で伝達する権限を有しなければなりません。対内的な業務執行権限は、代表取締役および選定業務執行取締役が有することになります。

CORPORATION LAW 2

取締役の資格・選任・任期等

■取締役になる資格

（1）取締役になれる人、なれない人

取締役になるには株主総会の選任決議が必要です（３２９条）。取締役に就任するにあたり、特別な資格が必要ということはありませんが、会社法は、取締役になれない事情（＝欠格事由）を次のように規定しています（３３１条）。

第一に、株式会社とか合同会社とか一般社団法人などの法人は、取締役になることが禁じられています（３３１条１項１号）。第二に、会社法・一般社団法人法・金融商品取引法・民事再生法・会社更生法・破産法などの定める罪（＝犯罪）[*1]によって刑に処され、その執行を終えた日または執行を受けることがなくなった日から２年を経過しない者も、取締役になることが禁じられています（３３１条１項３号）。第三に、第二に挙げた法律以外の日本国のすべての法令[*2]のいずれかの規定に違反し、執行猶予中の者を除き、禁錮以上の刑（すなわち、死刑・懲

役・禁錮）に処され、その執行を終了していない者、または、執行を受けることがなくなっていない者も、取締役になることが禁じられています（331条1項4号）。

このほか、同一の会社においては、監査役である人が取締役を兼任することは禁じられています（335条2項）。

（2）取締役は株を持っていることが必要か？

このほかのルールですが、非公開会社[*3]である株式会社では、「会社の株主でなければ取締役になれない」という定めを定款に設けることができます。この定めは有効です。これに対し、公開会社[*4]である株式会社では、そのような定めを定款に設けることはできません。仮に設けたとしても無効です（331条2項）。これは、公開会社である株式会社については、取締役としての人材を株主に限定せず、広く世間一般から有能な人を求めるべきだという考えに基づきます。

（3）国籍条項

公開会社の定款に、「取締役は日本国籍を有する者に限る」といった定めを置くことが有効か否かが問題となったことがあります。1966年に、名古屋地方裁判所は、当時のトヨタ自動車の定款について、このような定款の定めを有効と判断しました。[*5] しかし、上で述べた会社法331条2項の趣旨（＝広く世間一般から有能な人を求めるべきとの趣旨）と、日本社会の国際化の現状を考え合わせれば、「取締役は日本国籍を有する者に限る」といった内容の定款の定めは現在では無効と思われます。

（4）取締役の年齢

なお、取締役の年齢について、会社法は制限を定めていません。[*6] もっとも、3歳や5歳の子供は民法で定める意思能力（民法3条の2）に欠けますから、取締役になれません。

＊1　会社法の定める罪としては、特別背任罪（960条）、会社財産を危うくする罪（963条）、虚偽文書行使等の罪（964条）、預合いの罪（965条）、株式超過発行の罪（966条）、取締役等の贈収賄罪（967条）、株主等の権利行使に関する利益供与罪（970条）、業務停止命令違反の罪（973条）、虚偽届出罪（974条）などがあります。
＊2　たとえば、刑法、覚醒剤取締法、道路交通法、著作権法、特許法、労働基準法、労働組合法などです。
＊3　非公開会社については、82・84頁を参照してください。
＊4　公開会社については、82頁を参照してください。
＊5　名古屋地判昭和41年4月30日下民22巻3・4号549頁。
＊6　定款で定年年齢を定めている会社は多いです。この場合、定款で定める定年年齢を超える人は取締役になれません。定款違反になるからです。

（5）成年被後見人や被保佐人

2019年（令和元年）の会社法改正[*7]までは、成年被後見人[*8]および被保佐人[*9]である者は取締役になることが禁じられていました（令和元年改正前会社法331条1項2号）。しかし、同会社法改正により、この定めは削除されました。[*10]

■取締役の選任

（1）取締役は株主総会の決議で選ぶ

取締役の選任権は株主総会に専属していますから、取締役は、必ず株主総会の決議によって選任されなければなりません（329条1項）。取締役の選任を誰か特定の人の判断に委ねるという契約や株主総会決議は無効になります。

株主総会は、個々の取締役候補者について、賛成多数で選任議案を可決してもよいし、反対多数で否決してもかまいません。仮に、会社と特定の取締役候補者との間に、15年間の取締役就任契約のようなものが締結されていたとしても、株主総会はそのような契約を無視して、自由に否決の決議をすることができます。

なお、特に取締役の選任権付種類株式（108条1項9号）が発行されている場合には、その種類株式を有する種類株主だけで構成される種類株主総会で取締役を選任することになります。

(2) 選任決議

取締役を選任する株主総会の決議ですが、取締役の選任は、なるべく多くの株式を有する株主の意思を反映させたいと考えられるため、取締役を選任する決議の定足数要件は通常の普通決議のそれよりも厳重です。取締役を選任する株主総会においては、定款によっても定足数を完全に排除することは許されず、定足数を下げるとしても議決権を行使できる株主の議決権総数の3分の1未満にはできないと規定されています（341条）。通常の普通決議の定足数は、

＊7　令和元年12月11日法律70号。

＊8　成年被後見人とは、精神上の障害により事理を弁識する能力を欠く常況にある者であって、法定の手続に従い家庭裁判所から後見開始の審判を受けた者です（民法7条・8条）。

＊9　被保佐人とは、精神上の障害により事理を弁識する能力が著しく不十分な者であって、法定の手続に従い家庭裁判所から保佐開始の審判を受けた者です（民法11条・12条）。

＊10　後見開始の審判を受ける者（＝成年被後見人になる者）は、よく知られているように、簡単な算数の計算ができません。たとえば、「100引く7は？」という問題に答えられません。令和元年の会社法改正は、さまざまな政治的事情から、このような者が取締役になる道を開いたのですが、このような能力の者が株式会社の経営を行うことは可能なのか、さらに、会社法所定の取締役に対する厳しい責任規定に耐えられるのかという疑問を禁じ得ません。

定款で排除できますから、この点が通常の普通決議と異なります。定足数を満たした後、決議は、出席した株主の議決権総数の過半数の賛成により成立します（341条）。

（3）株主総会参考書類

取締役を選任する株主総会において、取締役会が書面もしくは電磁的方法による議決権行使を認める場合、または、議決権を行使できる株主が1000人以上であって書面による議決権行使を認めなければならない場合には、①取締役候補者の氏名、②生年月日、③略歴、④就任の承諾を得ていないときはその旨、⑤当該候補者が有する当該会社の株式数、⑥候補者と会社との間に特別の利害関係があるときはその事実、ならびに、⑦候補者が現に当該会社の取締役であるときは会社における地位および担当などを記載した書類（これを**株主総会参考書類**といいます）を、会社は株主に交付しなければなりません（298条、301条、302条、会社施規74条）。株主総会の会場に行くことなく、遠方の自宅などに居ながら、議決権行使書面または電磁的方法[*11]によって議決権行使を行う株主のために、議決権行使の際に必要と考えられる情報を提供する目的で、株主総会参考書類が交付されます。

■取締役の任期

（1）取締役の任期は原則2年

取締役の任期についての定めは複雑です。株式会社の取締役の任期は原則として2年です（332条1項）。したがって、通常の株式会社において取締役を、たとえば10年間続けるためには、2年間の任期が終わるごとに、株主総会で改めて選任決議を行う必要があります。[*12]

(2) 任期1年の場合

ソニーや東京電力ホールディングスなどの指名委員会等設置会社という形態の株式会社では、取締役の任期は1年です（332条6項）。この場合、取締役を続けるためには、1年間の任期が終わるごとに、株主総会で改めて選任決議を行う必要があります。監査等委員会設置会社の監査等委員でない取締役の任期は1年、監査等委員である取締役の任期は2年です（332条3項）。

(3) 最長10年の場合

以上に対し、上記の監査等委員会設置会社および指名委員会等設置会社に該当しない非公開

*11 詳しくは、146～153頁の「議決権の行使方法」を参照してください。
*12 なお、定款または株主総会の決議によって2年間の任期を短縮できます（332条1項但書）。

会社の取締役については、定款で10年以下の任期を定めることができます（332条2項）。ですから、このような非公開会社の場合、取締役の任期を6年とか10年とかに定めることができます。

（4）特例有限会社の場合

なお、2005年（平成17年）の会社法の制定時に、有限会社法という法律が廃止されたのですが、かつて有限会社法に基づいて設立された有限会社の場合、取締役の任期についての規定がなかったので、一度、取締役になると、30年でも、40年でも、取締役を続けることができました。会社法の施行時に存在していた有限会社は、現在、正式には特例有限会社として存続していますが、この特例有限会社の取締役についても同様に任期の定めはなく、何年でも取締役を続けることができます。[*13]

■取締役の終任

（1）委任関係の終了

取締役と会社との関係は委任関係[*14]ですから、取締役は、自らの意思によっていつでも自由に辞任できます（330条、民法651条）。[*15] 取締役が死亡した場合や破産した場合、取締役は終任となります（330条、民法653条）。

（2）任期満了

前述したように、取締役の任期は通常2年です（332条1項）。公開会社の場合、定款や株主総会決議により、仮にこれより長い任期を定めたとしても、2年を超える部分は無効です（逆に任期の短縮は可能です）。任期が満了すると取締役は終任となりますが、改めて株主総会の選任決議がなされることにより、再任は可能です（何回でも再任可能です）。

（3）欠格事由に該当

取締役が、会社法、金融商品取引法、刑法等の規定に違反し331条1項が定める欠格事

＊13　会社法の施行に伴う関係法律の整備等に関する法律18条「特例有限会社については、会社法第332条、第336条及び第343条の規定は、適用しない。」

＊14　会社が委任者であり、取締役が受任者です。

＊15　ただし、当該取締役が辞任すると、取締役の法定員数が欠ける場合（すなわち、取締役会設置会社において取締役が3人未満になる場合、取締役会非設置会社において取締役がいなくなる場合）、または、取締役の定款に定めた員数が欠ける場合、辞任した取締役は、後任の取締役が就任するまで、引き続き取締役としての権利を有し義務を負うことになります（346条1項）。

由[16]のいずれかに該当することになると、その取締役は直ちに終任となります。なお、取締役が警察に逮捕されただけでは、欠格事由に該当しません（331条1項3号・4号）。

（4）株主総会の解任決議

株主総会は普通決議によって、いつでも、また、理由のいかんを問わず、取締役を解任できます（339条1項、341条）。取締役の任期中でも、普通決議により解任できます。なお、取締役の任期中に、正当な理由なしに解任された取締役は、会社に対し損害賠償を請求できます（339条2項）。

（5）裁判所の解任判決

取締役の職務遂行に関し不正の行為、または、法令もしくは定款に違反する重大な事実があるにもかかわらず、株主総会が解任を否決した場合には、6か月前から引き続き総株主の議決権の3％以上または発行済株式の3％以上を有する株主は、否決された日より30日以内に、問題の取締役の解任を裁判所に請求することができます（854条1項・2項）。裁判所が言い渡した解任判決が確定すると、取締役は解任となります。

〈取締役の終任事由〉
・辞任（いつでも辞任できる）、死亡、破産
・任期満了
・会社法331条1項の欠格事由（特別背任罪、取締役等の贈収賄罪など）に該当するとき
・株主総会の解任決議
・裁判所の解任判決

＊16 欠格事由については、177頁を参照してください。

CORPORATION LAW 3

取締役に課される3つの義務

■取締役が負う三大義務

取締役に課された使命は、株主から託された株式会社という道具と株式会社の全財産を駆使して利益を産出することです。

取締役は、対外的には取引を行い、対内的には業務遂行を行い、この際にさまざまな決定を行わなければなりません。取締役は、さまざまな取引や業務遂行の検討をし決定を行うにあたり、常に以下の3種類の義務を遵守しなければなりません。

(1)第一　法令・定款・株主総会決議遵守義務

取締役には、常に、法令・定款・株主総会決議を遵守する義務が課されています(355条)。すなわち、取締役はいつでも法令を遵守し、会社の定款を遵守し、さらに、株主総会の決議を遵守しなければなりません。これを「法令・定款・株主総会決議遵守義務」といいます。

（2）第二　善管注意義務

取締役には「善管注意義務」が課されています（330条、民法644条）。取締役が会社経営を遂行するにあたり、また、会社経営のために何らかの判断を行うにあたり、いつでも善良な管理者としての注意を尽くさなければならないという義務です。善良な管理者としての注意を尽くす義務という言葉を短縮して、「善管注意義務」と呼びます。

（3）第三　忠実義務

取締役が何かの判断をしたり、何らかの取引を行ったりする際に、取締役の個人的な利害と会社の利害とが対立する状況に陥るときは、取締役には、取締役個人の利益よりも会社の利益を優先させなければならないという義務が課されています（355条）。これを「忠実義務」といいます。

以上の義務を、会社経営における取締役の三大義務といいます。1つずつ解説しましょう。

CORPORATION LAW 4

法令・定款・株主総会決議遵守義務

■法令遵守義務

取締役は、会社の経営を行うにあたり、日本国内で効力のあるすべての法令を遵守しなければなりません（355条）。違反することは許されません。法令には、法律、政令、規則、および、地方公共団体が制定した条例などが含まれます。会社が外国で事業を展開するときは、当然に、その国の法令も遵守しなければなりません。

取締役が遵守すべき日本国内の法令としては、会社法、刑法、金融商品取引法、独占禁止法、不正競争防止法、特許法、著作権法、労働組合法、労働基準法、労働安全衛生法、雇用機会均等法など、多数の法令があります。たとえば、職務執行に際し、取締役が、故意に他人の著作権を侵害して利益を追求したとします。この場合、取締役個人は10年以下の懲役または1000万円以下の罰金に処されます（著作権法119条1項）。同時に、当該取締役が所属する株式会社にも3億円以下の罰金が科されます（著作権法124条1項1号）。このとき、会社に科された3億円の罰金の支払いは、会社にとって取締役が法令遵守義務に違反した結果の損失ですから、会社は当該取締役に対し3億円の損害賠償請求ができます（423条1項）。

■定款遵守・株主総会決議遵守義務

取締役が、会社の定款の内容を知っていることは当然といえます。また、取締役が株主総会の決議の存在およびその内容を知っていることも当然といえます。したがって、取締役に、定款の遵守義務および株主総会決議の遵守義務があるのは当然といえます。

■コンプライアンスは当たりまえ

わが国でバブル経済が崩壊した後の1995年頃から、「コンプライアンス」（＝法令遵守）とか、「コンプライアンス重視」という言葉が使われ始めました。最近では、会社の代表取締役などが、「わが社は、コンプライアンス重視を徹底しています。」などということがよくあります。会社法学者の立場から見ますと、珍奇な話です。なぜなら、明治時代に株式会社制度ができたときから、[*1]会社も、会社の経営を任された取締役も、法令を遵守しなければならないことは当然に要求されていたからです。ですから、最近になって、突然に、コンプライアンス重視などと言い出すのを聞くと、「これまでは法令を軽視して経営をしていたのですか」と尋ねたくなります。

1995年頃から、わが国を代表するような金融や証券に携わる株式会社において、バブル時代に行われた、各種法律や規則に違反するか違反すれすれの取引行為が次々と明るみに出ました。そのような株式会社の代表取締役は、監督官庁から今後の法令遵守を厳しく指導されたのです。しかし、このことは、決して新しいことが始まったのではなく、会社法の世界では、明治時代からの常識でした。強いて言えば、バブル時代には、箍《たが》が緩んでいたことになります。

なおその後、取締役たちは、就業規則を含めたさまざまな会社のルールを厳守せよという意味で、従業員に対して、「コンプライアンスを重視せよ」と命じるようになっています。しかし、これには注意しなければなりません。監督官庁や社会一般が、「法令を遵守しない株式会社に対して、コンプライアンスを重視しなさい」と言うのは正しい使い方ですが、取締役たちが従業員に対して、「コンプライアンスを重視して就業規則や会社内のルールを守りなさい」と言うのは必ずしも正しい使い方ではありません。なぜなら、就業規則や会社内のルールは、国会の決議によって制定された法律とは異なるからです。

＊1　株式会社制度を含む現行商法が制定されたのは1899年（明治32年）です。なお、わが国で、準則主義（＝法人の設立に際して、遵守すべき法令に従えば当然に法人格を付与する制度のことです）の株式会社制度が実施され始めたのは、1893年（明治26年）です。これは、明治23年に制定されながら施行が停止されていた旧商法（明治23年制定）の中の会社、手形、破産の部分だけが明治26年から施行されたからです。

CORPORATION LAW 5

善管注意義務

取締役は、株主総会の選任決議によって選任された後、会社と取締役就任契約を締結します。この取締役就任契約の基礎には、民法が定める委任契約があります（参照、民法643条〜656条）。なぜなら、会社法が、会社と取締役の法律上の関係は委任関係であると規定するからです（330条）。会社が委任者であり、取締役が受任者であり、取締役に任される事務、すなわち、委任事務が会社の経営です（民法644条）。

取締役が取締役会の構成員として職務を行う際、および、取締役が代表取締役としてさまざまな業務を行う際には、善良な管理者としての注意（＝善管注意義務）を尽くさなければなりません（330条、民法644条）。ここで尽くすべき注意の水準ですが、「当該株式会社の取締役に就任する者であれば、当然に要求される程度の注意」と解されています。

取締役が善管注意義務に違反し、すなわち、およそ取締役であるならば当然に注意すべきことを怠り（過失があったということです）、その結果、会社に損害が生じた場合、取締役は、会社に対して損害賠償責任を負います（423条1項）。

■善管注意義務と経営判断の原則

(1) 経営にはリスクが伴う

株式会社において、株主は会社の資本を形成する金銭を出資し、取締役はこれを経営により増殖させる任務を負います。しかしながら、会社の経営とは、そもそも、若干のリスクを伴いつつ利益をあげることを目標としています。[*1] 利益を求めるにあたってリスクを伴うのは必然ですが、取締役が利益を求めて何らかの事業活動に会社の資金や資産を投下したところ、運悪くリスクが現実化して、利益どころか多額の損害が生じてしまうことが考えられます。このとき、その多額の損害は取締役の善管注意義務違反を原因とするものだと主張して、会社が取締役に対し損害賠償を請求することが考えられます。このような請求が認められることになると、取締役は、リスクを伴う事業への進出を回避することになります。つまり、経営がきわめて消極的になるのです。

そこで、取締役がリスクを伴う事業の実行を安心して決定できるようにするために、経営判断の原則(ビジネスジャッジメント・ルール)というものが判例や学説によって認められるようになりました。[*2] これは、取締役がリスクを計算に入れ、必要な情報を十分に考慮したうえで会社にとって最善の利益を図ることを確信して事業の実行を決定した場合であれば、結果としてその事業に失敗し、会社に損害をもたらすことになったとしても、取締役には善管注意義務違反に基づく損害賠償責任は発生しないとするものです。

(2) 宝くじの購入は善管注意義務違反?

取締役が、会社の利益増加を目的として、会社の資金100万円を支出して、宝くじ1万枚を買ったとします。これは、法令に違反する行為ではありませんから、前述した法令遵守義務に抵触することはありません。それでは、善管注意義務(330条、民法644条)に違反するでしょうか。

結論から言えば、宝くじを購入する取締役の行為は、原則として、善管注意義務に違反します。

少し、説明しましょう。宝くじは、たとえば100円の宝くじ券を1枚買って、1等が当たると、1億円もらえるというものです。まず、宝くじの当選発表以前の時点で考えてみますと、

*1 取締役が、石橋を叩いて渡るような堅実な経営をめざして、仮に、株主から出資された金銭の全部を定期預金として銀行に預けたとすると、株主は怒ることになります。なぜなら、会社の利益額が定期預金の利息でよいのなら、わざわざ株式会社を設立し、報酬を支払って取締役を雇う必要がないからです。このことから、株主は、常に、銀行の定期預金の利率以上の利益を生み出すことを、取締役に期待しているということができます。

*2 詳細は、柴田和史「経営判断の原則・研究序説」『会社法の実践的課題』57~85頁(法政大学出版局、2011年)をご覧ください。

次のようになります。取締役は、会社のために会社の資金100万円を支出し、宝くじ1万枚を購入した。仮に、1枚も当たらなかったら、100万円をドブに捨てたことになります。会社にとって100万円の損失ということになります。これに対して、取締役から、「何枚かは当選するよ」という反論が聞こえてきます。たしかに、何枚かは当選するでしょうが、当選発表前だと、いったい何枚当選して、いくらもらえるかは誰にもわかりません。

そもそも、日本の宝くじの場合、総売上額に対して、だいたい50%を当選金として返金するように設計されています。そこで、確率論を使って考えてみますと、100万円分の宝くじに対しては、平均して、だいたい50万円が当選金として戻ってくると考えられます。このように考えると、取締役は、50万円の当選金を得るために、100万円を支出したことになります。つまり、会社の金である50万円を捨てたことになります。会社にとって、100万円の損失ではないとしても、50万円の損失であることは間違いありません。したがって、取締役のこのような行為は、善管注意義務に違反する行為といえます（悪性が強ければ、特別背任罪の可能性もあります〈960条1項〉）。

ここまで話を進めると、取締役は、「当選発表まで待ってから、自分の責任を問題にしてくれ」ということでしょう。それでは、当選発表まで待ってみましょう。当選発表の後だと、議論は簡単になります。取締役が買った1万枚の宝くじ全部の当選金の合計額が40万円だったとします。宝くじを買った時点で、取締役が善管注意義務に違反する違法行為を行ったことが確定しています。損害額が明確になったので、会社は、取締役に対して損害賠償請求をすることができます。裁判所に訴えを提起することもできます。当選金の合計額が40万円だとしたら、会社が取締役に対して損害賠償を請求するときの損害額は60万円（＝100万円－40万円）になります。

これに対し、運良く、当選金の合計額が、120万円だったとしますと、会社に損害がありませんから、損害賠償を請求する訴えができなくなります。会社に損害がないので、法律上、取締役に損害賠償の責任は生じないことになります。しかし、そもそも取締役の行為は善管注意義務に違反する行為ですから、会社としては、取締役に対して、「今後、宝くじを買わないこと」と厳重注意をしておくのが良いと思います。なぜなら、1回目はたまたま運良く儲かったのであって、この取締役が同じように宝くじを買い続けますと、100回とか200回というように回を重ねれば重ねるほど、平均としての利益率は50％に近づくことになり、言い換えれば、全支出額の50％が損失になるからです。

■善管注意義務と株の売買

(1) 株式の売買は善管注意義務違反？

取締役が、会社の資金で、他の会社の株式を売買することは善管注意義務（330条、民法644条）に違反することでしょうか。取締役が、会社を代表して（つまり、会社が契約の一方当事者になるということです）会社の資金を使って、東京証券取引所等に上場されている株式を買う場合を考えてみましょう。

（2）安定株式の購入

株価が比較的安定している会社や経営状態が安定している会社の株式を、一般に、安定株式ということがあります。取締役が、他の会社が発行している安定株式と思われている株式を、会社の資産として比較的長期間保有することを目的として買うことは善管注意義務に違反しないと考えられています。このことは、会社が、今すぐに使途の予定がない現金を保有するとき、その現金を銀行に預金するか、公債・社債を購入するか、または、株式を購入するか、土地を購入するかなどといった選択肢の1つとして考えられることになります。

（3）仕手株の購入

安定株式と対照的なものとして、俗に仕手株と呼ばれるものがあります。それは、通常の期間には株価が比較的低位水準にありますが、たまに、突然に、急激に上昇し、しかし、たとえば1週間後には、元の低位水準に戻ってしまうという株式のことです。このような仕手株を株価が低いときに大量に買い込んでおき、その後、突然に急上昇したときにその株式を売ることができれば、濡れ手に粟の大もうけができます。多くのギャンブルと同様に、一度、仕手株による大もうけを経験しますと、その後は、常に、仕手株の突然の暴騰を狙って株式を買い集めることになりがちです。俗に言う、「大穴狙い」です。

取締役が、会社の資金を支出して、このような仕手株を購入した場合、その行為は善管注意義務に違反すると解されます。[*3] ただし、取締役の責任がどうなるかという問題は少し複雑になります。

会社の決算時に、仕手株の購入が問題になったとします。その時点で、当該仕手株の株価が、購入した当該仕手株全部の平均取得価額を下回っていたとしたら、当該株式の購入は会社に損失を生じさせたことになります。原則として、善管注意義務違反に基づく損害賠償責任が生じるといえるでしょう。会社は、当該取締役に対し、裁判において、上記の損害額の賠償を請求することができます（423条1項）。取締役が、当該仕手株は会社の決算期までに、1回は急騰するはずだったという弁明をしても法律上は取り上げられません。そもそもは、会社の資金で仕手株を購入したことが善管注意義務違反だからです。[*4]

＊3　福岡地判平成8年1月30日判タ944号247頁。

＊4　問題のポイントは、会社の資金を使って仕手株を購入したことにあります。なぜなら、株式会社の資金は、本来、株主全体のものですから、取締役が自由勝手に何にでも使用して良いというものではありません。これに対し、個人企業を営んでいる個人が個人企業の資金を使って仕手株を購入しても、善管注意義務違反として責任を追及されることはありません。

会社の決算時に、仕手株の購入が問題になったが、その時点で、当該仕手株の株価が、購入した当該仕手株全部の平均取得価額を上回っていたとしたら、会社に損害が生じていないことになります。したがって、善管注意義務違反に基づく損害賠償責任は生じないといえるでしょう。ただし、会社の資金は限られていますから、他に優先的に使うべき使途があったにもかかわらず、仕手株の購入に使ったというのであれば、会社の資金を何に使ったかの選択判断について善管注意義務違反が生じるかもしれません。

■内部統制システム

(1) 内部統制システムとは

「内部統制システム」という言葉を聞くと、なんのことかよくわからないと思います。ここでは簡単に、取締役および従業員をコントロールするルール、と理解してください。

一般に、「内部統制システム」といわれますが、正確に表現すると、「取締役の職務の執行が法令及び定款に適合することを確保するための体制その他株式会社の業務並びに当該株式会社及びその子会社から成る企業集団の業務の適正を確保するために必要なものとして法務省令で定める体制」(362条4項6号)です。

大会社である取締役会設置会社は、取締役会において、必ず、内部統制システムを決定しなければなりません(362条5項)。大会社でない取締役会設置会社においては、内部統制システムを定めるか定めないかは自由ですが、定めるときには、必ず取締役会によって決定しなければなりません（362条4項6号）。そして、この内部統制システムを構築する義務は、善管注意義務の一類型です。

（2）取締役会規則や就業規則との相違

内部統制システムとは、従来からどの会社にも存在する取締役会規則や就業規則などとどのように違うのでしょうか。

取締役会規則は、当該会社において取締役会を開催・決議するためのルールであり、取締役会を効率的に行うことを目的とするものといえます。就業規則は、当該会社における働き方のルールであり、強いて言えば、従業員が効率的に働くことを目的とするものといえます。これに対し、内部統制システムとは、事業活動を行う会社が違反してはならない法令等を、取締役や従業員が違反しないように予防し監視するためのルールということができます。

（3）内部統制システムを設ける理由

ここで、どのような業種の会社でも良いのですが、たとえば百貨店や証券会社などを想像してみてください。顧客は、百貨店や証券会社の個々の従業員と話をし、この従業員の説明を聞いて、さまざまな契約を締結します。このとき、個々の従業員が違法な行為をして契約を締結したとすると、理論上、それは会社が違法な行為をして契約を締結したことになります。取締役には、従業員を指導し監督監視することに関して善管注意義務違反の責任が発生します。また、取締役が、当該従業員の違法行為に加担したり、これを承認もしくは黙認するのであれば、取締役には法令違反の責任が発生します。

そこで、取締役が、あらかじめ、内部統制システムと呼ばれる「事業活動を行う会社が違反してはならない法令等を会社の取締役や従業員が違反しないように予防し監視するためのルール」を制定しておけば、そのようなルールをかいくぐってまで違法行為を行った取締役や従業員がいたとしても、他の取締役の責任は大幅に緩和されるという考え方が主張されました。

(4)具体的な内部統制システム

内部統制システムを具体的に説明すると、次のようになります。たとえば、会社の中には、必ず現金を管理する者がいます。このとき、現金を管理する人を特定の1人に限定して、その人が20年間も同じ仕事を行うというのは、よくない例として考えられます。何らかの不正が行われたときに、なかなか発覚しないからです。そこで、ルールを作るとしたら、たとえば、現金を管理する人は2人以上にし、業務内容をわざと重複するようにするとか、必ず2年間で他の人と交代することにするとか、毎年、1か月間は、他の業務研修などを設定して当該者の不在の期間を作り、その間、上司などがその仕事を行いながら不正をチェックする、などといったルールが考えられます。また、契約を締結した顧客に対し、応対した従業員がたとえば「この株は必ず儲かります」とか「損をしたら、別途、補填をしますから、安心してこの株を買ってください」などと発言していないかなどを、アンケートのような形で答えてもらい、そのアンケートは、直接に、内部統制システムの担当者に届けられるようにする、などのルールも考えられます。

このようなルールを作成し実施しておけば、仮に不正が発覚しても、会社の損害額などが少額で済みますし、大事件になることを未然に防止することができます。したがって、このようなルールを作成し施行することが、取締役に求められるのです。これは、取締役の法令遵守義務違反または善管注意義務違反の責任を緩和するためのものです。

(5) 内部統制システムと取締役の責任

なお、仮に違法行為を行う従業員が出現し、会社に多額の損害が発生したとしても、内部統制システムを作成し施行しておけば、取締役の責任はまったく生じないと述べられることもあるようですが、それは無理だと思われます。

取締役に対しては、まずは、このようなルール（内部統制システム）を作成し施行することが求められますが、ルールがひとたび作成されますと、必ず、その盲点や弱点を発見する者が現れます。ですから、取締役は、常にルールの点検を行わなければなりません。また、取締役は、右のルール以外に、ランダムでの内部調査や、抜き打ち調査も行うことが可能なわけですから、このようなルール（内部統制システム）を作成し施行しておけば、自らに責任が生じないと考えるのは誤りです。

■監督監視義務

（1）互いに監督監視する義務

1人ひとりの取締役は、他の取締役が職務を執行するにあたり、三大義務（法令・定款・株主総会決議遵守義務、善管注意義務、忠実義務）などの諸義務を遵守していること、ないしは、遵守すべきことを、お互いに監督し監視する義務を負っています。これが「監督監視義務」です。この義務は、取締役1人ひとりがそれぞれ会社に対して負っている義務です。そして、この監督監視義務は、善管注意義務の一類型といえます。監督監視義務に違反したことにより、会社や第三者に損害が生じたときは、会社または第三者は監督監視義務を怠った取締役に対して損害賠償責任を追及することができます（423条、429条）。

（2）具体的な監督監視義務

監督監視義務を具体的に説明しましょう。代表取締役が会社を代表して第三者と何かの契約を締結しようとしているとします。その契約の内容が法令に違反するものであったり、取締役の善管注意義務違反もしくは忠実義務違反を生じさせるものであったりする場合には、他の取締役は、当該代表取締役が違法行為を行わないように、取締役会においてその問題を取り上げて、契約締結の中止や、契約内容の違法部分の修正などを求めなければなりません。つまり、代表取締役が違法な行為を行おうとしているときには、そのことを知った取締役には、取締役会を通じて当該問題を他の取締役たちに知らせる義務、および、取締役会で善処を検討し、違法性を伴う行為の実行を防止する義務があるということになります。

(3) 独裁者のような代表取締役社長

中小企業などにおいては、独裁者のような代表取締役社長が存在し、ほかの取締役たちはいわゆる「イエスマン」であるというような株式会社が少なくありません。しかし、そのような株式会社の末席の取締役であっても、代表取締役が違法な行為を行おうとするときには、右に述べた監督監視義務を負います。最高裁は、平取締役に代表取締役を監督監視する義務があることを明確に判示しています。[*5]

下っ端の平取締役には苛酷な義務と思われるかもしれませんが、そもそも1人ひとりの取締役は、会社の利益、ひいては株主の利益を最大にするために、株主によって選任され、株主のために行動することが求められているということが株式会社の根本原理であることを忘れてはなりません。[*6] 平取締役は、けっして、代表取締役の部下になるために、株主総会で選任されたわけではないのです。最高裁の結論は正当です。

（4）立場の弱い取締役

ところで、立場の弱い平取締役はどうしたらよいのでしょうか。第一に、取締役会の開催を請求し（366条1項・2項）、問題の契約の内容などを取締役全員で検討し違法性のないものに修正することを試みる、第二に、監査役に事実を告げて[*7]、監査役の有する取締役行為差止請求権（385条）の行使を促すといったことが考えられます。

仮に、当該代表取締役が問題の契約を断行し、その結果、会社や第三者に損害が生じたとすると[*8]、当該代表取締役、および、この問題を知っていて止めなかった取締役、この問題を知るべきであって止めなかった取締役は、全員、連帯責任[*9]を負うことになります（430条）。平取締役は、自らに課されている監督監視義務を遵守できないことを知り、追及されるかもしれない莫大な損害賠償責任から免れたいと思うときは、取締役を辞任するしかありません。

＊5　最高裁昭和48年5月22日判決民集27巻5号655頁。本件事件において最高裁は、「株式会社の取締役会は会社の業務執行につき監査する地位にあるから、取締役会を構成する取締役は、会社に対し、取締役会に上程された事柄についてだけ監視するにとどまらず、代表取締役の業務執行一般につき、これを監視し、必要があれば、取締役会を自ら招集し、あるいは招集することを求め、取締役会を通じて業務執行が適正に行なわれるようにする職務を有するものと解すべきである。」と判示しています。

＊6　現実の株式会社を考えるとき、どうしても代表取締役社長を頂点とし、平取締役がそれに従うピラミッド構造の支配従属関係を思い描くことになります。しかしそれは、会社法の原理とは異なる事実関係から生じる支配従属の力関係と考えられますから、そのような支配従属関係を払拭したいと考えるのであれば、その原因となる事実関係を問題にしなければなりません。

＊7　取締役行為差止請求権を有する監査役は、原則として、毎回の取締役会に出席する権利を有し義務を負っています（383条1項）から、問題の契約が取締役会で検討されれば、自然に監査役の知るところとなります。

＊8　会社は当該代表取締役に対し、423条1項所定の損害賠償責任を追及できます。第三者は当該代表取締役に対し、429条1項所定の損害賠償責任を追及できます。

＊9　個々の平取締役も、会社に対する損害賠償責任（423条1項）、および、第三者に対する損害賠償責任（429条1項）を負うことになり、全員の連帯責任となります（430条）。

CORPORATION LAW 6

忠実義務

■忠実義務

（1）忠実義務とは

忠実義務とは、会社の利益と取締役の個人的利益とが対立する状況が生じる場合に、取締役は個人的利益よりも会社の利益を優先しなければならないという義務です。

（2）善管注意義務との関係

取締役の忠実義務は、会社法355条が根拠規定です。この規定は、第二次世界大戦後に日本を管理したアメリカのGHQの強い指導により、1950年（昭和25年）の商法改正で新設されました。新設された忠実義務が、それ以前から存在した善管注意義務とどのような関係にあるかが問題となります。古い考え方の判例[*1]・学説は、取締役の忠実義務と取締役の善管注意義務とを同じものと考え、忠実義務は従来から存在した善管注意義務の一部を特に強調したものにすぎないと考えます。

これに対し現在では、忠実義務は、アメリカの会社法で発展した取締役に対する厳格な義務のことであり、従来の善管注意義務とは明確に異なる考え方のものとする理解が有力です。具体的にどのような状況で取締役の忠実義務が問題になるかということは、後で述べる利益相反取引の場合を考えるとわかりやすいです。

(3) 忠実義務違反の典型例

会社法は、一般的な義務としての忠実義務を定める355条とは別に、忠実義務違反となるいくつかの典型的な行為について特に条文を設けて規制しています。それは、①競業避止義務を負う場合(356条1項1号)、②利益相反取引となる場合(356条1項2号・3号)、③取締役の報酬に関する場合(361条1項)です。これらは、頻繁に問題になることが予想されたため、特に条文が設けられているのです。

これらの3つに該当しなくても、取締役と会社との間に利益の対立が生じる場合には一般的な忠実義務の条文(355条)が規制します。具体的には、取締役により会社の利得の機会が

＊1　最大判昭和45年6月24日民集24巻6号625頁。

奪われる場合[*2]、取締役が会社の秘密の情報を利用して個人的に利益を得る場合[*3]、取締役が密かに同業の別会社を設立し、会社の従業員を同会社に引き抜く場合[*4]などです。

■競業取引に関する義務

(1) 競業取引とは

取締役個人が、会社の事業の部類に属する取引を第三者と行う場合には、会社の利益追求と取締役個人の利益追求とが競合することになります。たとえば、会社の事業が洋服の製造販売であり、直接に消費者に商品の販売を行うとします。この場合、当該会社の取締役が、会社の知らないところで、個人として洋服の製造を行い直接に消費者に販売を行ったとすると、その分だけ、会社の製造した商品が売れないことになり、会社は得られたかもしれない利益を得られないことになります。そこで、会社法は、原則として、取締役が会社と競合する取引を行うことを禁止します。

取締役が行う競業取引とは、会社の事業と競合し、取締役個人の利益追求と会社の利益追求との衝突が生じるおそれのある取引をいいます[*5]。取締役がこのような競業取引を行うことは禁止されますが、商品の種類が異なったり、事業の地域が異なったりすれば競合しないことになります（356条1項1号）。

(2) 取締役会の承認

取締役会設置会社においては、競業となる行為であっても、事前に当該取締役がその行為に関する重要な事実を取締役会に開示して、取締役会の承認[*6]を受ければ、問題なく取引を行うことができます(356条1項1号、365条1項)。承認を受けた場合、競業取引を行った後に、当該取締役はその取引に関する重要な事実を取締役会に報告しなければなりません(365条2項)。

*2 本来、会社が利益を得ることになる機会や情報を、取締役が横取りして個人的に利用し、結果、会社が利益を得られなくなることを「会社の利得の機会の奪取」といい、忠実義務に違反する取締役の行為です。

*3 取締役は会社内部の秘密情報を得ることができますが、この秘密情報を個人的に利用して、個人として利益を得ることは、忠実義務に違反する取締役の行為です。この考え方を発展させて制度化したものが、上場会社の取締役に課されるインサイダー取引の禁止です。

*4 東京高判平成元年10月26日金判835号23頁、東京地判平成11年2月22日判時1685号121頁。

*5 婦人服を製造販売する株式会社の取締役が、日曜日などに自宅で手作りの婦人服を製作し、自宅店舗や通信販売等でこれを販売する行為は、競業行為となります。

*6 取締役会を設置しない会社(=取締役会非設置会社)では、株主総会の承認を受けなければなりません(356条1項)。

（3）違反する取引の効果

取締役会の承認を受けずに取引を行った場合でも、第三者（この第三者は、取締役の取引の相手方を意味します）の取引の信頼を保護しなければならないので、取引そのものが無効ということにはならず、取引は有効のままとなります。ただし、当該取締役は会社法を遵守しなかったことにより、会社に対し任務懈怠《けたい》による損害賠償責任が生じます（423条1項）。このとき、会社の損害額については、取締役が得た利益額が会社の被った損害額であると推定されます（423条2項）。

■利益相反取引に関する義務

（1）利益相反取引

利益相反取引とは、会社と取締役または第三者が契約を締結する場合に、契約の内容が、取締役が利益を得て会社が損失を被るという内容であるときをいいます。

（2）直接取引

利益相反取引の直接取引としては、会社と取締役個人が売買契約や、賃貸借契約、金銭消費貸借契約などを締結することが考えられます。たとえば、取締役が所有するトラックを会社が買主となる売買契約とか、会社が所有する土地を取締役が買主となる売買契約などの場合、前者であれば、トラックの価格を通常より高く設定して契約を締結する可能性が考えられ、後者であれば、土地を通常の価格より低く設定して契約を締結する可能性が考えられます。このとき、取締役は不当に利益を得、会社は不当に損失を被ることになります。このような形態を、利益相反取引の直接取引といいます（356条1項2号）。

(3) 間接取引

利益相反取引としては、取締役が銀行等から自宅購入のために1億円を借りたいとき、銀行が内部審査を経て当該取締役個人には5000万円までしか貸せないが、会社が銀行と連帯保証契約をするならば、取締役個人に1億円を貸すことができるといわれて、その取締役のために会社が銀行と連帯保証契約を締結することが考えられます。このとき、会社は一方的に連帯保証債務を負担し、このおかげで、取締役は5000万円も多く借りることができます。このように、取締役個人に利益をもたらし会社に損害をもたらすような会社と第三者の取引を利益相反取引の間接取引といいます（356条1項3号）。

(4) 取締役会の承認

取締役が右で述べた利益相反取引を行う場合、その取引について当該取締役が決定権や代表権を持っていれば、価格や内容等において取締役個人の利益を図ることができ、結果として会社に損害が生じる可能性があります。また、当該取締役が決定権や代表権を有していなくても、同僚である他の取締役が決定権や代表権を有していれば個人としての取締役に便宜を図るおそれがあります。

そこで、取締役会設置会社では、取引の内容が会社に不利益にならないようにチェックするため、取締役が利益相反取引を行う場合には、必ず事前に当該取引につき重要な事実（取引の目的物、相手方、価格など）を開示したうえ、取締役会の承認を受けなければならないと定められています（356条1項2号・3号、365条1項）。さらに、取引の後には、遅滞なく取引についての重要な事実（取引の目的物、相手方、価格など）を取締役会に報告しなければならないと規定されています（365条2項）。[*7]

（5）違反する取引の効果

利益相反取引であるにもかかわらず、取締役会の承認を得ない場合には、当該取引は法律的に無効です。この無効は少し特殊で、会社側からは、いつでも、当該取締役に対して取引の無効を主張できますが、取締役側からは無効を主張できないと解されています。[*8] また、会社が、第三者[*9]に無効を主張するためには、第三者の悪意（利益相反取引についての会社法違反を知っていたこと）を立証しなければなりません。[*10]

（6）会社の承認が不要とされる場合

利益相反取引の規制は、会社と取締役との間に生じた利益衝突から会社を保護することを目的としますから、取締役が会社に無利息・無担保で金銭を貸し付ける場合や当該取引の内容や対価額等が定型的に定まっている場合には[*11]、会社に不利益が生じないので、取締役会の承認は不要と解されています。

■ 取締役の報酬

（1）お手盛りの弊害の防止

取締役の報酬額の決定は、会社の業務執行の決定事項に含まれるため、本来であれば、取締役会が決定することになります[*12]。しかし、それでは、取締役会が個々の取締役の報酬額をむや

＊7　取締役会非設置会社の場合には、取締役との会社と取引を承認するのは株主総会の決議になります（356条1項）。
＊8　最大判昭和46年10月13日民集25巻7号900頁。
＊9　第三者とは、直接取引の対象物（不動産・手形）が転々譲渡された場合の譲受人や、間接取引の相手方を意味します。動産の場合は即時取得で善意の相手方は保護されます（民法192条）。
＊10　最大判昭和43年12月25日民集22巻13号3511頁、最大判昭和46年10月13日民集25巻7号900頁。
＊11　鉄道会社の取締役が、自社の電車に乗るときに、一般の利用客と同じ料金を支払うのであれば、会社に不利益は生じないということです。

みに高額に決定するおそれが生じます。これをお手盛り[13]の弊害といいます。

そこで会社法は、取締役の報酬等[14]は定款で定めるか株主総会で決定しなければならないと規定します（361条1項）。なお、多くの会社は株主総会で決定しています。[15]

その際に、会社法は、①報酬等の中で額が確定しているものについてはその額[16]、②報酬等の中で額が確定していないものについてはその具体的な算定方法[17]、③報酬等の中で金銭以外のものについてはその具体的な内容[18]を定めると規定しています（361条1項1号～6号）。

（2）会社法361条の運用実態

報酬等を規定する361条1項[19]を読んでみると、取締役1人ひとりの毎年の報酬額が定款または株主総会の決議によって定められなければならないと規定しているように見えますが、実務では次のように扱われています。第一に、取締役1人ひとりの報酬額を定款または株主総会で決定する必要はなく、取締役全員の報酬の合計額、それも合計額の最高限度額を株主総会で決定すればよい。第二に、ひとたび最高限度額を決定したならば、その最高限度額についての株主総会の決議は、その後何十年経っても引き続き効力を有する。第三に、このように決められた最高限度額の範囲内で、取締役会が各取締役の報酬額を決定する。

このようにすることで、実務においては、取締役1人ひとりの報酬額が開示されることを回避しているのです。

＊12　アメリカの会社法では、取締役の報酬額は取締役会が決定します。そのため、歯止めが効かず、天井知らずの高額になる傾向があることはよく知られています。

＊13　もともとは、自分の器に自分で好きなだけ食事を盛ることを意味しました。現在、一般的には、自分に都合の良いように自分でとりはからうことを意味します。

＊14　３６１条は、取締役が「職務執行の対価として株式会社から受ける財産上の利益」を「報酬等」としています。「報酬等」には、報酬だけでなく、賞与（いわゆるボーナス）なども含まれます。
なお、賞与は、平成17年の会社法制定前には、全取締役に対し支払われる賞与の総額が定時株主総会に提出される利益処分案の中の1項目として株主総会の決議により決定されていました。

＊15　報酬等を株主総会で決定する場合、普通決議によって決定します。これに対して、報酬等を定款に定めた場合、報酬等を変更するためには定款変更手続き（すなわち、株主総会の特別決議）が必要になります。

＊16　1年間の報酬額を６０００万円と定めたり、毎月の報酬額を５００万円と定めたりすることです。

＊17　1年間の報酬額を、損益計算書の税引前利益額の５％にするなどと定めることです。

＊18　会社が取締役に住居を提供したり、24時間自由に使える自動車を提供するなどと定めることです。ちなみに、アメリカでは、会社所有のジェット機や会社が借りたジェット機の自由使用権（燃料代会社負担）なども定められることがあります。

＊19　３６１条1項
「取締役の報酬、賞与その他の職務執行の対価として株式会社から受ける財産上の利益（以下この章において「報酬等」という。）についての次に掲げる事項は、定款に当該事項を定めていないときは、株主総会の決議によって定める。
一　報酬等のうち額が確定しているものについては、その額
二　報酬等のうち額が確定していないものについては、その具体的な算定方法
三～五は省略。
六　報酬等のうち金銭でないもの（当該株式会社の募集株式及び募集新株予約権を除く。）については、その具体的な内容」

CORPORATION LAW 7

取締役の責任

■取締役の会社に対する損害賠償責任

会社法の中に、取締役の会社に対する責任を定めた規定はいくつも存在します。その中で、もっとも基本的な責任は、会社法423条1項[*1]が定める任務懈怠《けたい》責任です。

任務懈怠《けたい》責任とは、取締役がその任務を怠ったとき、当該取締役は、任務を怠ったことに起因して生じた会社の損害を賠償する責任のことです。「任務を怠ったとき」とは、取締役に故意または過失があったことをいいます。このほか、取締役の故意または過失と、会社に生じた損害との間に相当因果関係が存在することが必要となります。

423条の責任において重要なことは、同条が規定する責任は、あくまでも会社に生じた損害を賠償する責任だということです。これに対して、取締役の行為によって、会社以外の者に損害が生じた場合における取締役の責任は後述する「取締役の第三者に対する責任」（429条）となります。このほか、取締役の行為が、民法709条の定める不法行為責任の要件を充たすときは、原則として、当該取締役個人に、その行為によって生じた損害を賠償する責任が生じます。

■任務懈怠となる場合

取締役は、法令・定款・株主総会の決議を遵守する義務[*2]を負います（355条）。ですから、故意または過失により法令、定款または株主総会の決議の内容に違反する行為をしたり決定をした場合、それによって会社に損害が生じたときは、その損害を賠償しなければなりません。「任務を怠ったとき」とは、取締役に故意または過失の認められることをいいますから、無過失で法令、定款または決議の内容に違反した場合には423条1項所定の責任は生じません。もっとも、法令、定款または株主総会決議の内容に違反した場合に、取締役に無過失が認められることはほとんど考えられません。

＊1　423条1項「取締役、会計参与、監査役、執行役又は会計監査人（以下この章において「役員等」という。）は、その任務を怠ったときは、株式会社に対し、これによって生じた損害を賠償する責任を負う。」

＊2　取締役の法令・定款・株主総会決議の遵守義務については、190～192頁を参照してください。

◎取締役が会社に対して負う責任

①任務懈怠責任（423条１項）

- 法令・定款・株主総会決議遵守義務違反
- 善管注意義務違反
- 忠実義務違反

＞ 三大義務違反

②株主権の行使に関する利益供与責任（120条）

③違法配当等の責任（462条）

④欠損填補責任（465条）

取締役と会社の関係が委任関係であることから、取締役は職務を執行するにあたり、受任者として善管注意義務[*3]を負います（３３０条、民法６４４条）。また、取締役は忠実義務[*4]を負います（３５５条）。これらの善管注意義務や忠実義務に違反し会社に損害が生じれば、取締役は、任務懈怠責任として会社に対し損害賠償責任を負うことになります。

■その他会社に対する賠償責任

ほかにも、会社法の定める取締役の責任の中で、特に重要なものとしては、株主権の行使に関し利益供与を行った場合の責任（１２０条４項。無過失責任）、剰余金の違法配当を行った場合の責任（４６２条。過失責任）、期末の欠損填補責任（４６５条。過失責任）などがあります。

■取締役の第三者に対する責任

(1) 会社法429条1項の責任

取締役が職務を行うについて悪意または重過失があり、その結果、第三者に損害が生じた場合、その取締役は、当該第三者に対し損害を賠償する責任を負うことになります(429条1項)。責任を負う取締役が2人以上のときは連帯責任になります(430条)。

(2) 429条1項の責任と民法の不法行為責任

民法の大原則によれば、取締役個人が故意または過失により何らかの行為を行い、その結果、第三者に損害が生じた場合には、取締役は当該第三者に対して不法行為に基づく損害賠償責任を負うことになります(民法709条)。

429条1項の責任と民法の不法行為責任(民法709条)では、要件に差異があります。すなわち、前者では、職務を行うについての悪意または重過失のあることが必要ですが、後者では、結果の発生についての故意または過失が必要となります。したがって、前者の責任と後

＊3　取締役の善管注意義務については、193～207頁を参照してください。
＊4　取締役の忠実義務については、208～217頁を参照してください。

者の責任は、重なり合うこともありますが、重ならないこともあります。

つまり、429条1項の責任と民法の不法行為責任は、異なる責任といえます。第三者が、取締役に対して損害賠償を求める訴えを提起する場合に、いずれかまたは両方の責任を根拠とすることができるのです。

（3）直接損害と間接損害

429条1項の責任を問題とするとき、第三者が被った直接損害のみを対象にするか、間接損害のみを対象にするか、両損害を対象にするかという問題があります。直接損害とは、取締役が職務を行うにつき悪意または重大な過失があったことにより第三者が直接に被る損害をいいます（たとえば、支払見込みのない手形を振り出した場合の手形所持人の損害や、弁済見込みのない契約を締結した場合の契約の相手方当事者の損害等）。間接損害とは、取締役が職務を行う際に悪意または重大な過失があり、会社に損害が発生し（たとえば、会社資産の消失・会社の莫大な損害等）、それにより会社が債務の弁済を行えなくなり、その結果として第三者が被る損害をいいます。判例[*5]・通説は、429条1項の責任は間接損害と直接損害の両方を含み、通常の不法行為責任（民法709条）と429条1項の責任は併存すると解しています。

（4）会社法429条2項の責任

取締役が以下の①ないし④の行為をしたときに過失があり、これにより第三者に損害が生じた場合には、当該取締役は損害賠償の責任を負います（429条2項）。すなわち、①株式、新株予約権、社債もしくは新株予約権付社債を引き受ける者を募集する際に通知しなければならない重要な事項について虚偽の通知をしたとき、もしくは、当該募集のための当該株式会社の事業その他の事項に関する説明に用いた資料について虚偽の記載もしくは記録をしたとき、②計算書類・事業報告およびこれらの附属明細書、もしくは、臨時計算書類に記載・記録すべき重要な事項について虚偽の記載もしくは記録をしたとき、③虚偽の登記をしたとき、または、④虚偽の公告をしたとき、です。

なお、上記の①ないし④の責任（429条2項の責任）を争う訴訟において、過失がなかったことについての立証責任が取締役に課されます（429条2項但書）。責任を負う取締役が2名以上のときは連帯責任になります（430条）。

■取締役の刑事罰

（1）罰則違反は犯罪！

会社法は、960条以下において、取締役や監査役等の会社の関係者についての刑事罰を定

＊5　最判昭和44年11月26日民集23巻11号2150頁。

めています。刑法が定める犯罪を基本的な犯罪と考えれば、会社法が960条以下で定める犯罪は会社に関係する特別な犯罪といえます。会社法の刑事罰規定に違反すれば、警察に逮捕され、検察官によって起訴され、最終的には懲役や罰金が科される可能性があります。以下に、そのいくつかを説明します。

(2)特別背任罪

特別背任罪は、取締役、監査役等が、自己もしくは第三者の利益を図りまたは会社に損害を加える目的(図利・加害目的)で、その任務に背き、会社に財産上の損害を加える行為です(960条)。取締役が粉飾決算等により違法な役員賞与を支給した場合、会社の取引相手から取締役がリベートを受領した場合等が考えられます。特別背任罪は、刑法の背任罪(刑法247条。5年以下の懲役または50万円以下の罰金)よりも重く、10年以下の懲役または1000万円以下の罰金に処せられます。

(3)会社財産を危うくする罪

会社財産を危うくする罪は、取締役、監査役等が行った不正な自己の株式の取得、法令もしくは定款に違反する剰余金の配当、会社の目的である事業の範囲外の投機取引等の行為です(963条)。特別背任罪と異なり、図利・加害目的および会社財産上の損害の発生は必要ありません。5年以下の懲役または500万円以下の罰金に処せられます。

(4) 株主等の権利の行使に関する利益供与罪

株主等の権利の行使に関する利益供与罪は、総会屋の根絶を目的として創設されたものです。取締役、監査役、その他の会社の使用人(従業員)等が、株主の権利行使に関して会社または子会社の計算で財産上の利益を供与する行為、ならびに、取締役等に、自己もしくは第三者に利益を供与させまたは要求した者の行為を利益供与罪と定めます。供与した者または供与を受けた者は、3年以下の懲役または300万円以下の罰金に処せられます。供与を受けた者が、威迫を用いて利益を供与させまたは要求した場合には、5年以下の懲役または500万円以下の罰金に処せられます(970条)。

右記のほか、虚偽文書行使罪(964条)、預合いの罪(965条)、株式の超過発行の罪(966条)、贈収賄の罪(967条)などがあります。また、刑事罰とは別に行政罰としての過料(976条以下)もあります。

CORPORATION LAW 8

株主代表訴訟

■株主代表訴訟とは

すでに述べましたように、会社法は、任務を懈怠した取締役に対して、会社が損害賠償の責任を追及できると定めています（423条等）。これは、会社が原告となり、取締役を被告として、裁判所に損害賠償請求の訴えを提起できることを意味します。しかし、わが国では、当該取締役と他の取締役や監査役等の人間関係が情緒的なため[*1]、問題の取締役に対して、会社が原告となって損害賠償請求の訴えを提起することはほとんど期待できません。なぜなら、会社が原告となり、取締役を被告として訴えを提起するのは監査役[*2]だからです。

そこで、会社が有する取締役に対する損害賠償等の請求権を、監査役が権利行使しないとき、株主が代わって権利行使することが認められています。これを「**株主代表訴訟**」といいます（847条1項）。

■株主代表訴訟を提起するまでの過程

株主代表訴訟を提起する株主は、訴え提起の6か月前から引き続き株式を有していなければなりません（847条1項）。株主は、はじめに書面等により取締役の責任を追及する訴えを提起することを会社に対し請求し（847条1項）、請求をした日から60日以内に会社が訴えを提起しないとき、その株主は、会社のために会社に代わって、取締役に対し損害賠償等の責任追及の訴えを提起することができます（847条3項）。

■株主代表訴訟の効果等

最高裁[*3]は、取締役が会社に対して負っているおおむねすべての責任を、株主は株主代表訴訟によって追及できると判断しました。株主代表訴訟を提起した原告（株主側）が勝訴した場合、その株主は会社に代わって会社のために訴訟を行ったのですから、被告である取締役は、株主

＊1　馴れ合いとか仲間意識が強いなどと表現されます。
＊2　会社を原告とし、取締役を被告とする訴訟においては、業務監査権限を有する監査役が会社を代表します（386条1項1号）。
＊3　最判平成21年3月10日民集63巻3号361頁。

ではなく会社に損害賠償金を支払うことになります。[*4]

なお、責任追及等の訴えが当該株主もしくは第三者の不正な利益を図る目的や会社に損害を加えることを目的とする場合には、裁判所の判断により、訴えは棄却されます（847条1項但書）。

ちなみに、株主総会において取締役を選任しまたは解任すること以外には、原則として、取締役と株主との間には直接の関係はありませんが、株主代表訴訟はその例外の1つとして位置づけられます。

＊4　最高裁は、株主代表訴訟による責任追及訴訟において、オリンパスの取締役3名に対し合計約594億円の損害賠償を認めました（最判令和2年10月22日）。

CORPORATION LAW 9

監査役・会計監査人・会計参与

■監査役

(1) 監査役とは

監査役は、取締役(および会計参与)の職務執行を監査する会社の機関です(381条1項)。一般的には、監査役や監査役会を設置するか否かは自由です(326条2項)。監査役または監査役会を設置することは、発起人または株主が決定します(26条1項、466条)。監査役を設置するためには、定款に、監査役を設置する旨の規定を置かなければなりません(326条2項)。なお、公開会社である取締役会設置会社は監査役を置かなければなりません(327条2項)。

(2) 監査役の選任・終任

監査役は株主総会の普通決議により選任され、特別決議により解任されます(329条1項、

339条1項、309条2項7号)。監査役になるためには特別の資格は必要ありません。取締役と同様に、公開会社では定款により監査役の資格を株主に限定することは許されません(335条1項、331条2項)。また、監査役には取締役の欠格事由を定める331条1項が準用されています(335条1項、331条1項)。さらに、監査役は、会社の取締役、支配人その他の使用人もしくは会計参与、または、子会社の取締役、支配人その他の使用人、会計参与もしくは執行役を兼任することができません(335条2項、333条3項1号)。監査する者と監査される者が同一であると監査の実があがらないためです。公開会社の監査役の任期は4年です(336条1項)。これは監査役の独立性を確保するための規定ですから、定款の定めや株主総会の決議によって任期を短くすることはできません。

(3)監査役の職務

監査役は取締役の職務の執行を監査します(381条1項)。この監査には、大別して、業務監査と会計監査があります。

業務監査は、取締役の業務執行の違法性についての監査が中心となります。原則として、取締役の業務執行が妥当であるかを監査する妥当性の監査については及びません。監査役は、業務監査を遂行するために、事業報告徴収権・業務状況調査権・財産状況調査権(381条2項)、取締役会出席権(383条1項)、意見陳述権(383条1項)、株主総会への提出議案・提出書類の調査権（384条）、取締役の行為差止請求権（385条）などを有します。

会計監査は、取締役が作成した計算書類（貸借対照表・損益計算書・株主資本等変動計算書・個別注記表）などについて、虚偽記載がないことや会社計算規則・会計原則などに従っていることなどの監査が中心になります。

監査役には監査を十分に遂行するためのさまざまな権限が認められていますが、取締役が監査役に協力せず、監査が十分にできないときは、監査役はその旨とその理由を監査報告に記載することになります。

なお、公開会社でなく、かつ、監査役会のない会社および会計監査人を置かない会社では、定款に定めを置くことにより、監査役の職務権限を会計監査のみに限定することができます（389条1項）。

（4）監査役の責任

監査役は、任務を怠り会社に損害を生じさせたときには損害賠償の責任を負います（423条1項）。監査役の会社に対する責任は、株主が株主代表訴訟によって追及することができます（847条）。

また、監査役は、職務を行うについて悪意または重過失により第三者に損害を生じさせたときは、その損害を賠償する責任を負います（429条1項）。監査報告に記載すべき重要な事項について虚偽の記載をしたことにより第三者に損害を生じさせたときには、その職務執行につき注意を怠らなかったことを証明しない限り、その第三者に対し損害賠償の責任を負います（429条2項3号）。

■監査役会

（1）監査役会とは

監査役会は、すべての監査役で組織される会社の機関です（390条1項）。監査役会を設置するかしないかは自由です（326条2項）。設置するときは、定款に監査役会を設置する旨の規定を置かなければなりません（326条2項）。なお、公開会社である大会社は監査役会を置かなければなりません（328条1項）。これは、財産的な規模が大きく、多数の株主が存在しうる会社では、より強力な監査を必要とするためです。

取締役会設置会社において、取締役会の決議のみにより株主に剰余金の配当を交付するためには、監査役会が設置されている必要があります[＊1]（459条1項4号・2項）。分配特則規定[＊2]を充たすことも必要です。

（2）組織構成

監査役会は監査役の全員によって組織されます（390条1項）。監査役会設置会社では、

3人以上の監査役が必要とされ、そのうちの半数以上は社外監査役でなくてはなりません（335条3項）。

また、必ず常勤の監査役を定めなければなりません（390条3項）。監査役会は、①監査報告の作成、②常勤の監査役の選定および解職、および、③監査の方針、会社の業務および財産の調査方法ならびにその他の監査役の職務執行に関する事項の決定を行います（390条2項）。

なお、監査役会が設置されていても、監査役は独任性の機関ですから、基本的に、1人ひとりの責任において業務監査および会計監査を行うことになります。

＊1　監査等委員会設置会社および指名委員会等設置会社は、監査役も監査役会も設置できませんが、これらの会社は分配特則規定を充たせば、取締役会の決議で配当を交付することができます。

＊2　①会計監査人設置会社であること、②取締役（監査等委員会設置会社においては監査等委員以外の取締役）の任期が1年を超えないこと、および、③監査役会設置会社、監査等委員会設置会社、または、指名委員会等設置会社であることの3つの要件を満たす会社は、自己の株式の取得に関する事項、剰余金の配当に関する事項などを、取締役会が決定できる旨を定款に定めることができます（459条1項）。これを**分配特則規定**といいます。

■会計参与

(1)会計参与とは

会計参与は、取締役と共同して、計算書類およびその附属明細書、臨時計算書類、ならびに、連結計算書類を作成する会社の機関です(374条1項)。会計参与を設置するかしないかは自由です(326条2項)[*3]。会計参与を設置するためには、定款に、会計参与を設置する旨の規定を置かなければなりません(326条2項)。会計参与は株主総会の普通決議により選任・解任されます(329条1項、339条1項)。会計参与は、公認会計士、監査法人、税理士、税理士法人のいずれかでなければなりません(333条1項)。このように、会計参与は会計の専門家であるため、計算書類等の会計関係の書類の適法性および信頼性を確保するために設置されます。

(2)会計参与の員数・任期

会社法は会計参与の員数について、特に規定していません。このため、1人以上ということになります。会計参与の任期は、取締役の規定が準用されて、原則2年となり、非公開会社(監査等委員会設置会社および指名委員会等設置会社を除く)においては定款で10年まで伸長できます(334条1項、332条)。

（3）会計参与の職務

会計参与は、計算書類およびその附属明細書、臨時計算書類、ならびに、連結計算書類を取締役と共同して作成します（374条1項）。会計参与は、いつでも、会計帳簿およびこれに関する資料を閲覧・謄写し、また、取締役、支配人、その他の使用人に対して会計に関する報告を求めることができます（374条2項）。また、職務執行のために必要があれば、業務状況調査権および財産状況調査権を行使することができ、さらには、子会社に対しても会計に関する報告を求め、業務状況調査権および財産状況調査権を行使することができます（374条3項）。

（4）会計参与の責任

会計参与は、任務を怠り会社に損害を生じさせたときには損害賠償の責任を負います（423条1項）。会計参与の会社に対する責任は、株主が株主代表訴訟によって追及すること

＊3　なお、非公開会社かつ非大会社である取締役会設置会社は、監査役を置かない場合、会計参与を置かなければなりません（327条2項・328条2項）。

ができます（847条）。

また、会計参与は、職務を行うについて悪意または重過失により第三者に損害を生じさせたときは、その損害を賠償する責任を負います（429条1項）。計算書類およびその附属明細書、ならびに、会計参与報告に記載すべき重要な事項について虚偽の記載をしたことにより第三者に損害を生じさせたときには、その職務執行につき注意を怠らなかったことを証明しない限り、その第三者に対し損害賠償の責任を負います（429条2項2号）。

■会計監査人

（1）会計監査人とは

会計監査人は、計算書類およびその附属明細書、臨時計算書類、ならびに、連結計算書類を監査し、会計監査報告を作成する者です（396条1項）。先に説明した会計参与は会計監査人と名称が似ていますが、まったく異なる者です。会計参与は、取締役と共同して、計算書類などを「作成」する者です。それに対して、会計監査人は、取締役と会計参与が作成した計算書類などを「監査」する者です。

会計監査人を設置するかしないかは自由です（326条2項）。ただし、公開会社・非公開会社を問わず、大会社[*4]は会計監査人を設置しなければなりません（328条1項・2項）。また、監査等委員会設置会社および指名委員会等設置会社は会計監査人を設置しなければなりません（327条2項括弧書）。なお、設置が強制されていない会社が、会計監査人を設置するためには、定款に会計監査人を設置する旨の規定を置かなければなりません（326条2項）。

会計監査人は、公認会計士または監査法人でなければなりません（337条1項）。会計監査人は会計監査を行う会計の専門家です。会社法では、取締役の作成する計算書類等が、監査役のみならず、会社の外部者であり会計の専門家である会計監査人によっても監査されることにより、不正が防止され、信頼性の高い正確な情報が開示されると考えられています。

会計監査人の選任・解任は、監査役設置会社では監査役の同意を得て（344条1項）、取締役が会計監査人選任の議案を株主総会に提出し、株主総会の普通決議によって決定します（329条1項、339条1項）。

（2）会計監査人の職務

会計監査人は、計算書類およびその附属明細書、臨時計算書類、ならびに、連結計算書類を監査し、会計監査報告を作成します（396条1項）。会計監査人は、いつでも会社の会計帳

＊4　大会社とは、最終事業年度に係る貸借対照表上、①資本金として計上した額が5億円以上の株式会社、または、②負債として計上した額の合計額が200億円以上の株式会社です（2条6号）。

簿やこれに関する資料を閲覧・謄写し、また、取締役、会計参与および使用人に会計に関する報告を求めることができ、職務執行のために必要があれば、会社の業務ないしは財産の状況の調査、さらには、子会社に対しても報告を求め、その業務・財産の状況を調査できます（396条2項・3項）。

(3) 会計監査人の責任

会計監査人は、任務を怠り会社に損害を生じさせたときには損害賠償の責任を負います（423条1項）。この会計監査人の会社に対する責任は、株主が株主代表訴訟によって追及することができます（847条）。また、会計監査人は、職務を行うについて悪意または重過失により第三者に損害を生じさせたときは、その損害を賠償する責任を負います（429条1項）。会計監査報告に記載すべき重要な事項についての虚偽の記載により第三者に損害を生じさせたときには、その職務執行につき注意を怠らなかったことを証明しない限り、その第三者に対し損害賠償の責任を負います（429条2項4号）。

CORPORATION LAW

第7章

株式・株券・株主

CORPORATION LAW 1

株式と株主

■株式は質的な差異を量的な差異に転化する制度！

仮に、株式会社という制度が存在しない社会を想定し、数人の人が集まって、法人格のある団体により事業（ここでは飲食店とします）を展開することを考えてみます。[*1] ある人（A）は米や野菜を提供し、他の人（B）は資金を提供し、別の他の人（C）は建物を提供するなどして、全員で飲食店を共同経営することを考えます。彼らは、実質的に法人の全財産の共同所有者であり、当然に、法人に対し、利益や残余財産、経営についてのさまざまな権利を有し、法人に対し義務を負います。

これら共同所有者のそれぞれの権利や義務（「権利＋義務」を1つのまとまりとして考えるとき、法律学では、通常、これを「地位」と呼びます）は、本来、それぞれの人について内容が異なることになります。右の想定例であれば、Aは100万円分の米・野菜の提供を約束し、Bは200万円の現金の提供を約束し、Cは飲食店となる建物（300万円相当）の提供を約束したと考えられます。飲食店の事業が始まり、その後、事業運営に伴って生じるさまざまな問題（たとえば、飲食店の名称を何とするかの問題とか、食品の仕入先をどこにするかの問題など）を決定する際に、各人の権利を平等にすること（すなわち、各人が1議決権ずつ持つということ）も考えられますが、提供した資産の価値に比例して、Aは1議決権、Bは2議決権、Cは3議決権を持つと定めることも考えられます。このとき、重要なことは、Aの地位とBの地位とCの地位は、明らかにそれぞれ異なるものだということです。

さて、ここからは現実の世界の話になります。合名会社のような小規模な法人の場合は、Aの地位、Bの地位、Cの地位についてそれぞれがどのような内容かを書面に書き留めておけば、何とかやっていけるでしょうが、法人の資金規模が拡大し、新たな人が次々とメンバーに加わってくるようになると、ある人と別の人との地位の比較が困難になってきます。また、新しく加わることを望む人は、自分の地位と他人の地位とを比較することを望むことになります。

そこで、この共同所有者の地位を細分化して最小の単位を設け、すべての最小単位の内容を

＊1　本文で述べることは論理的な説明であり、必ずしも、歴史的発展の事実ではありません。株式会社以前の会社構造から株式会社が誕生する過程を論理的な展開として述べたものです。

均一のものとし（これを持分均一主義といいます）、各メンバーは最小単位を1個ないし複数個持つことにする（これを持分複数主義といいます）ということが考えられます。右の例を用いれば、「100万円分の出資義務と1議決権」によって構成されるものを最小単位と定めるのです。そうすると、右の例におけるAの地位は、最小単位1個分、Bの地位は最小単位2個分、Cの地位は最小単位3個分、として扱うことができます。このようにすると、メンバーどうしの権利義務の比較や、個々のメンバーの全体に対する割合などがきわめて明快になります。株式会社の場合、この最小単位が、株式と呼ばれることになります。

以上に述べたように、株式は、本来、それぞれの内容が質的に異なっているはずの共同所有者の地位を、単純に株式数の違いという量的な違いに転化する意義を有しています。

■株式に義務はなし

株式とは、会社との関係における「権利＋義務」を1つのまとまりとして考えるときの最小単位であると説明しました。[*2] それでは、現在、株式の構成要素であるはずの「義務」は何でしょうか。昔、株金分割払込制度が存在した時代[*3]には、株式とは「さまざまな権利（請求権）の束＋引き受けた株式数に応じた出資金払込義務」を意味していましたので、株式は「権利＋義務」の最小単位ということができました。しかし、会社法の下では、株式の成立前に出資金の全額を払い込むことになっていますから、成立した株式に義務は存在しません。したがいまして、現在、株式は会社に対するさまざまな権利（剰余金配当請求権、残余財産分配請求権、議決権など）の束と考えることができます。

■株式は権利の束

右で株式は、さまざまな権利（請求権）を束にしたものであると解説しました。イメージとしては、色鉛筆を30本くらい束ねて、ばらばらにならないように輪ゴムか針金でまとめたものを想像してみてください。色鉛筆の1本1本が、株式を構成する各種の権利に相当します。30色の色鉛筆であれば、30種の異なる権利と考えることができます。1つひとつの株式は、すべて、色鉛筆30本くらいの束のようなものと考えることができます。このとき、束の中から1本の色鉛筆を取りはずして、それだけを他人に譲渡することはできません。つまり、いつでも30本の色鉛筆は一体性を保持し、常に、1つのまとまりとして譲渡の対象となります。

＊2　学問的に述べると、株式とは、株式会社における細分化された割合的単位の形をとる「社員の地位」といわれています。

＊3　昭和23年商法改正（昭和23年法律148号）により、株金分割払込制度は廃止されました。株金分割払込制度とは、出資に係る金額を数回に分けて払い込むことができるとする制度です。たとえば、昭和23年改正前商法170条1項は、「発起人ガ株式ノ総数ヲ引受ケタルトキハ遅滞ナク各株ニ付第一回ノ払込ヲ為シ且取締役及監査役ヲ選任スルコトヲ要ス」と規定していました。

■株券とは株式を可視化したもの

色鉛筆の束は目で見ることができますが、権利の束である株式は目に見えませんし、手で触れることもできません。このままでは、取扱いに非常に不便です。そこで、紙と結合させて、目で見えるようにしました。これが株券です。

■株式と「所有」？

株式を有する者（＝自然人および法人）を株主といいます。格調高く、「株式を所有する者」と述べたいところですが、そうはいきません。なぜなら、民法が、所有権の対象を「所有物」と規定し（民法206条）、さらに、「物」とは「有体物」をいうと規定するからです（民法85条）。ここに有体物とは、目に見えるもので形があって重さのあるものを意味します。株式は目に見えず形がなく重さがありませんから、株式は有体物ではありません。というわけで、有体物でない株式は所有権の対象にできませんから、「株式を所有する」という文章は法律学的には誤りとなります。「所有する」という言葉が使えませんので、「株式を保有する」とか「株式を有する」と記述することになります。

■株主は株式を有する者

右記のように、株式を有する者（＝自然人および法人）を株主といいます。ところで、既に解説しましたように、株式を表章している株券という有価証券があります。以下では、株券が発行される場合を考えます。

この場合、「株券を有する者は株主である」といえそうですが、そうは断言できません。たしかに、たいていの場合、株式を有する者は株券を有しています。しかし、そのような株主から株券を盗んだ窃盗犯を考えてみましょう。窃盗犯は、一応、株券を持っていますが[*4]、株式を有していることにはなりません。もし、窃盗犯が株券を持つことによって、株式を有することになったとしたら、窃盗犯は窃盗をした瞬間から株主になってしまいます。そうすると、被害者である真実の株主であった者は、株券が盗まれた瞬間から、株主でないことになってしまいますが、これはおかしな話です。

正しくは、株券を持つ者は、株式を有していると推定されるだけです（131条1項）。したがいまして、窃盗犯が株券を持っているとしたら、一応、その者は株式を有するとの推定が働きますが、真実の株主が、自らが株主であること、または、株券を持っている者が窃盗犯で

＊4　法律上は、「株券を占有している」というべきです。

あることなどを証明すれば[*5]、窃盗犯が株主になることはありません。

株式発行の手続きにおいて株主になろうとする者は、その有することになる株式についての払込金額を、原則として、株式の成立以前に金銭で出資する義務（＝出資義務）を負います（34条1項、63条1項、208条1項）。ひとたびこの出資義務を履行しますと、その後、株主になってからはどのような義務も負いません。たとえ、どれほど多額の債務を抱えて会社が倒産したとしても、原則として株主は会社の債務について一円も責任を負いません。これを株主有限責任の原則[*6]（104条）といいます。

＊5　あるいは、株券を持っている者が窃盗犯でない場合には、さらに現在株券を持っている者が善意取得をしていないこと、もしくは、善意取得した者から承継取得していないこと等の証明も必要になります。
＊6　株主有限責任の原則については110～112頁を参照してください。

CORPORATION LAW 2

株式の内容

■株式を構成する権利

株式は権利（請求権）の束だと説明しましたが、その権利には約30種の権利があります。約30種の権利は後述しますが、その中で、非常に重要な権利は、第一に、剰余金配当請求権、第二に、残余財産分配請求権、そして、第三に、議決権と考えられています（105条1項）。同時に、会社法は、これらの一部を欠く株式を認めています（105条2項、108条1項3号）。

105条[*1]は、第一に、剰余金配当請求権、残余財産分配請求権、および、議決権の全部を欠く株式は認められないということを規定しています（105条1項）。

第二に、議決権のみを欠く株式が認められると規定しています（105条2項）。しかし、理論上、発行しているすべての株式が完全無議決権株式であることは許されません。なぜなら、株主総会で決議ができなくなるからです。ということは、議決権を備える株式が存在することを前提として、完全無議決権株式は一部の株式としてのみ認められることになります（108条1項3号）。

第三に、105条2項は、剰余金配当請求権および残余財産分配請求権の「全部」を欠く株式は認められないと定めています。この規定は、剰余金配当請求権が備われば、すべての株式が残余財産分配請求権を欠くことを認めているようにも読めます。しかし、すべての株式に残余財産分配請求権が備わらないとすると、清算手続のときに残余財産が残った場合にその処理に困ることになります。理論上、残余財産は株主に分配せざるをえませんから、すべての株式が残余財産分配請求権を欠くということは認めがたいと思われます。これについても、残余財産分配請求権を備える株式が存在することを前提として、残余財産分配請求権を欠く株式は一部の種類株式として認められることになります。

第四に、105条2項は、残余財産分配請求権が備われば、すべての株式が剰余金配当請求権を欠くことを認めているようにも読めます。しかし、すべての株式が剰余金配当請求権を欠くことを認めることは、きわめて危険です。定款に1年とか2年といった短期間の会社存続期間の定めがある場合には、すべての株式が剰余金配当請求権を欠くと定めても問題はないかもしれませんが、剰余金配当請求権を欠くことを無期限・無条件に認めますと、知識を十分に持ち合わせない人たちを対象とした詐欺の道具として使われかねないと危惧します。したがって、すべての株式が剰余金配当請求権を欠くことを認めることは、きわめて問題があると考えます。

＊1　第105条（株主の権利）
「1　株主は、その有する株式につき次に掲げる権利その他この法律の規定により認められた権利を有する。
一　剰余金の配当を受ける権利
二　残余財産の分配を受ける権利
三　株主総会における議決権
2　株主に前項第一号及び第二号に掲げる権利の全部を与えない旨の定款の定めは、その効力を有しない。」

CORPORATION LAW 3

内容の異なる株式

■株式の内容について全株式に共通の定め（107条の特別の定め）

株式会社を設立するとき、必ず定款を作成します。発行する株式について定款で特に何も定めなければ、株式は、譲渡制限が課されず（すなわち、譲渡自由ということです）、取得請求権がなく、取得条項もない株式になります。一般的には、このような株式がほとんどであり、普通です。通常、「**普通株式**」と呼ばれています。

会社は、現在の時点において発行することのできるすべての株式の内容として、および、将来において発行されるかもしれないすべての株式の内容として、定款に規定を置くことによって、一律に、譲渡制限、取得請求権、取得条項を備えることができます（107条）。いずれか1つを、あるいは2つを、さらには全部を備えると定めることも可能です。全部を備えるとする定めがある場合、発行されるすべての株式は譲渡制限付取得請求権付取得条項付株式となります。

以下に、譲渡制限株式、取得請求権付株式、取得条項付株式を説明します。

（1）譲渡制限株式（107条1項1号）

譲渡制限株式とは、株式を有する人（当然、株主ということになります）が、その株式を他人に譲渡する場合[*1]、必ず会社に譲渡についての承認を求め、会社の承認がないときは、株式の譲渡ができない[*2]という性質を持つ株式です。

＊1　「譲渡」という言葉は、法律学においては、厳密な意味を持っています。すなわち、物が移転する譲渡の原因となることが、売買契約、贈与契約、または、交換契約に限定されます。「譲渡」に含まれない代表例は、相続です。法律学においては、父から相続で株式をもらったという場合、株式の譲渡があったとは言わないことになります。

＊2　本文で言うところの「譲渡ができない」とは、真実のところ（＝譲渡当事者間において）、譲渡ができないという意味ではありません。法律学的に正確に述べますと次のようになります。
譲渡制限株式の譲渡を行う以前においては、株主名簿上に、Aが株式何株を有し、住所はどこそこと記載されています。ここで、Aが、会社に譲渡の承認を求めることなく、Bに譲渡制限株式を譲渡すると、Bが株主になります。ところが、Bが、会社に対し株主名簿の書換えを請求すると、譲渡制限が課されている株式の場合には、会社の承認がない限り、会社は株主名簿の書換えを拒絶することができます。拒絶した会社は、株主総会の招集通知や配当金を、Bにではなく、株主名簿上に株主として記載されているAに送り続けることになります。つまり、いつまで経っても、Bは、会社に対する関係においてのみ、株主と認められないことになります。以上が、株式の譲渡制限についての正確な解説です。

なお、Bが会社から株主として認められるためには、AまたはBが（株券不発行の場合はBはAと共同して）会社に対して譲渡等承認請求をし、会社が当該譲渡制限株式の譲渡を承認し、株主名簿の書換えがなされる必要があります。

（2）取得請求権付株式（107条1項2号）

取得請求権付株式とは、株主が取得請求権を行使すると、会社は、原則として、その株式を取得しなければならないという株式です。このとき、会社は株主に、対価として、あらかじめ定款で定めてある金銭、社債、新株予約権、その他の財産（株式は除く）のいずれかまたはそれらを組み合わせたものを交付します（107条2項2号）。取得請求権付株式は、会社法制定前において償還株式と呼ばれていたものに相当します。

（3）取得条項付株式（107条1項3号）

取得条項付株式とは、あらかじめ定款で定めてある一定の事由[*3]が発生したとき、会社は株主に、対価としてあらかじめ定款で定めてある金銭、社債、新株予約権、その他の財産（株式は除く）のいずれかまたはそれらを組み合わせたものを交付して、株主からその株式を強制的に取得することのできる株式です（107条2項3号）。

＊3　一定の事由としては、「誰かが当該会社に対して株式公開買付けを開始したとき」とか、「会社の剰余金の分配可能額が100億円を超えたとき」などが考えられます。

CORPORATION LAW 4

種類株式

■会社法108条による内容の異なる株式（＝種類株式）

会社は定款に規定を置くことにより、以下に述べるような種類株式を発行することができます（108条1項）。なお、定款に内容の異なる2種類以上の種類株式の定めがある会社を「種類株式発行会社」と呼びます（2条13号）。実際に2種類以上の株式を発行していなくても、定款に内容の異なる2種類以上の種類株式の定めがあれば、種類株式発行会社になります。

（1）剰余金の配当について内容の異なる種類株式

会社は、剰余金の配当に関して内容の異なる種類株式を発行することができます（108条1項1号）。[*1] その内容が他の種類株式に比べて優先的なものであれば、優先株式と呼ばれ、劣後的なものであれば、劣後株式と呼ばれます。配当優先株式は、たとえば「配当優先種類株式を有する優先株主に対しては、普通株主への配当交付に先立ち、1株につき300円の配当金を交付する」というように定められます。これは、会社に分配可能額が生じたとき、普通株式を有する株主に配当金を交付する前に、この配当優先種類株式の株主が優先して300円の配当金を受け取る権利を有することを意味します。

（2）残余財産の分配について内容の異なる種類株式

会社は、残余財産の分配に関して内容の異なる種類株式を発行することができます（108条1項2号）[*2]。残余財産分配優先種類株式は、会社が解散し清算手続が進められるときに意味を持ちます。普通株式だけを発行している会社の清算手続においては、会社財産をすべて換価処分し、全債権者に弁済をした後、残った財産（＝残余財産）を株主に公平に分配することになります。しかし、会社が普通株式のほかに残余財産分配優先種類株式を発行している場合、その清算手続においては、定款で定められた金額（たとえば1株につき10万円など）が残余財産の中から先に残余財産分配優先種類株式を有する株主に分配され、その後に残った金額が普通株式を有する株主に分配されます。

（3）議決権制限種類株式

会社は、特定の決議事項についてのみ議決権を有する種類株式（＝議決権制限種類株式）や議決権がまったくない種類株式（＝完全無議決権種類株式：議決権制限種類株式の一種）を発行することができます（108条1項3号）。[*3] 議決権制限種類株式は、出資比率に応じない支配権の存在を望む場合や、敵対的買収の対抗策とする場合等に利用できます。なお、完全無議決権種類株式を有する株主には、議決権だけでなく議決権を前提とする権利（たとえば、株主総会の招集通知を受ける権利、株主総会出席権、株主提案権、株主総会招集請求権、株主総会決議取消訴権、取締役等の解任請求権など）も認められないと解されます。[*4] ただし、株式買取

＊1　会社が剰余金の配当に関して内容の異なる種類株式を発行するには、①当該種類株式の株主に交付する配当財産の価額の決定の方法、②剰余金の配当をする条件その他剰余金の配当に関する取扱いの内容、および、③発行可能種類株式総数を定款に定めなければなりません（108条2項柱書・1号）。

＊2　会社が残余財産の分配に関して内容の異なる種類株式を発行するには、①当該種類株式の株主に交付する残余財産の価額の決定方法、②当該残余財産の種類その他残余財産の分配に関する取扱いの内容、および、③発行可能種類株式総数を定款に定めなければなりません（108条2項柱書・2号）。

＊3　会社が議決権制限種類株式を発行するには、定款に、①株主総会において議決権を行使できる事項、②議決権行使の条件を定めるときはその条件（たとえば、剰余金配当優先株式において優先配当が受けられないときは議決権が復活するなど）、および、③発行可能種類株式総数を定めなければなりません（108条2項柱書・3号）。

＊4　特定の決議事項についてのみ議決権を有する株式（議決権制限種類株式）を有する株主の場合、議決権の認められる特定の決議事項以外の議題については、議決権だけでなく議決権を前提とする権利（たとえば、株主総会の招集通知を受ける権利、株主総会出席権、株主提案権、株主総会招集請求権、株主総会決議取消訴権、取締役等の解任請求権など）も認められないと解されます。

請求権は認められます。

(4) 譲渡制限種類株式

会社は、譲渡による当該種類株式の取得について会社の承認（原則として、取締役会非設置会社においては株主総会決議、取締役会設置会社においては取締役会決議）を必要とする種類株式（＝譲渡制限種類株式）を発行することができます（108条1項4号）。[*5・6] 譲渡制限種類株式は、会社にとって好ましくない者が株主になることを阻止する場合に利用できます。

(5) 取得請求権付種類株式

会社は、取得請求権付種類株式を発行することができます（108条1項5号）。[*7] 取得請求権付種類株式とは、定められた取得請求期間内において、株主が会社に対しその有する取得請求権付種類株式の取得を請求できる種類株式です。株主は取得請求権を行使した日に対価の交付を受けます。交付する対価の帳簿価額が剰余金の分配可能額を超えるときは請求が認められません（166条1項但書）。会社が取得した取得請求権付種類株式は会社の自己株式になります（155条4号）。

(6) 取得条項付種類株式

会社は、一定の事由が生じたことを条件として、会社が株主から強制的に取得できる種類株式（＝取得条項付種類株式）を発行することができます（108条1項6号）。[*9] 会社による取

*5　会社が譲渡制限種類株式を発行するには、定款に、①当該種類株式を譲渡により取得するについて会社の承認を要する旨、②一定の場合に株主または株式取得者からの譲渡承認請求を会社が承認したとみなすときはその旨および当該一定の場合、および、③発行可能種類株式総数を定めなければなりません（108条2項柱書・4号、107条2項1号）。

*6　譲渡制限種類株式の譲渡の承認および譲渡方法等については、269頁の図を参照してください。

*7　会社が取得請求権付種類株式を発行するには、定款に、①株主が会社に対し当該株主の有する株式の取得を請求できる旨、②株式1株の取得と引換えに当該株主に対して交付する対価に関する事項（すなわち、当該会社の社債・新株予約権・新株予約権付社債、当該会社の株式以外の財産に関する内容、数、金額等）、③株式1株の取得と引換えに当該株主に対してその会社の他の種類株式を交付するときは、その株式の種類および数またはその算定方法、④請求期間、ならびに、⑤発行可能種類株式総数を定めなければなりません（108条2項柱書・5号、107条2項2号）。

*8　一定の事由としては、「2030年4月1日」、「当該会社の株式が株式市場に上場されたとき」、「誰かが当該会社に対して株式公開買付けを開始したとき」などが考えられます。

*9　会社が取得条項付種類株式を発行するには、定款に、①一定の事由が生じた日に会社がその株式を取得する旨およびその事由、②会社が別に定める日が到来することをもって上記の一定の事由とするときはその旨、③一定の事由が生じた日に株式の一部を取得することとするときはその旨、および、取得する株式の決定の方法、④株式1株の取得と引換えに当該株主に対して交付する対価に関する事項（当該会社の社債、新株予約権、新株予約権付社債、および、当該会社の株式以外の財産）、⑤株式1株の取得と引換えに当該株主に対してその会社の他の種類株式を交付するときは、その種類株式の種類および数またはその算定方法、ならびに、⑥発行可能種類株式総数を定めなければなりません（108条2項柱書・6号、107条2項3号）。

得条項付種類株式の取得は、定款所定の一定の事由が生じた日[10]に取得の効力が生じます（170条1項）[11]。効力の発生により、株主は定められた対価を取得し（170条2項）、会社が取得した取得条項付種類株式は会社の自己株式になります。ただし、交付する対価の帳簿価額が剰余金の分配可能額を超えるときは取得の効力が生じません（170条5項）。

（7）全部取得条項付種類株式

会社は、株主総会の特別決議により、その全部を取得できる種類株式（＝全部取得条項付種類株式）を発行することができます（108条1項7号、171条1項、309条2項3号）[12]。全部取得条項付種類株式の全部の取得を決定する株主総会の特別決議（309条2項3号）においては、①取得対価の種類・内容・数・価額等、②株主に対する取得対価の割当てに関する事項、③会社が全部取得条項付種類株式の全部を取得する日（＝取得日）が定められなければならず（171条1項・2項）、取締役はこの株主総会において全部取得条項付種類株式の全部を取得することを必要とする理由を説明しなければなりません（171条3項）。取得日に取得の効果が生じ（173条1項）、会社が取得した全部取得条項付種類株式は会社の自己株式となります（155条5号）。ただし、取得対価の帳簿価額が剰余金の分配可能額を超えるときは取得できません（461条1項4号）。なお、決議された取得対価に不満のある全部取得条項付種類株式の株主は、この株主総会の日から20日以内に、裁判所に取得価格の決定の申立てをすることができます（172条1項）。

（8）拒否権付種類株式

会社は、株主総会または取締役会において決議すべき事項について、当該決議のほか、拒否

＊10　会社が別に定める日が到来することをもって一定の事由が生じた日とする場合には（108条2項6号イ、107条2項3号ロ）、定款で別段の定めをした場合を除き、株主総会（取締役会設置会社では取締役会）の決議によりその日を定めなければなりません（168条1項）。取得条項付株式の一部の取得をする旨を定めた場合（108条2項6号イ、107条2項3号ハ）、取得の対象となる取得条項付株式は、株主総会（取締役会設置会社では取締役会）の決議で定めなければなりません（169条1項・2項）。決定方法が定款に定められていないときは、株主を平等に扱う方法によらなければなりません。

＊11　一定の事由が生じた日に当該取得条項付株式の一部の取得をする旨の定めがある場合は、①一定の事由が生じた日、または、②取得することが決定された取得条項付株式の株主への通知公告の日から2週間を経過した日のいずれか遅い日に取得の効力が生じます（170条1項）。

＊12　会社が全部取得条項付種類株式を発行するには、定款に、①全部取得条項付種類株式の全部を会社が取得するのと引換えに株主に交付する取得対価（＝他の種類株式・社債・新株予約権・新株予約権付社債・その他の財産）の価額の決定方法、②株主総会の決議を行うについて条件を定めるときはその条件、および、③発行可能種類株式総数を定めなければなりません（108条2項柱書・7号、171条1項1号）。

権付種類株式の種類株主を構成員とする種類株主総会の決議があることを必要とする種類株式（＝拒否権付種類株式）を発行することができます（108条1項8号）。[13] たとえば、当該会社が消滅会社となるような合併契約については、通常、株主総会の特別決議による承認が必要ですが、仮に合併契約の承認についての拒否権付種類株式が発行されている場合には、通常の株主総会における承認決議のほかに、拒否権付種類株式を有する株主の種類株主総会における承認決議も必要となります。後者の株主総会において承認がなされないときは合併契約の承認が否決されたことになるので、「拒否権付」と呼ばれます。また、M＆A（企業買収）などの局面では、特に「黄金株[14]」とも呼ばれます。

（9）取締役・監査役の選任権付種類株式

指名委員会等設置会社でない会社であって、かつ、非公開会社においては、会社は、種類株主総会で取締役または監査役を選任できる種類株式を発行することができます（108条1項9号）。[15] 取締役または監査役を選任できる種類株式を発行した場合、その定款の定めにしたがって取締役・監査役は当該種類株主総会の決議によって選任されます（347条、329条）。この種類株主総会には、決議方法、招集通知、自己株式の議決権の排除等の通常の株主総会に関する規定が準用されます（325条）。種類株主総会において選任された取締役も、通常の株主総会において選任された取締役と同じです。その職務遂行に際しては会社（ひいてはすべての株主）に対し善管注意義務を負います。

種類株主総会で選任された取締役は、いつでもその選任に係る種類株主総会の普通決議によって解任できます（347条1項、339条）。種類株主総会で選任された監査役を解任するには、その選任に係る種類株主総会の特別決議が必要となります（347条2項、339条、309条2項7号）。

＊13 会社が拒否権付種類株式を発行するには、定款に、①当該種類株式を有する株主の種類株主総会の決議（＝普通決議、324条1項）を必要とする事項、②種類株主総会の決議を必要とする条件を定めるときはその条件、および、③発行可能種類株式総数を定めなければなりません（108条2項柱書・8号）。

＊14 黄金株については、405～406頁を参照してください。

＊15 会社が取締役・監査役の選任権付種類株式を発行するには、定款に、①当該種類株式を有する株主の種類株主総会において取締役または監査役を選任すること、および、選任する取締役または監査役の数、②選任することができる取締役または監査役の全部または一部を他の種類株主と共同して選任することとするときは、他の種類株主の有する株式の種類および共同して選任する取締役または監査役の数、③①または②に掲げる事項を変更する条件があるときはその条件およびその条件が成就した場合における変更後の①または②に掲げる事項、ならびに、④発行可能種類株式総数を定めなければなりません（108条2項柱書・9号）。

CORPORATION LAW 5

株券発行会社と株券不発行会社

■株券は株式を表章する有価証券

株式は目で見ることも手で触れることもできない無体物なので、200年ほど前に、株式を扱う者の便宜のために、株式を表章する有価証券としての株券が創り出されました。これは、画期的な発明といえるでしょう。

■株券の不発行が原則に！

わが国では、2004年（平成16年）まで、すべての株式会社は株券を発行しなければならないと規定されていました。このときまでは、株式の譲渡は有価証券である株券の譲渡によってなされ、安心で確実なものとなっていました。しかし、上場会社では株券の流通量が膨大になり、事務処理が困難になったため、2009年（平成21年）1月5日に株券の利用が強制的に廃止され（平成16年法律88号改正附則6条1項）、コンピュータで処理する株式振替制度[*1]に移行しました。このため、現在、東京証券取引所などで売買される株式について、株券は発行されません。

他方、中小規模の株式会社では株式の譲渡がほとんど行われないため、株券を発行する必要性が乏しいと主張され、会社に株券の発行を強制しないことになりました。したがって、現行会社法の下においては、株券の不発行が原則となったのです。[*2]

かくして、現在では、定款に、特に株券を発行する旨を定めた会社（＝株券発行会社）のみが株券を発行することになります（214条）。[*3] 株券発行会社は、株式を発行した日および自己株式を処分した日以後、遅滞なく、株主に株券を発行しなければなりません（215条1項、

＊1　株式振替制度とは、「社債、株式等の振替に関する法律」に基づく制度です。株券不発行会社かつ振替制度の利用に同意した会社（つまりは上場会社）が発行した株式（＝振替株式）の譲渡は、譲受人からの振替えの申請に基づき、振替機関において当該譲受人の振替口座の保有欄に譲渡による株式数の増加が記載・記録されることで、その効果が生じ、対抗要件が備わることになります。

＊2　従来から株券を発行していた会社は、現行会社法になった後も、自動的に株券発行会社となります（会社法の施行に伴う関係法律の整備等に関する法律76条4項）。

＊3　種類株式発行会社において一部の種類株式についてのみ株券を発行し、他の種類株式について株券を発行しないと定めることはできません。

129条1項)。遅滞なく株券を発行するとは、株券発行に必要とされる合理的期間内に発行することと解されています。[*4] 最高裁は、株券発行会社が株券の発行を不当に遅滞することは、信義則上許されないとしています。[*5]

なお、株券発行会社が非公開会社であるときは、株主から請求があるまでは株券を発行しなくてよいと定められています(215条4項、129条2項)。

■中小企業では株券があれば安心

ところで、右に、中小規模の株式会社では株券を発行する必要性が乏しいため、株券の発行を強制しないことになったと述べましたが、これは一般的な説明にしたがったものです。この点について、著者は懐疑的です。なぜかというと、中小規模の株式会社において、真実の株主は誰かという問題や特定の株主が正しくは何株を有するかといった問題が発生したとき、株券を発行していない会社においては株主名簿の記載が決定的になります。しかし、中小規模の株式会社においては、必ずしも株主名簿が正確かつ厳格に管理されているとは言い難いのが実情です。また、改竄《かいざん》がなされないとも限りません。そうなると、数十年の時を経て、その間に相続なども生じた後に、特定の者が株主であるか否かの問題や何株を有するかなどの問題が争われたときに、真実を確認することがきわめて困難となります。そして、多くの場合、立証責任を負わされるのは株主であると主張する側ですから、争いをしている株主側が圧倒的に不利になることが予想されます。したがいまして、中小規模の株式会社において、右記のような争いの発生を未然に防止し、株主の権利を保護するためには、現在でも株券を発行することが望ましいと考えます。ちなみに、著者は、昭和初期に発行された中小企業（株式会社）の株券を土地の権利証などと一緒に金庫に入れて、現在も大切に保管している老婦人の例を知っています。仮に、今後、当該株式についての真の株主が誰であるかが問題になった場合、彼女が所持している株券はもっとも有力な証拠になるわけです。

＊4　なお、会社は会社成立前または新株の払込期日前には、株券を発行することができず、仮に発行したとしてもその株券は無効です。

＊5　最大判昭和47年11月8日民集26巻9号1489頁。

CORPORATION LAW 6

株式の譲渡と譲渡制限

■株式の譲渡

甲株式会社の株主Aを考えます。株主であるということは、当然に、甲会社の株式を有しています。解説の簡明化のために、甲会社は種類株式発行会社（2条13号）ではないことにします。甲会社の株主名簿には、株主Aの氏名・名称・住所等が記載されています（121条1号）。株式譲渡の手続きは、会社が株券発行会社か株券不発行会社かによって異なります。さらに、当該株式に譲渡制限が課されているか否かによって異なります。このため、4通りの場合分けが必要になります。

（1）株券発行会社であって譲渡制限の定めがない場合

株主Aは株券を有し、かつ、株主名簿に株主として記載されています。株式を譲渡しようとする譲渡人である株主Aと譲受人Bとの間での「株式譲渡の意思表示の合致」と「株券の交付」

により、当事者間および対第三者の関係においては譲受人Bが新株主になります（127条、128条1項、130条1項・2項）。新株主であるBは単独で甲会社に株券を提示することができ、甲会社に対し株主名簿書換請求権を有することになります（133条1項・2項、会社施規22条2項1号）。なお、株主名簿の名義書換えをするかしないかはBの自由です。Bは、株主名簿の名義書換えをしなくても客観的真実としては新株主ですが、名義書換えを済ませない限り、甲会社に対して株主であることを主張できません（130条1項・2項）。また、甲会社も、Bに対して株主総会招集通知や配当を交付しません。

（2）株券発行会社であって譲渡制限の定めがある場合

株主Aは株券を有し、かつ、株主名簿に株主として記載されています。この場合、株式を譲渡しようとする譲渡人である株主Aと譲受人Bとの間での「株式譲渡の意思表示の合致」と「株券の交付」により、当事者間および対第三者の関係においては譲受人Bが新株主になります（127条、128条1項、130条1項・2項）。ここで重要なことは、甲会社による株式譲渡の承認がなくても、譲受人Bが新株主になるということです。[*1] しかし、譲受人Bは、甲

＊1　最判昭和48年6月15日民集27巻6号700頁。

会社による譲渡承認がない限り、株主名簿の書換えができません。Bは株主名簿の書換えをするために、まず甲会社に対し株式譲渡の承認を求め（137条1項・2項、会社施規24条2項1号）、甲会社から株式譲渡の承認（＝株主総会の決議または取締役会の決議が必要）を得ることにより（139条1項）、その後、初めて甲会社に対し株主名簿書換請求権を有することになります（134条2号、133条1項・2項、会社施規22条2項1号）。甲会社が株式譲渡の承認をしない場合については、次頁の図をご覧ください。承認を得た後、株主名簿の名義書換えをするかしないかはBの自由ですが、Bは、株主名簿の名義書換えを済ませない限り、甲会社に対し株主であると主張できません（130条1項・2項）。また、甲会社も名義書換えが済むまでは、Bに対して株主総会招集通知や配当を交付しません。

（3）株券不発行会社であって譲渡制限の定めがない場合

この場合、株式の譲渡をしようとする譲渡人である株主Aと譲受人Bとの間での「株式譲渡の意思表示の合致」のみによって当事者間では譲受人Bが新株主になります。ただし、株主名簿の名義書換えという手続きが残っています。そこで、新株主Bは前株主Aと共同して甲会社に対し株主名簿の書換えを請求します（133条1項・2項）。名義書換えをするかしないかはBの自由ですが、株主名簿の名義書換えを済ませない限り、新株主Bは甲会社および第三者に対し株主であると主張できません（130条1項）。

◎譲渡制限株式の譲渡の手続き

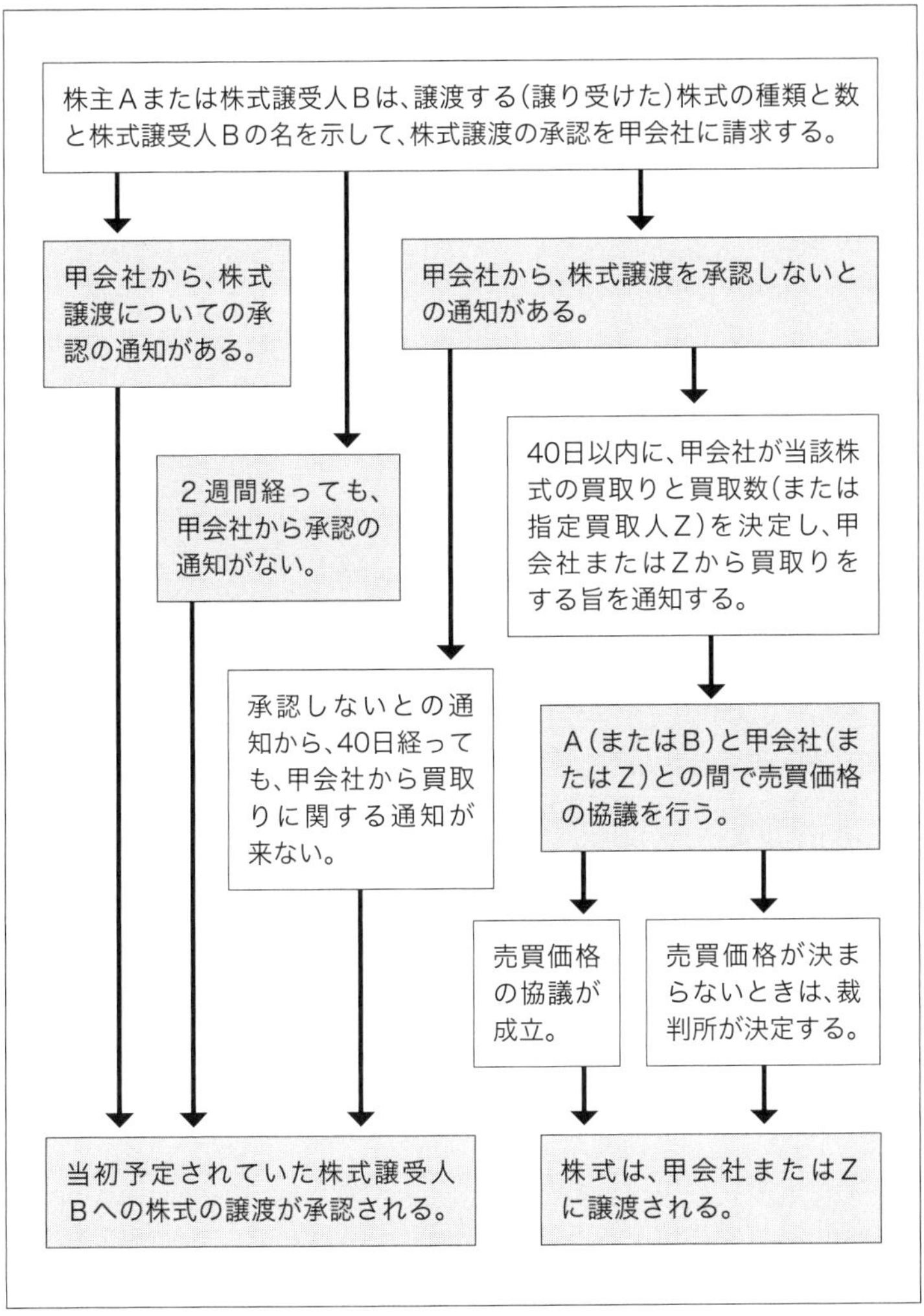
株主Aまたは株式譲受人Bは、譲渡する(譲り受けた)株式の種類と数と株式譲受人Bの名を示して、株式譲渡の承認を甲会社に請求する。

甲会社から、株式譲渡についての承認の通知がある。

2週間経っても、甲会社から承認の通知がない。

甲会社から、株式譲渡を承認しないとの通知がある。

40日以内に、甲会社が当該株式の買取りと買取数(または指定買取人Z)を決定し、甲会社またはZから買取りをする旨を通知する。

承認しないとの通知から、40日経っても、甲会社から買取りに関する通知が来ない。

A(またはB)と甲会社(またはZ)との間で売買価格の協議を行う。

売買価格の協議が成立。

売買価格が決まらないときは、裁判所が決定する。

当初予定されていた株式譲受人Bへの株式の譲渡が承認される。

株式は、甲会社またはZに譲渡される。

出典：柴田和史『類型別中小企業のための会社法（第2版）』63頁（三省堂、2015年）より

（4）株券不発行会社であって譲渡制限の定めがある場合

この場合、株式の譲渡をしようとする譲渡人である株主Aと譲受人Bとの間での「株式譲渡の意思表示の合致」のみによって当事者間では譲受人Bが新株主になります。

しかし、譲渡人Aも譲受人Bも、甲会社から株式譲渡の承認を受けていないことをどのように考えるべきかが問題となります。①甲会社による譲渡承認がなされていないとしても、譲渡人Aから譲受人Bへの株式の移転はすでに完了していると解するか、②甲会社による譲渡承認がない限り、そもそも譲渡人Aから譲受人Bへの株式の移転はなされていないと解するか、という問題です。

株券不発行であって譲渡制限の定めがあった2005年（平成17年）廃止前有限会社法の下での有限会社における持分の譲渡については、①と解されていました。[*2] また、株券不発行会社であって譲渡制限の定めのない株式会社の場合は、2004年（平成16年）の商法改正後の株式会社についての制度[*3]の継承であることからも、①と解すべきことになります。

これらのことから、株券不発行会社であって譲渡制限の定めのある株式会社においても、甲会社の株式譲渡承認がない場合に、当事者間においては譲渡人Aから譲受人Bへの株式の移転は完了していると解されます。残された手続きである株主名簿の名義書換えを行うために、前株主Aまたは新株主Bは、甲会社に対し譲渡等承認請求を行い（136条、137条）、甲会社から株式譲渡についての承認を得た後（139条1項）、初めて甲会社に対し株主名簿の書換えを請求することができます（134条1号・2号、133条1項・2項）。株式譲渡の承認を得た後、名義書換えをするかしないかはBの自由ですが、株主名簿の名義書換えを済ませない限り、新株主Bは甲会社および第三者に対して株主であると主張できないことになります（130条1項）。甲会社が株式譲渡の承認をしない場合については、269頁の図をご覧ください。

＊2　江頭憲治郎『株式会社・有限会社法〔第4版〕』199頁（有斐閣、2005年）。
＊3　平成16年に「株式等の取引に係る決済の合理化を図るための社債等の振替に関する法律等の一部を改正する法律」（平成16年法律88号）が制定されたことで、商法および社債等振替法（平成13年法律75号）が改正されました。これによって、①上場株式・店頭登録株式を発行する株式会社においては、その株券が廃止され、②それ以外の株式会社は定款で株券を発行しない旨を定めることができるようになり、③定款で株式譲渡制限を定めた株式会社は、株主から株券発行の請求がない限り、株券を発行しないことができるようになりました（平成17年改正前商法227条1項）。なお、上記②の定款で株券を発行しない旨を定めた株式会社における株式の譲渡は、当事者間の意思表示によって効力を生じ、株主名簿の名義書換えが会社および第三者に対する対抗要件とされました（平成17年改正前商法206条1項、206条ノ2第1項）。

CORPORATION LAW 7

株式の相続

■遺産の帰属が確定するまでは「共有」！

相続される財産の中に株式が含まれる場合、株式はほかの財産と同様に相続人に承継されます。相続人が複数人存在する場合、相続の対象となる財産（＝相続財産）は、遺産分割の協議によってその帰属が確定するまで相続人の間で共有財産となります。

共有財産となった株式はどうなるのでしょうか。具体例を用いて考えてみましょう。たとえば、夫が、甲株式会社の株式１０００株を有する株主でしたが、１か月前に他界した場合を考えてみましょう。遺言は残されていません。このような場合、１０００株の株式はどうなるのでしょうか。

相続開始時から遺産分割の協議が調うまでの間、被相続人である夫に帰属していた全相続財産は相続人たち（＝妻・長男・長女・次女）の共有になります。したがって、右記の甲会社株式１０００株は、妻・長男・長女・次女の共有になります。遺言がない場合は、相続人間の協議によって相続財産の分割が合意されれば、その内容で確定します。問題は、相続人間の協議が調わない場合です。

甲会社は、相続人から名義書換手続きの申請がない限り、株主総会招集通知などは株主名簿に記載された故人（＝夫）に宛てて発送しておけば、基本的に、問題は生じません（126条1項）。

相続人たちから、株主名簿に記載された「夫」が故人となり、現在、妻・長男・長女・次女の共有になっているとの連絡があるときは、その旨を株主名簿に記載することになります。この場合、相続人の側が、甲会社からの通知受領者を誰にするかを通知しなければなりません（126条3項）。相続人の側から通知受領者の通知がないときは、甲会社は、上記相続人の中の任意の誰かに対し通知をすればよいことになります（126条4項）。

また、甲会社の事務処理の便宜のため、相続人たちは、当該株式1000株の権利を行使すべき者1人（＝権利行使者）を定め、この者の氏名等を甲会社に通知しなければなりません（106条）。権利行使者は、共有になっている株式の権利（剰余金配当請求権、議決権など）を単独で行使することができ、他の者は行使できません。しかし、そもそも、遺産分割の協議がなかなか調わず、ある意味で争われている状況ですから、相続人たちが話合いをして、相続人の中から1人の権利行使者を決めることも困難になります。

■権利行使者が決まらないとき

相続人たちが話合いによって全員一致で権利行使者を決められない場合、①権利行使者の決定は、あくまでも、相続人の全員一致で決めなければならないとする学説（全員一致説）と、②当該株式1000株についての相続の持分比による多数決で決められるとする学説（持分価格多数決説。著者の立場）が対立していました。最高裁は後者の立場を採用しました。[*1]

右の例ですと、相続の持分比（法定相続分、民法900条）は、妻は（2分の1）、長男は（2分の1）×（3分の1）、長女は（2分の1）×（3分の1）、次女は（2分の1）×（3分の1）となります。したがいまして、持分価格多数決説（最高裁判例）によれば、妻と長女が協調して、相続対象の株式1000株についての権利行使者を長女にすると決めて甲会社に通知すれば、それ以後、上記1000株について株主総会に出席できる者も議決権を行使できる者も長女のみということになります。

なお、遺産分割の協議の結果、株式を相続する者が確定したら、その者は、甲会社に対し株主名簿の書換えを求めなければなりません。相続人が新たな株主として議決権等の権利行使を行うためには、株主名簿の名義書換えが必要だからです。

＊1　最判平成9年1月28日判時1599号139頁。

CORPORATION LAW 8

単元株

単元株制度とは

単元株制度とは、定款により一定数の株式を1単元と定め、1単元の株式に対し1個の議決権を認める制度のことです（188条1項）。

単元株制度は、2001年（平成13年）の商法改正で、それまでに存在した単位株制度が廃止されたことに伴って導入されました。その目的は、1株に1議決権を認める原則の下では、1株しか有さない株主に対しても株主総会招集通知などのさまざまな通知を発送しなければならず、会社の事務管理費用の負担が大きすぎるという問題の解決が狙いでした。1株に1議決権ではなく、一定数の株式ごとに1議決権を認めることにするのが単元株制度ですから、会社は、1議決権を有さない株主に対して株主総会招集通知を発送しないことになり、事務管理費用の削減が図られました。

会社は、定款に一定数の株式を1単元の株式とする旨を定めることができます（188条1

項）。1単元の株式の数は、1000株を超えることも、発行済株式総数の200分の1を超えることもできません（188条2項、会社施規34条）。

■単元株制度の採用・廃止等

会社成立後に定款を変更して、新たに単元株制度を採用するときは、株主総会の特別決議が必要です（466条、309条2項11号）。これに対して、単元株制度の廃止や1単元の株式数を減少することは、個々の株主に不利益ではありませんから、取締役会決議で行うことができます（195条1項）。

■単元株制度と株主の権利

1単元未満の株式（＝単元未満株式）を有する株主（＝単元未満株主）には議決権および議決権を前提とする権利（議案提出権、説明請求権等）が認められません（189条1項）。このほか、会社は、会社法所定のいくつかの権利について、単元未満株主が権利を行使できない旨を定款で定めることができます（189条2項）[*1]。

単元未満株主は、その有する単元未満株の買取りを会社に請求（＝単元未満株式買取請求）できます（192条）。また、定款に定めがある場合、単元未満株主は、会社に対し、単元数に足りない数の単元未満株式の売渡しを請求（＝単元未満株式売渡請求）できます（194

条）。このような定款の定めがある場合には、たとえば、単元株式数が１０００株と定められているときに、７００株を有する単元未満株主は、会社に対し３００株を売り渡すよう請求できます。

＊1　189条2項
「株式会社は、単元未満株主が当該単元未満株式について次に掲げる権利以外の権利の全部又は一部を行使することができない旨を定款で定めることができる。
一　第１７１条第1項第1号に規定する取得対価の交付を受ける権利
二　株式会社による取得条項付株式の取得と引換えに金銭等の交付を受ける権利
三　第１８５条に規定する株式無償割当てを受ける権利
四　第１９２条第1項の規定により単元未満株式を買い取ることを請求する権利
五　残余財産の分配を受ける権利
六　前各号に掲げるもののほか、法務省令で定める権利」

CORPORATION LAW

第8章

資金・利益・資本・配当

CORPORATION LAW 1

資金調達の手段

■募集株式の発行

(1) 資金調達

株式会社が、事業活動を行い利益を生み出していくためには、その前提として資金を集める必要があります。会社が、成立後に資金調達を行う主な目的は、事業の拡大や経営資金を補うためです。会社はそのときどきの経営戦略や経営状況に応じて、資金調達の方法を選択することになります。会社が資金調達を行う場合、外部から資金（外部資金）を調達する方法と会社内部の資金（内部資金）を利用する方法があります。内部資金の利用方法としては、留保利益の利用等があります。

会社設立の際、株式会社は、事業活動を始めるための資金を株式の発行により集めなければなりません。成立後の会社が、外部資金を集めるもっとも簡単な方法は、銀行等の金融機関から借入をすることです。しかし、募集株式や社債の発行による外部資金の調達も盛んに行われています。募集株式や社債によれば、多額かつ長期の資金調達が可能であることや、金融機関からの借入よりもコストが低いことが理由となります。

(2) 資金調達の手段としての募集株式の発行等

株式会社は、募集株式の発行等により資金調達を行うことができます。募集株式の発行等によれば、会社は出資された資金を返済する必要がないのですが、既存の株主以外の者に出資を求めれば、既存株主の議決権比率に影響が生じます。なお、特別な場合には、会社の支配権の獲得や敵対的企業買収の防御の手段として募集株式の発行等を行うこともあります。ここでは、一般的な資金調達のために行われる募集株式の発行等を解説します。

(3) 募集株式発行の手続き

公開会社の取締役会は定款により一定の限度までの募集株式発行の決定権限を授権されるのが通常です。これを**授権資本制度**(または授権株式制度)と呼びます。一定の限度は、公開会社であれば会社設立時に発行する株式数の4倍までです(37条)。公開会社においては、取締役会が募集株式の発行を行うか否か、また、どれだけの数の募集株式を発行するかについて、授権株式の枠内で検討し決定します(37条、201条1項、199条)。取締役会が募集株式の発行を決定すると、その後、会社は募集株式の募集事項を株主に通知・公告しなければなりません（201条3項・4項）。これは、計画されている募集株式の発行に反対する株主に、発行差止めの訴えを提起する機会を保証するためです。次に、取締役は、募集株式の引受けを申し込んだ者の中から、株式割当自由の原則により、適宜、募集株式の割当てを行います（204条1項）。割り当てられた者を募集株式の引受人と呼びます。募集株式の引受人は払込期日までに、または払込期間の期間内に払込金額の全額を払い込まなければなりません（208条1項）。払い込まないときには、募集株式の株主となる権利を失います（208条5項）。出資の履行は通常は金銭による払込みですが、金銭以外の財産による現物出資も可能です（199条1項3号）。出資の履行をした募集株式の引受人は、払込期日の当日または払込期間を定めたときは出資の履行の日に募集株式の株主となります（209条）。

非公開会社では株主総会の特別決議で募集事項を決定します（199条1項・2項、309条2項5号）。

（4）第三者割当増資

第三者割当増資とは、特定の第三者に募集株式を割り当てることです。会社が授権株式数の範囲内で募集株式の発行を行うとき、個々の株主には優先的に募集株式の割当てを受ける権利がありません。ただし、①定款に株主に募集株式の割当てを受ける権利を与える旨の定めがある場合、および、②定款に定めはないが会社が株主に募集株式の割当てを受ける権利を与える旨を決定した場合（202条）には、株主は募集株式の割当てを受ける権利を有します。①②の場合を除き、会社は株主全員に公平に募集株式の割当てを受ける権利を与える必要はありません。

なお第三者割当増資の場合、会社が、募集株式を引き受ける者に対し特に有利な払込金額で募集株式を発行する場合は注意が必要です。この場合、取締役は、株主総会において有利発行の理由を開示し、株主総会の特別決議による承認を必要とします（199条1項・2項・3項、201条1項、309条2項5号）。このように手続きが厳格になる理由は、特に有利な払込金額で募集株式が発行されると、既存株主の持株価値が減少するからです。

■社債

(1) 社債とは

社債とは、不特定多数の者に対し会社が負う債務であり、会社があらかじめ社債の金額・社債総額・利率・償還期限などを定め、社債を引き受ける者を募集する（676条、2条23号）ところに、一般的な金銭消費貸借契約との違いがあります。個々の債権者となる者が、社債の利率や償還期限等について、債務者となる会社と交渉する余地はありません。通常の金銭消費貸借契約（借入・融資）が銀行などとの個別の契約により成立することと異なります。取締役会で決定すれば、社債券という有価証券を発行することもできます。業績が好調な会社であれば、社債を利用することで多額かつ長期の借入が可能となります。ただし、社債は最終的に元本を返済する必要があります。

社債は、会社の一般投資家に対する借金（＝債務）です。会社が借金をするかどうかは業務執行の一場面であり、取締役会が社債の発行を決定します（362条4項5号）。取締役会は、社債市場および株式市場の状況、株式の分布状況、新株式への配当の負担および社債の利率等、さまざまなファクターを考慮して、資金調達の方法を決めます。

なお、近年、株式会社が社債を発行して資金を調達するときに、その社債が一般投資家に持たれることなく、社債総額を社債金額とする社債が1つだけ発行され、特定の金融機関が単独で全社債（つまり、当該1つの社債）を持つことがあります。

（2）社債管理者

社債の発行は取締役会で決定します（362条4項5号）。社債が償還されるまでの間、社債権者の利益を守るための社債管理者の設置が会社法によって強制されています（702条）。社債管理者は、社債権者のために公平かつ誠実に、さらに善管注意義務を尽くして社債を管理します（704条）。

なお、会社法は株式会社のみならず合名会社・合資会社・合同会社も社債を発行できることを認めました。

■ 新株予約権

(1) 新株予約権とは

新株予約権とは、それを有する者(これを新株予約権者といいます)が会社に対して、権利行使期間内の好きな時に、「権利行使」することにより、当該会社の株式の交付を受けることができる権利です(2条21号)。新株予約権は、資金調達のほか取締役や従業員に対する報酬(ストック・オプション)として、さらには、企業買収の防衛手段としても利用されています。

(2) 新株予約権の発行手続き

公開会社である株式会社が新株予約権を発行する場合には、取締役会において、「権利行使」が行われた時に会社が新株予約権者に交付する株式の種類および数(236条1項1号)、会社が新株予約権者になる者に新株予約権を交付する際に同人が会社に払い込むべき「払込金額」(238条1項3号)、新株予約権の行使に際して出資すべき財産の価額(=権利行使価額。236条1項2号)、新株予約権の権利行使期間(236条1項4号)などを定めなければなりません(236条、238条1項・2項、240条1項)。また、取締役会は、株主に新株予約権の割当てを受ける権利を与えることを決定することができ、この場合、新株予約権の引受申込期日を定めなければなりません(241条1項)。

◎新株予約権の説明図

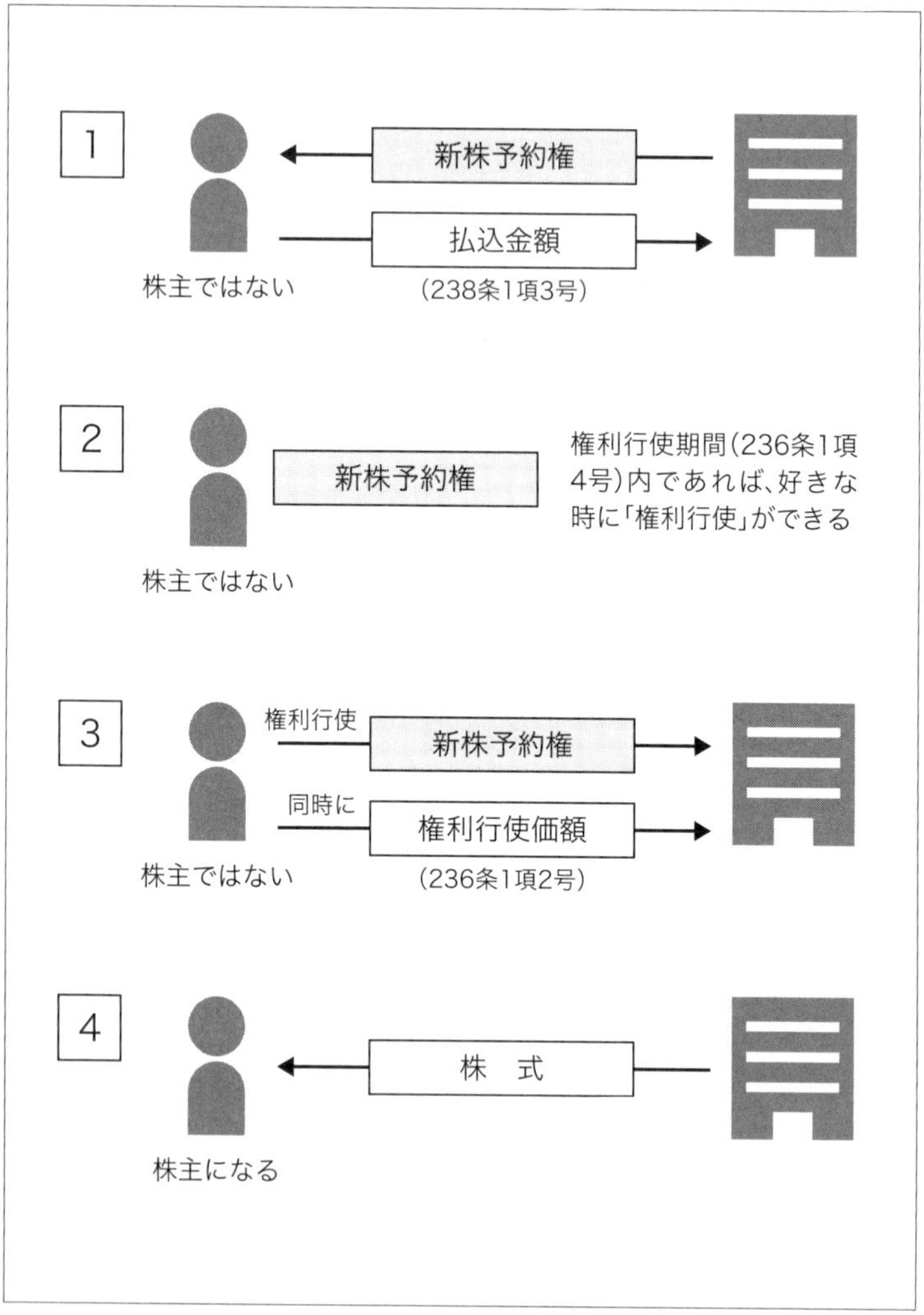

出典：柴田和史『類型別中小企業のための会社法（第２版）』220頁（三省堂、2005年）より

会社は、新株予約権の申込みをしてきた者の中から誰にどれだけの新株予約権を割り当てるかを決定します（243条1項）。新株予約権の割当てを受けた者は新株予約権者となります。新株予約権の割当てを受けた者は、払込期日までにまたは払込みの期間内（それを定めていない場合には権利行使期間の初日の前日まで）に新株予約権の払込金額の全額を払い込まなければならず、払込みがなければ新株予約権を行使できません（246条）。

（3）新株予約権の機能

新株予約権は次のように機能します。なお、確認しておきますが、新株予約権の「権利」とは、新株予約権者がその権利を行使すると、会社から新株（自己株式でもよい）の交付を受けることのできる権利です。

第一に、新株予約権者は、権利行使期間内において、好きな時に、権利行使をすることができます。権利行使をしなくてもかまいません。権利行使期間内に権利行使をしない場合は、権利行使期間の経過により、当該新株予約権は何の権利もないことになりますから、無価値になり、当該新株予約権証書は紙屑になります。

第二に、最初に、会社から新株予約権の交付を受ける時に、新株予約権者は、1円も支払わずに新株予約権をもらう場合もありますし、たとえば、2000円を支払って新株予約権1個をもらう場合もあります。

ここでは、払込金額2000円を支払って新株予約権をもらう場合を考えます。この新株予約権の権利行使に際して支払う金額（＝権利行使価額）は3000円と定められていたとします。

新株予約権の交付を受けた時、その会社の株式の株価が4000円前後だとします。このような場合、新株予約権者は権利行使をしません。なぜなら、権利行使をする際に、3000円（権利行使価額）を会社に支払って株式1株をもらうことになり、損する可能性が高いためです。一見すると、直ちに株式市場でその1株を売れば4000円を得られますから、差し引き、1000円をもうけているように思えます。しかし、この新株予約権者は、最初に新株予約権の交付を受ける時に、2000円（払込金額）を支払っていますから、実は、権利行使をして新株1株をもらうのに、5000円（＝2000円＋3000円）を支払っていることになります。したがって、株価が5000円を超えていない場合には、新株予約権者が新株予約権の権利行使をして株式の交付を受け、その株式をすぐに売却しても損失しか生じません。

しかし、株価が5000円を超えて、7000円、9000円と上昇すれば、大きな利益を得ることができます。つまり、仮に株価が9000円の時に新株予約権者が権利行使をしたとしますと、最初に新株予約権の交付を受ける時に2000円（払込金額）を支払い、権利行使の際に3000円（権利行使価額）を支払って株式1株を受け取るわけですが、この株式をすぐに売れば、9000円を得ることができます。つまり、4000円をもうけたことになります。

新株予約権を発行する時点では、新株予約権の交付に対する払込金額（238条1項3号）と権利行使の際の権利行使価額（236条1項2号）との合計額は、その時点における1株の株価より高く設定されます。なぜなら、これらの合計額がその時点における株式1株の株価より低かったとすれば、新株予約権の交付を受けた新株予約権者は、直ちに権利行使をして（権利行使期間内であることが前提条件です）会社から新株の交付を受け、その新株を売って利益を得てしまうからです。

ここが重要です。新株予約権の発行後、株価が払込金額と権利行使価額の合計額を超えてぐんぐん上昇しますと、株価と右の合計額の差額がそれにつれて大きくなります。これが、権利行使をしたときの新株予約権者の利益となります。

(4) ストック・オプション

右記の仕組みを巧みに利用しようとしたのが、ストック・オプション[*1]です。新株予約権をス

＊1　ストック・オプションとは、会社の業績に応じて報酬額が変動する業績連動型のインセンティブ報酬であり、取締役や従業員に新株予約権を付与する報酬です。

◎ストック・オプションがもうかる仕組み

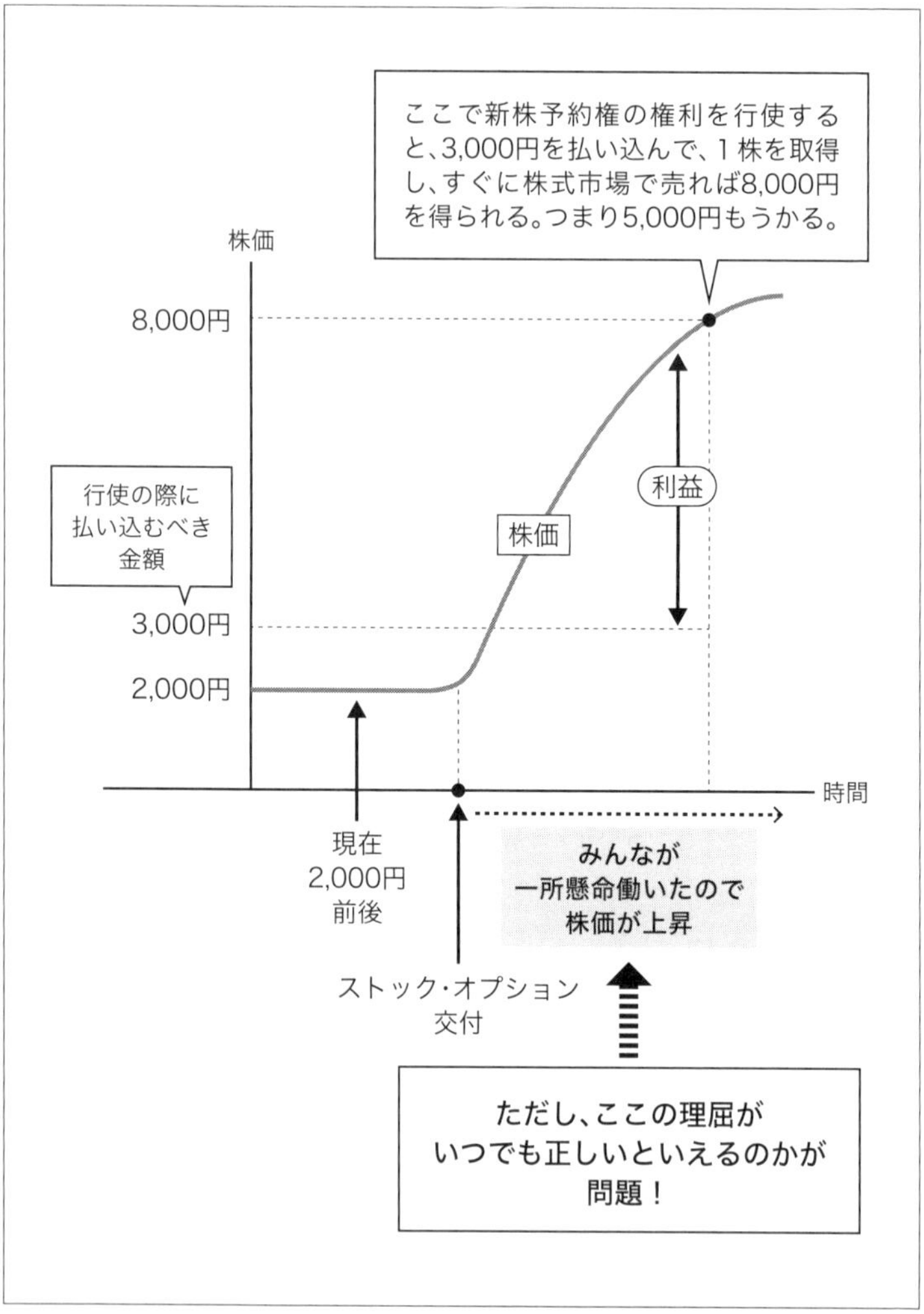

出典：柴田和史『日経文庫 ビジュアル 図でわかる会社法（第2版）』119頁（日本経済新聞出版、2021年）より

トック・オプションとして用いる場合、会社は、取締役や部長や課長に、通常、新株予約権の交付に対する払込金額（238条1項3号）を0円として新株予約権を交付します。現在の株価が2000円の場合に、新株予約権の権利行使の際の払込金額（＝権利行使価額）を3000円と定めておけば、株価が、現在の株価の2000円から上昇し、3000円を超えると、権利行使した際の利益幅がどんどん大きくなるわけです。そこで、新株予約権を有する取締役や部長や課長は、株価を上昇させるために会社の業績を向上させなければならないと考え無我夢中で働くと考えられました。取締役や部長や課長を馬車馬のように働かせる目的で、彼らに交付される新株予約権がストック・オプションなのです。

わが国では、1997年（平成9年）の商法改正によって、株式会社において、ストック・オプションの導入が可能になりました。その当時は結構話題になり、採用した会社も少なくなかったと聞いています。しかし、右に説明したように、結果として株価が高騰することによって初めてストック・オプションを持っている者（＝新株予約権者）が利益を得られる仕組みですから、取締役や部長や課長がどんなに一所懸命、粉骨砕身で働いたとしても、株価が高騰しなければ利益が生じません。現実は、多くの会社において、設定された権利行使期間内に株価が上昇しなかったため、ストック・オプションに期待した人たちが失望する結果となりました。

CORPORATION LAW 2

会社の利益の基礎知識

■元手と利益

（1）利益の算定

事業を行って、利益を生み出したか損失が生じたかを判断することは、思ったより難しい問題となります。この問題を解説しましょう。

1回限りの事業活動で事業が終了するのであれば、利益を生み出したかどうかの問題は比較的簡単です。たとえば、地域のお祭りや大学祭などで、1日だけの焼きそば店を営業することを考えてみましょう。

5人で焼きそば店を行うとします。たとえば、各人が2万円ずつお金を出して、1つの大きな財布の中に合計の10万円を入れます。事業はここから開始します。仮に、出店の申込みに1万円、簡易テント・テーブル・鉄板・小型燃料などのレンタル料に3万円を支出するのであれば、すべて、その大きな財布から支払いをします。残ったお金のうち、5万円を支出して、焼きそば用の材料、調味料、割り箸、紙皿などを購入します。まだ、1万円が残りますが、これは、事業活動を行うに当たり、予期しない事態に備えて残しておきます。

お客に焼きそばを販売し、代金を受け取ったら代金のすべてを大きな財布に入れます。こうして、1日を終え全事業が終了した後、大きな財布の中のお金を計算すれば、利益があったかどうかは簡単にわかります。大きな財布の中の金額が10万円より多ければ、多い分が利益ということになります。[*1] このとき、最初の10万円を元手《もとで》といいます。

(2) ベニスの商人の時代

ヨーロッパの中世の時代、イタリアで船による商業活動が最盛期を迎えた頃[*2]の利益の考え方は、基本的に右に述べたことと同じになります。大金持ちが、たとえば10億円を用意し、これで、航海用の船を賃借し、1航海という期間に限定して船長を引き受ける人と契約をし、何人

＊1　本文の説明では、1日中働いた5人の労賃が考えられていません。もし、よりビジネス・モデルに近づけて考えるのであれば、1日を終えて全事業を終了した時点で、5人に対し1人1万円ずつの労賃を支払うことも考えられます。

＊2　有名なシェークスピアの『ベニスの商人』の時代です。

もの船員と雇用契約をし、航海に必要な資材等を購入し、残ったお金をおそらく金や銀の形で船に積み込んで遠隔地に向かいます。そして、積み込んできた金や銀を使って、遠隔地で、陶器や美術品や香辛料や珍品を購入し、出港した港に戻ってきます。ここで、買い込んできたさまざまな商品をすべて売却すると、最後に多額のお金が残ります。このお金の金額と、最初に用意した10億円とを比較して、お金の合計額が10億円より多ければ、その超過分が利益ということになります。このとき、最初の10億円を元手《もとで》といいます。

（3）継続的な事業活動

ところが、資本主義が発展して、イギリスのように、工場を建設して、大量の機械を購入し、労働者を雇用して、綿織物や毛織物などの工業製品を生産して、事業活動が行われるようになると、船による商売のように簡単明瞭には利益を認識できなくなりました。

仮に、織物製造事業を開始するために、金持ちが最初に10億円を用意したとしましょう。工場建設に5億円、機械の購入に3億円、原料の購入に1億5千万円を支出したとします。建設した工場は20年以上使用できますが、機械は10年で壊れます。1回に買い込んだ原料は3年分です。何よりも問題なのは、一度開始した事業が何年経っても終わりを迎えないことです。仮に、事業開始から1年経ったときに、大きな財布の中をのぞいてみても、工場建設の支出と機械購入の支出で財布の中はほとんど空です（右の例だと、おそらく5千万円程度しか残っていません)。商品がようやく大量に生産されて、これから、商品が売れればその代金が入ってくるという状況です。このような状況ですから、次の1年が終わった時でも、さらにその次の1年が終わった時でも、財布の中をみれば、直ちに利益がわかるということにはなりません。なにしろ、3年が経過したら、次の3年分の原料を購入することになりますし、10年目になったら、新しい機械を購入しなければならないからです。

つまり、工場を使って、いわゆる工業製品を生産するようになると、毎日のように、お金の出入りが錯綜することになります。しかも、右のように支出したお金が、ある物については10年分であり、ある物については3年分であるなどと複雑になります。

(4)損益計算書の利益

そこで、利益を算出するために、会計学は、期間損益(利益であれば、期間利益となります)という考え方を生み出しました。まず、期間を区切ります。たとえば、ある年の4月1日から翌年の3月31日までの1年間を考えます。この1年の間に、会社に流入してくるお金(これを収益といいます)の合計額を計算し、お金が流入してくることをもたらすために支出したお金(これを費用といいます)の合計額を計算し、前者の合計額から後者の合計額を減じて得た金額を期間利益と考えることにしました。期間利益の考え方の最大の特徴は、元手を考えなくても、利益が算出できることです。

以上が、損益計算書の原理です。損益計算書が示すところの利益は、この場合、4月1日から翌年の3月31日までの1年間の利益です。

(5) 取締役の通信簿

株式会社における損益計算書は取締役の通信簿や成績表と考えることができます。つまり、株主総会で選任された取締役が、会社を1年間経営した結果、どれだけの成果をあげたかという数字が、原則として損益計算書の利益額によって示されることになります。

■資本金と準備金

(1) 資本金

貸借対照表上の資本金の額は、原則として、設立の際および新株の発行の際に、株主となる者から払い込まれた金額または給付された財産の額の合計額となります(445条1項)。ただし、その額の2分の1を超えない額を資本金にせず、資本準備金とすることが許されています(445条2項・3項)。

(2) 債権者と貸借対照表

株式会社は株主有限責任の原則[＊3]を採用しています。このため、会社の債権者たちがその債権の弁済の確保を考えるとき、株式会社が有する財産だけが弁済の拠り所となります。そこで、会社は、最初に会社に出資された金銭等が、形を変えながらも、常に金銭価値としては会社に確保されていることを示すことになりました。これが貸借対照表です。

すなわち、会社が成立した直後の貸借対照表においては、全株主が出資した金銭の合計額が資本金の額（および資本準備金の額）として表示され、負債総額は０円、資産総額としては現金項目に資本金の額（あるいは、資本金の額と資本準備金の額の合計額）と同額が計上されることになります。その後、会社が事業活動を開始しますと、事業期間中はさまざまな費用として支出が行われ、収益として現金等の収入があります。事業年度末に貸借対照表を作成し、資産総額から負債総額を減じて得た金額（これを「純資産額」といいます）が、資本金の額を上回っていることを確認することによって、事業活動を開始した時の元手であった資本金の額が維持されていることを示すことになります。つまり、貸借対照表には、事業年度末における資本金の額と純資産額との関係を示すことによって、会社債権者たちを安心させるという機能があります。

＊3　株主有限責任については、110～112頁を参照してください。

CORPORATION LAW 3

損益計算書と貸借対照表

■損益計算書と貸借対照表の機能

損益計算書は、企業の経営成績を明らかにするため、費用収益対応原則に立脚して一事業年度に産出された営業利益および経常利益を表示し、最終的には当期純利益を表示するものです。すなわち、損益計算書は、一定期間内（＝一事業年度内）に生じた費用と収益を対応させ、その期間内における事業活動の成果を明らかにします。

株主資本等変動計算書は、当該事業年度におけるいわゆる株主資本（＝純資産）の全体の変動と個々の項目の変動を示すものです。

貸借対照表は、貸借対照表日における資産、負債、純資産を記載し、会社の財産状態を明らかにするものです。すなわち、貸借対照表は、特定の日における会社の財産状態を明らかにしています。

■損益計算書の利益額と配当の関係

前項の「会社の利益の基礎知識」で、会社の事業活動の1年間の成果は損益計算書に示されると述べました。たしかに、損益計算書の利益額（正確には、税引前未処分利益額）が、会社の1年間の事業活動の成果として生み出された利益額です。ここから、法人税等を納めますと、税引後未処分利益額が残ります。それでは、株主は、この税引後未処分利益額の全額を配当してもらえるのでしょうか。

可能か否かで言えば、株主は、税引後未処分利益額の全額を配当として山分けすることが可能です（ただし、貸借対照表上に資本の欠損がある場合にはこのようなことはできません）。しかしながら、取締役は、次の事業年度以降の会社経営の観点から、損益計算書の税引後未処分利益額の大部分を会社に残すという「配当政策」を採用します。ですから、通常、株主たちは、損益計算書の税引後未処分利益額のわずかの部分しか配当してもらえていません。

それでは、損益計算書において利益が算出されないときは、株主は配当をもらえないのでしょうか。そうではありません。そのような場合でも株主たちに配当を支払えるようにするのが、安定配当政策と呼ばれる経営政策です。

■損益計算書の利益と累積されている剰余金

損益計算書は、取締役の通信簿・成績表です。ところが、株主に配当してよい金額は、損益計算書の税引後未処分利益額ではなく、貸借対照表から算定される「剰余金の分配可能額」を上限とします。このことについては、後に解説します。

損益計算書に表示された税引後未処分利益額は、いったん株主資本等変動計算書の上で、会社成立以来、使われないで貯めこまれている税引後未処分利益額の過去の全年度の累積額に合算されます。それを受けて、右の合算された数字が貸借対照表の純資産の部の中の「その他利益剰余金」として表示されることになります。

この点を、簡単に説明します。なお、302~303頁の損益計算書等は見本です。数字も本文と異なります。

会社成立後の最初の1年目の決算時（令和5年3月31日とします）に、損益計算書で1億円の税引後未処分利益が生じたとします。この1億円は、株主資本等変動計算書の「その他利益剰余金」の当期純利益に1億円と表示され、さらに、貸借対照表の「その他利益剰余金」に1億円と表示されます。この年の定時株主総会（令和5年6月20日とします）において、全株主に対し配当として総額3000万円を交付することが決議されたとしますと、7000万円が残ります。株主への配当後の株主資本等変動計算書にも貸借対照表にも、「その他利益剰余金」として7000万円が表示されます。

翌年（令和6年3月31日とします）、同様に、損益計算書で1億円の税引後未処分利益が生じたとします。この1億円は、株主資本等変動計算書の「その他利益剰余金」において残されていた7000万円と合算されて、「その他利益剰余金」として1億7000万円が表示されます。貸借対照表の「その他利益剰余金」としても1億7000万円が表示されます。

その年の定時株主総会（令和6年6月20日とします）において、全株主に対し配当として総額3000万円を交付することが決議されたとしますと、1億4000万円が残ります。株主への配当後の株主資本等変動計算書にも貸借対照表にも、「その他利益剰余金」として1億4000万円が表示されます。

さらに、その翌年（令和7年3月31日）、同様に、損益計算書で1億円の税引後未処分利益が生じ、その年の定時株主総会において全株主に対し配当として3000万円を交付することが決議されたとしますと、株主への配当後の貸借対照表には、「その他利益剰余金」として2億1000万円が表示されます。

このように、貸借対照表の純資産の部の中の「その他利益剰余金」の金額は、定時株主総会の前であれば、会社成立以来、使われないで貯めこまれている税引後未処分利益額の過去の全年度の累積額と直近年度の税引後未処分利益額との合計額になります。

◎損益計算書、株主資本等変動計算書および貸借対照表の見本

損益計算書

（令和X4年４月１日から令和X5年３月31日まで）

（金額単位：千円）

科　目	金　額	
売上高		240,000
売上原価		180,000
売上総利益		60,000
販売費及び一般管理費		45,000
営業利益		15,000
営業外収益		200
受取利息	80	
受取配当金	120	
その他の収益	0	
営業外費用		2,600
支払利息	2,000	
為替差損	300	
その他の費用	300	
経常利益		12,600
特別損失		600
減損損失	600	
税引前当期利益		12,000
法人税、住民税、事業税	3,600	
当期純利益		8,400

株主資本等変動計算書

（令和X4年４月１日から令和X5年３月31日）

（金額単位：千円）

株主資本										評価・換算差額等	純資産合計
資本剰余金			利益剰余金					自己株式	株主資本合計		
資本準備金	その他資本剰余金	資本剰余金合計	利益準備金	その他利益剰余金			利益剰余金合計				
				特別償却準備金	別途積立金	繰越利益剰余金					
10,000	5,000	15,000	10,000	1,500	18,000	17,000	46,500	△2,000	79,500	0	79,500
				500		△500					
					2,000	△2,000					
						△1,900	△1,900		△1,900		△1,900
						8,400	8,400		8,400		8,400
-	-	-	-	500	2,000	4,000	6,500	-	6,500	-	6,500
10,000	5,000	15,000	10,000	2,000	20,000	21,000	53,000	△2,000	86,000	0	86,000

貸借対照表

（令和X5年３月31日現在）

（金額単位：千円）

科目	金額	科目	金額
（資産の部）		（負債の部）	
流動資産	120,000	**流動負債**	64,000
現金・預金	10,000	買掛金	30,000
受取手形	3,000	短期借入金	20,000
売掛金	62,000	未払金	4,000
商品及び製品	32,000	未払費用	3,000
仕掛品	200	預り金	4,000
原材料及び貯蔵品	4,000	その他	3,000
前払費用	500	**固定負債**	50,000
繰延税金資産	3,000	長期借入金	40,000
短期貸付金	800	退職給付引当金	10,000
未収入金	3,500	その他	0
その他	1,000	負債合計	114,000
貸倒引当金	0	（純資産の部）	
固定資産	80,000	**株主資本**	86,000
有形固定資産	74,000	資本金	20,000
建物	20,000	資本剰余金	15,000
機械装置	13,000	資本準備金	10,000
車両	5,000	その他資本剰余金	5,000
工具器具備品	8,000	利益剰余金	53,000
土地	28,000	利益準備金	10,000
無形固定資産	0	その他利益剰余金	43,000
投資その他の資産	6,000	特別償却準備金	2,000
投資有価証券	4,000	別途積立金	20,000
長期貸付金	1,000	繰越利益剰余金	21,000
その他	1,000	自己株式	△ 2,000
		評価・換算差額等	0
		純資産合計	86,000
資産合計	200,000	**負債・純資産合計**	200,000

	資本金
当期首残高	20,000
当期変動額	
特別償却準備金の積立	
別途積立金の積立	
剰余金の配当	
当期純利益	
自己株式の取得	
当期変動額合計	-
当期末残高	20,000

■累積した剰余金はもともと株主のもの

本来、毎年度の株主は、当該各年度ごとの損益計算書の税引後未処分利益額の全額について配当としてもらう権利がある（貸借対照表上に資本の欠損がある場合を除きます）のですから、過去の株主が遠慮してもらわなかったものが累積していた「その他利益剰余金」の金額は、原理的にはいつでもその全額を株主が配当として要求することが可能な金額ということができます。

CORPORATION LAW 4

剰余金の分配と違法配当

■剰余金の分配と分配可能額

株式会社が株主に対して行う配当は、株主にとって大変に重要です。会社法は、会社が配当を行うときに、交付することの許される最高限度額を定めています。これを「剰余金の分配可能額」といいます。会社法は、剰余金の分配可能額を確定するために、最初に剰余金の額を計算し（446条[*1]）、そこから原則として自己株式の帳簿価額を減じることにより分配可能額を算出するという方法を定めます（461条2項[*2]）。

■剰余金の額

剰余金の分配可能額を算出するためには、最初に剰余金の額を算出しなければなりません。しかしながら、会社法の条文に沿ってこれを正確に解説しますと、大変に複雑で膨大な内容を述べることになり本書の趣旨に反します。そこで、ここでは貸借対照表から簡単に剰余金の分配可能額を算出する方法を解説します。

ある年の3月31日現在で作成された貸借対照表を基にして、その後、株主への配当（正確には、「剰余金の分配」といいます）を決定する日（通常は、株主総会の日）までの間、自己株式の処分や自己株式の償却、新株の発行、資本金の額の減少等、組織再編行為等が行われないとする前提を立てることにします。このようにして考えますと、解説が大変に簡明になります。

以下では、右の前提の下で、通常の事業年度について作成された貸借対照表に基づく剰余金の額および分配可能額の算出方法を述べます。

まず、剰余金の額は、

> 剰余金の額（446条、会社計算規則149条[*3]）
> ＝　その他資本剰余金の額　＋　その他利益剰余金の額

となります。

■自己株式の帳簿価額を減じる

先の前提の下で、剰余金の額が算出されますと、次に、以下のようにして分配可能額を算出

＊1　会社法446条

「株式会社の剰余金の額は、第1号から第4号までに掲げる額の合計額から第5号から第7号までに掲げる額の合計額を減じて得た額とする。

一　最終事業年度の末日におけるイ及びロに掲げる額の合計額からハからホまでに掲げる額の合計額を減じて得た額

イ　資産の額

ロ　自己株式の帳簿価額の合計額

ハ　負債の額

ニ　資本金及び準備金の額の合計額

ホ　ハ及びニに掲げるもののほか、法務省令で定める各勘定科目に計上した額の合計額

二　最終事業年度の末日後に自己株式の処分をした場合における当該自己株式の対価の額から当該自己株式の帳簿価額を控除して得た額

三　最終事業年度の末日後に資本金の額の減少をした場合における当該減少額（次条第1項第2号の額を除く。）

四　最終事業年度の末日後に準備金の額の減少をした場合における当該減少額（第448条第1項第2号の額を除く。）

五　最終事業年度の末日後に第178条第1項の規定により自己株式の消却をした場合における当該自己株式の帳簿価額

六　最終事業年度の末日後に剰余金の配当をした場合における次に掲げる額の合計額

イ　第454条第1項第1号の配当財産の帳簿価額の総額（同条第4項第1号に規定する金銭分配請求権を行使した株主に割り当てた当該配当財産の帳簿価額を除く。）

ロ　第454条第4項第1号に規定する金銭分配請求権を行使した株主に交付した金銭の額の合計額

ハ　第456条に規定する基準未満株式の株主に支払った金銭の額の合計額

七　前2号に掲げるもののほか、法務省令で定める各勘定科目に計上した額の合計額」

することができます。
すなわち、分配可能額は、

分配可能額（461条2項）
＝　剰余金の額　－　自己株式の帳簿価額

となります。

基本的には、このようにして算出された剰余金の分配可能額が、会社が総株主に対して配当することのできる最高限度額となります。ただし、剰余金の配当は、それを行った後に、貸借対照表上の純資産額が300万円を下回る場合にはできません（458条）。

■違法配当・蛸配当

会社が株主に剰余金の配当として金銭等を交付するとき、交付した配当総額が剰余金の分配可能額を超えてしまうと違法になります。このとき、金銭等の交付行為は無効となります。このことを「違法配当」と呼びます。かつては、「蛸配当《たこはいとう》」＊4とも呼ばれました。違法配当については、3つの法律効果を考えなければなりません。

＊2　461条2項

「前項に規定する「分配可能額」とは、第1号及び第2号に掲げる額の合計額から第3号から第6号までに掲げる額の合計額を減じて得た額をいう（以下この節において同じ。）。

一　剰余金の額

二　臨時計算書類につき第441条第4項の承認（同項ただし書に規定する場合にあっては、同条第3項の承認）を受けた場合における次に掲げる額

イ　第441条第1項第2号の期間の利益の額として法務省令で定める各勘定科目に計上した額の合計額

ロ　第441条第1項第2号の期間内に自己株式を処分した場合における当該自己株式の対価の額

三　自己株式の帳簿価額

四　最終事業年度の末日後に自己株式を処分した場合における当該自己株式の対価の額

五　第2号に規定する場合における第441条第1項第2号の期間の損失の額として法務省令で定める各勘定科目に計上した額の合計額

六　前3号に掲げるもののほか、法務省令で定める各勘定科目に計上した額の合計額」

＊3　会社計算規則149条

「法第446条第1号ホに規定する法務省令で定める各勘定科目に計上した額の合計額は、第1号に掲げる額から第2号から第4号までに掲げる額の合計額を減じて得た額とする。

一　法第446条第1号イ及びロに掲げる額の合計額

二　法第446条第1号ハ及びニに掲げる額の合計額

三　その他資本剰余金の額

四　その他利益剰余金の額」

＊4　違法配当は、多くの場合、損益計算書において利益が算出されず、貸借対照表の累積された利益額も乏しくなった企業が、世間および金融機関に対し会社の業績をよく見せるために行ったものでした。昔は、海中の蛸は、空腹になると自らの脚を食べるなどといわれていたため、配当を交付できない会社が、身を削って（＝資本を食いつぶして）配当を行う様子を蛸になぞらえた表現です。

◎剰余金の分配可能額の求め方

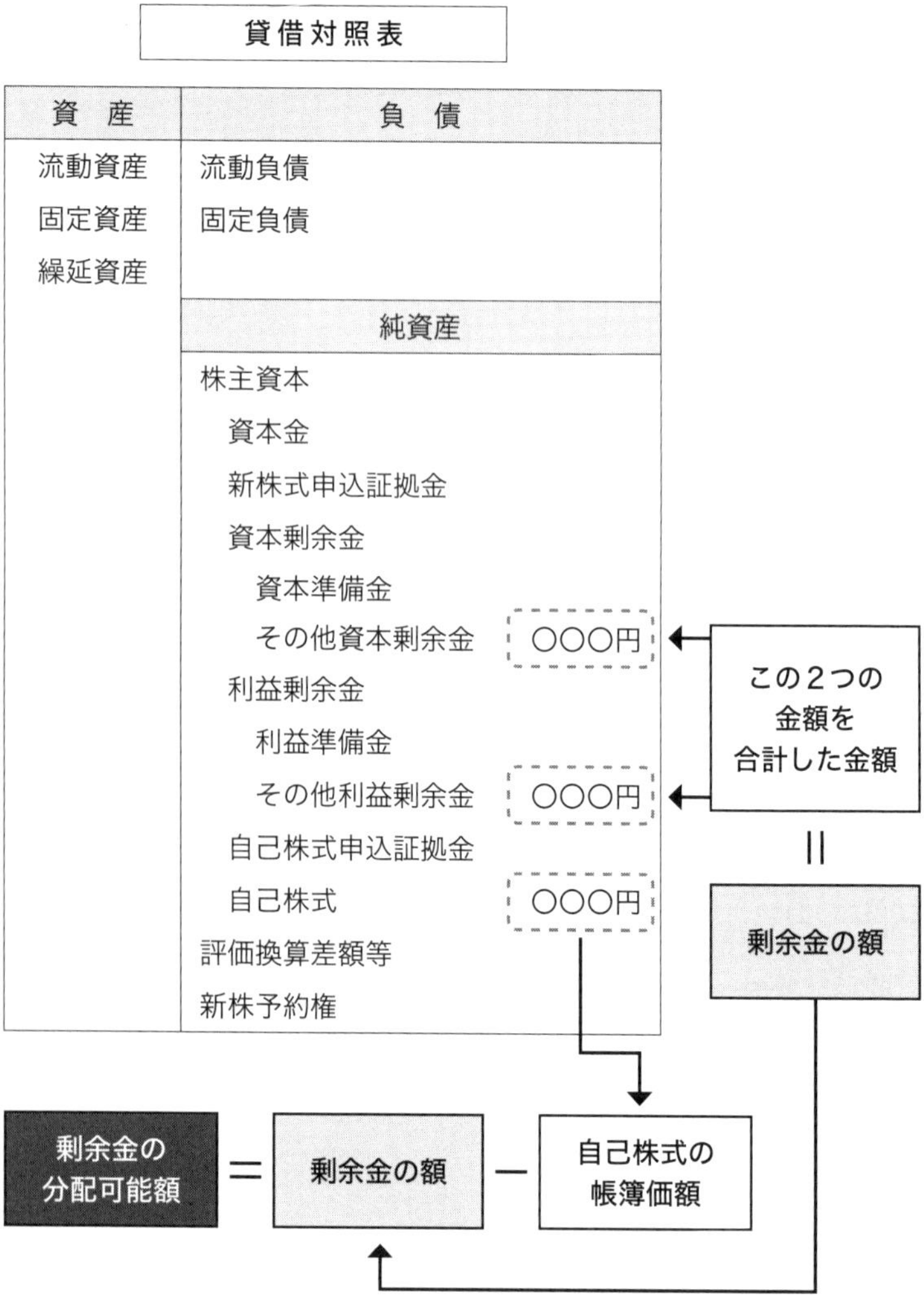

出典：柴田和史『日経文庫 ビジュアル 図でわかる会社法（第２版）』173頁（日本経済新聞出版、2021年）より

（1）違法配当についての取締役等の責任

第一が、取締役等の責任です。会社が、株主へ剰余金の配当（454条）を行うとき（461条1項8号）、株主に対し交付する金銭等の総額が、当該行為の効力発生日における分配可能額（461条2項）を超過することは許されません（461条1項柱書）[*5]。仮に、超過した場合、当該行為は無効と解されます。

超過した場合には、①当該行為に関する職務を行った業務執行者[*6]、および、②剰余金の配当を決定したのが株主総会の場合には当該株主総会に係る株主総会議案提案取締役（決定をしたのが取締役会の場合には当該取締役会に係る取締役会議案提案取締役）は、会社が交付した金

＊5　461条1項は、会社が何らかの行為を行うことにより株主に対し金銭等を交付する場合について、その金銭等の総額が、当該行為の効力発生日における分配可能額を超過することが許されない場合として、株主への配当のほかに、①譲渡制限株式の株主または株式取得者からの譲渡等承認請求手続きにおける株式の買取請求に応じての自己株式の買取り（138条1号ハ・2号ハ）、②子会社の有する当該会社の株式の取得（163条）および市場において行う取引または金融商品取引法27条の2第6項に規定する公開買付けによる当該会社の株式の取得（165条）、③会社が株主との合意による自己株式の有償での取得（157条1項）、④全部取得条項付種類株式の全部を会社が取得する旨の株主総会決議による自己株式の取得（173条1項）、⑤一般承継により譲渡制限株式を取得した者に対する売渡請求による自己株式の取得（176条1項）、⑥所在不明株主の株式の売却時における自己株式の買取り（197条3項）、⑦一株未満の端数を処理する際における会社自身による買取り（234条4項）、を挙げています。

銭等の帳簿価額に相当する金銭の全額を会社に支払う義務を連帯して負います（462条1項柱書・1項6号、会社計規159条）。

この場合に支払うべき額は、分配可能額を超過した金額ではなく、交付した金銭等の帳簿価額に相当する金額の全額となります。[*7]

（2）違法配当についての株主の責任

第二が、違法配当を受け取った株主の責任です。会社が配当として交付した金銭等が、剰余金の分配可能額を超過するときは、会社は株主に交付した金銭等の返還を請求できます（462条1項柱書）。[*8] しかし、多くの場合、会社が全株主から違法に配当した金銭等を回収することは困難ですから、会社法は、前述したように違法配当の責任を負う取締役等に、交付した金銭等の帳簿価額に相当する金銭の全額の支払義務を課しています。本来であれば、全額の支払義務を果たした取締役は、不当に利得を保有しているすべての株主に対して求償できる[*9]はずですが、自ら違法行為（＝違法配当）を行った取締役が善意[*10]の株主に対し求償できるとすることは不当と考えられるため、善意の株主は、違法配当の支払責任を果たした取締役等からの求償の請求に応じる義務を負いません（463条1項）。交付された金銭等の帳簿価額の総額が分配可能額を超えることにつき悪意[*11]の株主は、不当利得の原則に戻り、違法配当の支払責任を果たした取締役等からの求償に応じなければなりません。

（3）違法配当についての会社債権者の権利

第三が、会社の債権者の権利です。会社の債権者は、違法配当を受けて会社に返還していな

＊6　「当該行為に関する職務を行った業務執行者」とは、①業務執行取締役（指名委員会等設置会社においては執行役）、および、②その他当該業務執行取締役の行う業務の執行に職務上関与したものとして法務省令で定める者です（462条1項、会社計規159条）。
上記②の法務省令で定める者とは、①配当による金銭等の交付に関する職務を行った取締役・執行役、②配当の決定に係る株主総会において、剰余金の配当に関する事項について説明をした取締役・執行役、③配当の決定に係る取締役会において、剰余金の配当に賛成した取締役、および、④監査役または会計監査人に対して分配可能額の計算に関する報告をした取締役・執行役です（会社計規159条8号）。

＊7　なお、本文に挙げた責任を負う取締役等は、職務を行うにつき注意を怠らなかったことを証明すれば支払責任を免れます（過失責任。462条2項）。過失があって責任のあることが認められた者の支払責任を免除するためには、総株主の同意が必要です。もっとも、全額を免除することはできず、当該行為を行った時点における分配可能額を限度として、支払責任を免除することができます（462条3項）。

＊8　なお、違法配当の責任を負う取締役等、および、配当を受け取った全株主（ただし、個々の株主は当該株主が受け取った金額を限度とする）は、会社に対し連帯して責任を負います（462条1項柱書）。

＊9　民法の不当利得の規定（民法703条、民法704条）が根拠になります。

＊10　ここで言う「善意」とは、交付された金銭等の帳簿価額の総額が分配可能額を超えることを知らないことです。

＊11　ここで言う「悪意」とは、交付された金銭等の帳簿価額の総額が分配可能額を超えることを知っていることです。

い株主に対し、その交付を受けた金銭等の帳簿価額（帳簿価額が当該債権者の株式会社に対して有する債権額を超える場合にあっては、当該債権額）に相当する金銭の支払いを請求することができます（463条2項）。[*12]

＊12　このとき、債務者である当該株式会社の無資力を要件とするか否かで学説は分かれています。会社が無資力であることを要件としない立場（前田庸『会社法入門〔第13版〕』673頁〈有斐閣、2018年〉）と、会社の無資力を要件とする立場（江頭憲治郎『株式会社法〔第8版〕』713頁〈有斐閣、2021年〉）があります。

CORPORATION LAW

第9章

組織再編とM&A

CORPORATION LAW 1

業務提携と資本提携

会社は、事業を拡大発展させるなかで、多かれ少なかれ他の会社との協力関係を築いていきます。会社間の関係が非常に密になれば、会社法の規定する組織再編を利用し、合併によって1つの会社となったり、株式交換によって完全親子会社関係を形成することができます。

しかし、通常は、組織再編に至る前に、会社は、他の会社と徐々に関係を深めていきます。ここでは、会社間の関係性を深める方法である「業務提携」「資本提携」から説明しましょう。

■業務提携とは

世間では、しばしば業務提携という言葉を耳にしますが、会社法に、業務提携を定義する規定はありません。

業務提携は、多くの場合、A会社とB会社との間で取り決められる生産物の販売ルートを共通にする契約、特定の製造物を共同で製造する契約、A会社の製造物の一部分にB会社の製造物を用いる契約、B会社の特許や著作権の使用許諾を得てA会社が商品を製造する契約、A会社とB会社が共同して新規の事業を展開するためにA会社とB会社とで共同子会社を設立する契約等、さまざまな形態があります。

多くの業務提携は、非典型契約[*1]ないしはいくつかの典型契約の複合形態になり、これらに契約自由の原則に基づくさまざまな取決めが付加されます。このため、「A会社とB会社が業務提携を行う」という場合、その内容や効果は千差万別ですから、これだけの情報では、法律的にどのような内容であってどのような効果がもたらされるかを解説することはできません。せいぜい、A会社とB会社との関係は友好的な関係であるといえるぐらいです。

■ジョイント・ベンチャー

右に業務提携の例として挙げた共同子会社は、ジョイント・ベンチャーなどとも呼ばれます。A会社とB会社が共同でC会社を設立し、それぞれがC会社の株主になるという形態です。一応、会社法のエリアのものですが、設立にあたり、定款に複雑な定めを規定するところに特殊

＊1　非典型契約（ひてんけいけいやく）とは、法律（民法や商法等）にその名称・内容が規定されていない契約のことです。ちなみに、民法は、典型契約として、贈与、売買、交換、消費貸借、使用貸借、賃貸借、雇用、請負、委任、寄託、組合、終身定期金、および、和解の13種類の契約類型を規定しています（民法５４９条～６９６条）。また、商法は、匿名組合、仲立、問屋、運送取扱、運送、および、商事寄託、倉庫を規定しています。

性が認められます。基本的に、A会社およびB会社は、C会社の株主であると理解することになりますので、会社法の一般的な原理原則が基礎になります。もちろん、定款自治の限界が問題になる場合もあります。

■事業の賃貸借

このほかの業務提携として、会社法は、事業賃貸借契約および経営委任契約について規定を設けています。

まず、「事業の全部の賃貸」というものがあります（467条1項4号）。これは、事業を有する者が、その事業を他人に賃貸借するものです。[*2] 事業の賃貸借においては、原則として、事業の賃借人が賃貸人に対し毎月または毎年一定額の賃料を支払い、その見返りとして事業の使用権を得、賃借人がその事業を運営してその事業が生み出す利益の全部を自らのものにする形態をいいます。貨物船などで利用される「船舶賃貸借」や「傭船契約」がこれに当たります。身近なところでは、最近、高齢になった経営者が、旅館やレストランを従業員付きで第三者と事業賃貸借契約を締結するような事例が増えてきています。

■事業経営の委任

次に、「事業の全部の経営の委任」というものがあります（467条1項4号）。これは、事業を有する者が、事業の経営を受任者に委託し、委任者は受任者に対して報酬を支払い、受任者はその事業の管理運用権を得て事業を運営するものです。原則として、事業が生み出す利益は委任者に帰属する形態をいいます。このとき、受任者の報酬としては、定額制の場合も歩合制の場合もあります。飲食店などの経営においてよく見かける形態です。そのほか、経営が傾いたときに、会社再建の手腕のある人に会社の経営を委任するといった形態があります。

■株主総会の特別決議が必要

「事業の全部の賃貸」、「事業の全部の経営の委任」、および、「その他これらに準ずる契約の締結、変更または解約」を行う場合、会社法は、当事者が定めた効力発生日の前日までに、株主総会の特別決議による承認が必要と定めています（467条1項4号、309条2項11号）。また、「事業全部の賃貸借契約」、「事業全部の経営の委任契約」、および、「その他これらに準ずる契約の締結、変更または解約」に反対する少数派の株主の保護のために、株式買取請求の制度[*3]が設けられています（469条）。

*2　東京高判平成13年10月1日判時1772号139頁〔ゴルフ場営業の賃貸借が認められた事件〕、東京高判平成14年9月26日判時1807号149頁〔ゴルフ場営業の包括的な賃貸借が認められた事件〕。

*3　株式買取請求権については、377～380頁を参照してください。

■資本提携とは

資本提携とは、ある会社が、別の会社の株式をある程度多量に保有することをいいます。会社法に、「資本提携」を定義する規定はありません。

トヨタ自動車、日本製鉄、三菱商事といった上場会社の株式は、数万株から数十万株程度であれば、お金さえ出せばいつでも買うことができます。このようなことは一般の人たちができることですから、ある会社が他の上場会社の株式をその程度の規模で買うことを資本提携とはいいません。

双方の会社が了解したうえで、ある会社の発行済株式総数の10％以上とか20％以上とかを他の会社が取得するとき、資本提携が行われたということになります。そして、重要なことは、多くの場合、資本提携が行われると、同時に、株式を取得した会社（A会社）が、株式を取得された会社（B会社）に対して、取締役を送り込むことになります。法律で決められたルールではなく、双方の会社の合意によることになるのですが、発行済株式総数の10％程度を取得すると、少なくとも取締役が1人送り込まれることが多いと思われます。発行済株式総数の30％程度を取得すると、おそらく、取締役全員のうちの3分の1程度を送り込むことになると思われます。B会社の取締役会に、A会社から送り込まれた取締役が1人でもいれば、B会社の経営に関する秘密事項のすべてがA会社に筒抜けになりますから、B会社がA会社を信頼していることを、B会社がA会社に対し証明していることになります。

■資本提携のテクニック

会社法的にどのようなテクニックを用いると資本提携が実現できるかということですが、次のように、いろいろな方法が考えられます。第一に、B会社がA会社のみに割り当てるかたちで大量の新株発行を行うという第三者割当増資による方法が考えられます。現実に行われる多くの事例はこの方法によります。第二に、B会社の株主の中の大株主または大量に株式を保有する一族から、A会社が株式譲渡を受ける方法が考えられます。第三に、B会社がA会社のみに割り当てる形で大量の新株予約権または新株予約権付社債の発行を行う方法が考えられます。第四に、理論的には第三者割当増資と同じことになりますが、B会社が大量に自己株式を保有している場合に、A会社に対しその自己株式の処分を行う方法、第五に、少し変則的な方法ですが、すでにB会社の株式を大量に保有しているC会社を、A会社が吸収合併する方法、第六に、B会社の了解を得たうえで、A会社が、B会社の全株主に対して株式公開買付けを行う方法等が考えられます。このように法律上のテクニックはさまざまなものがあり、この他にもまだまだ考えられます。

■資本提携を行う理由

資本提携を行う理由はさまざまです。たとえば、経営資金に困窮するB会社が、資金調達を目的としてA会社に資金援助を懇願するときなどに、A会社が、通常の金銭消費貸借契約ではなく、資本金を増加しようと言いだして、多額の金銭を出資しその見返りとしてB会社の新株を取得することが考えられます。また、大規模な業務提携を行う際に、A会社とB会社の信頼関係を強化する目的で資本提携が行われます。このほか、大企業にとって優良な下請会社や重要な系列会社を、他の会社に取り込まれないように確保する目的で、大企業のほうから、新規の設備投資などを勧め、そのための資金援助として第三者割当増資の方法を提案することなども行われます。

■資本提携の次の段階

A会社とB会社とが資本提携を行うと、多くの場合、株式を取得するA会社はB会社に取締役を送り込むことになり、次の段階として、A会社がB会社を吸収合併するとか、A会社がB会社を株式交換によって完全子会社にするとかということが予想されます。

CORPORATION LAW 2

組織再編

■組織再編とは

会社法が組織再編として規定する形態には、組織変更[*1]、合併（吸収合併・新設合併）、会社分割（吸収分割・新設分割）、株式交換・株式移転、株式交付があります。

組織再編は、株式会社が単独で行うことができる組織変更、新設分割、株式移転、株式交付、および、株式会社が別の会社と契約を締結して実行する吸収合併、新設合併、吸収分割、株式交換があります。組織再編は、会社の基礎的な構造を変更することになりますので、原則とし

＊1　組織変更とは、株式会社が組織構造を変更して持分会社（これは、合名会社、合資会社、合同会社を意味します）になること、または、持分会社が組織構造を変更して株式会社になることをいいます。株式会社が持分会社に組織変更する場合には、株主総会での特別決議による承認では足らず、株主全員の同意が必要になります（776条1項）。また、持分会社が株式会社に組織変更する場合には、人的な結合関係が強力な持分会社の性格から、社員全員の同意が必要になります（781条1項）。紙幅の関係から、本書は組織変更について言及していません。

組織再編の種類		当事会社等の名称	特　徴
株式交換・株式移転	株式交換	株式交換完全子会社 株式交換完全親会社	・既存の会社間で、完全親子会社関係が創設される。 ・既存の会社の１社が完全親会社、他の会社が完全子会社となる。 ・消滅する会社はない。 ・株式交換対価は金銭その他の財産であり、完全親会社となる会社の株式に限定されない。
	株式移転	株式移転完全子会社 株式移転設立完全親会社	・既存の会社と新たに設立される会社との間で、完全親子会社関係が創設される。 ・新会社が完全親会社、既存の会社が完全子会社となる。 ・消滅する会社はない。 ・新会社が設立される。 ・株式移転対価には、必ず、新会社の株式が含まれる。
株式交付	株式交付	株式交付子会社 株式交付親会社	・既存の会社間で、親子会社関係が創設される。 ・既存の会社の１社が親会社、他の会社が子会社となる。 ・消滅する会社はない。 ・交付対価には、株式交付親会社の株式が含まれる。

◎組織再編における当事会社等の一覧

組織再編の種類		当事会社等の名称	特徴
合併	吸収合併	吸収合併消滅会社 吸収合併存続会社	・既存の複数の会社が1つの会社になる。 ・当事会社の1社が存続し、他の当事会社を吸収する。 ・存続会社を残して、他の当事会社はすべて消滅する。 ・包括承継が生じる。 ・合併対価は金銭その他の財産であり、存続する会社の株式に限定されない。
	新設合併	新設合併消滅会社 新設合併設立会社	・既存の複数の会社が1つの会社になる。 ・当事会社のすべてが消滅し、新たに設立された新会社となる。 ・包括承継が生じる。 ・合併対価には、必ず、新会社の株式が含まれる。
会社分割	吸収分割	吸収分割会社 吸収分割承継会社	・既存の会社が、事業に関して有する権利義務の全部または一部を他の既存の会社に承継させる。 ・消滅する会社はない。 ・いわゆる会社分割対価は金銭その他の財産であり、承継する会社の株式に限定されない。
	新設分割	新設分割会社 新設分割設立会社	・既存の会社が、事業に関して有する権利義務の全部または一部を新たに設立される会社に承継させる。 ・消滅する会社はない。 ・新会社が設立される。 ・いわゆる会社分割対価には、必ず、新会社の株式が含まれる。 ・既存の会社が単独で新設分割を行った場合、当該会社が完全親会社となり、新会社が完全子会社となる。

	新株予約権者保護手続き	債権者保護手続	効力の発生	事後の情報開示	登記
	消滅会社 （787条）	消滅会社 （789条） 存続会社 （799条）	合併契約に定められた効力発生日 （750条、749条1項6号）	存続会社 （801条1項・3項1号）	吸収合併の登記 （921条）
	消滅会社 （808条）	消滅会社 （810条）	設立会社の設立の登記の日 （754条）	設立会社 （815条1項・3項1号）	新設合併の登記 （922条）
	分割会社 （787条）	分割会社 （789条） 承継会社 （799条）	分割契約に定められた効力発生日 （759条、758条7号）	分割会社 （791条） 承継会社 （801条2項・3項2号）	吸収分割の登記 （923条）
	分割会社 （808条）	分割会社 （810条）	設立会社の設立の登記の日 （764条）	分割会社 （811条） 設立会社 （815条2項・3項2号）	新設分割の登記 （924条）
	株式交換完全子会社 （787条）	原則としてなし。 〈例外〉 株式交換完全子会社 （789条） 株式交換完全親会社 （799条）	株式交換契約に定められた効力発生日 （769条、768条1項6号）	株式交換完全子会社 （791条） 株式交換完全親会社 （801条3項3号）	株式交換完全親会社においては、通常、変更の登記が必要 （915条1項）
	株式移転完全子会社 （808条）	原則としてなし。 〈例外〉 株式移転完全子会社 （810条）	株式移転設立完全親会社の設立の登記の日 （774条）	株式移転完全子会社 （811条） 株式移転設立完全親会社 （815条3項3号）	株式移転の登記 （925条）
	なし	株式交付親会社 （816 条の 8）	株式交付計画に定められた効力発生日 （774 条の 11）	株式交付親会社 （816 条の 10）	株式交付親会社においては、通常、変更の登記が必要 （915 条 1 項）

◎組織再編の手続きに関する表

種類		契約締結・計画作成	事前の情報開示	株主総会の特別決議	株式買取請求手続き
合併	吸収合併	吸収合併契約の作成(749条) 各当事会社の取締役会・取締役の決定(362条4項、348条) 各当事会社の代表取締役による吸収合併契約の締結(748条後段)	消滅会社(782条) 存続会社(794条)	消滅会社(783条1項、309条2項12号) 存続会社(795条1項、309条2項12号)	消滅会社(785条) 存続会社(797条)
	新設合併	新設合併契約の作成(753条) 各当事会社の取締役会・取締役の決定(362条4項、348条) 各当事会社の代表取締役による新設合併契約の締結(748条後段)	消滅会社(803条)	消滅会社(804条1項、309条2項12号)	消滅会社(806条)
会社分割	吸収分割	吸収分割契約の作成(758条) 各当事会社の取締役会・取締役の決定(362条4項、348条) 各当事会社の代表取締役による吸収分割契約の締結(757条後段)	分割会社(782条) 承継会社(794条)	分割会社(783条1項、309条2項12号) 承継会社(795条1項、309条2項12号)	分割会社(785条) 承継会社(797条)
	新設分割	新設分割計画の作成(762条1項後段、763条) 分割会社の取締役会・取締役の決定(362条4項、348条)	分割会社(803条)	分割会社(804条1項、309条2項12号)	分割会社(806条)
株式交換・株式移転	株式交換	株式交換契約の作成(768条) 各当事会社の取締役会・取締役の決定(362条4項、348条) 各当事会社の代表取締役による吸収合併契約の締結(767条後段)	株式交換完全子会社(782条) 株式交換完全親会社(794条)	株式交換完全子会社(783条1項、309条2項12号) 株式交換完全親会社(795条1項、309条2項12号)	株式交換完全子会社(785条) 株式交換完全親会社(797条)
	株式移転	株式移転計画の作成(772条1項後段、773条) 株式移転完全子会社の取締役会・取締役の決定(362条4項、348条)	株式移転完全子会社(803条)	株式移転完全子会社(804条1項、309条2項12号)	株式移転完全子会社(806条)
株式交付	株式交付	株式交付計画の作成(774条の2後段) 株式交付親会社の取締役会・取締役の決定(362条4項、348条)	株式交付親会社(816条の2)	株式交付親会社(816条の3第1項、309条2項12号)	株式交付親会社(816条の6)

て、株主総会で特別決議による承認が必要となります。

このほかに、場合によっては類似の結果をもたらすものとして事業譲渡[*2]がありますが、これは組織再編に含まれません。組織再編が行われる場合には、株主、新株予約権者、および、会社債権者に対して多大な影響が生じることが考えられるため、会社法は、株主の保護手続き、新株予約権者の保護手続き、会社債権者の保護手続きを厳格に規定しています。組織再編については、会社法が第5編（743条~816条の10）として複雑な規定を設けています。

以下では、組織再編でもっとも重要と考えられる合併の説明を中心として、合併、会社分割、株式交換・株式移転、株式交付を説明します。

＊2　事業譲渡については、385頁を参照してください。

CORPORATION LAW 3

組織再編①吸収合併

■合併とは

合併は、ある会社と別の会社が1つの会社になることです。法律的に述べると、ある会社の法人格と別の会社の法人格とが1つの法人格になることです。

合併には、吸収合併と新設合併があります。**吸収合併**は、合併後に存続する会社（これを「存続会社」といいます）と合併後に消滅する会社（これを「消滅会社」といいます）とが行う合併です（2条27号）。存続会社は必ず1社ですが、消滅会社は2社以上でもかまいません。**新設合併**は、合併を行うすべての会社が合併により消滅する合併です（2条28号）。この合併により新しい会社が1社（これを「設立会社」といいます）だけ成立します（消滅会社は2社以上でもかまいません）。実際には、新設合併はほとんど利用されていません。[*1]

株式会社と株式会社、合名会社と合名会社といった同種の会社どうしの合併のほか、株式会社と合名会社の合併や株式会社と合同会社の合併、合名会社と合資会社の合併なども認められます（748条）。
以下では、重要性を考慮して、株式会社どうしの吸収合併について説明します。

■吸収合併の手続き

取締役会設置会社であれば取締役会の決議により、取締役会非設置会社であれば取締役の決定により、存続会社と消滅会社は合併契約を作成し、株主総会の承認決議を停止条件とする合併契約を締結しなければなりません（748条後段）。合併契約は、通常は書面で作成されます。

各合併当事会社[*2]は、合併契約の内容や法務省令で定められている事項を記載した書面を作成し、会社法の定める日（＝吸収合併契約等備置開始日）[*3]から合併の効力発生日後6か月[*4]を経過する日まで（消滅会社は会社の消滅する日まで）、この書面を本店に備え置き、株主および債権者の閲覧に供し、株主および債権者からの謄本・抄本交付請求に応じなければなりません（782条1項・3項、794条1項・3項、会社施規182条、会社施規191条）。このような書面の備置は会社債権者および株主への情報提供を目的としたものです。その後、各合併当事会社の株主総会において特別決議によって合併契約が承認され、初めて合併契約が成立します（783条1項、795条1項、309条2項12号）[*5]。なお、合併に反対する少数株主のために株式買取請求の制度（785条、786条、797条、798条）[*6]、合併契約の内容に不満のある消滅会社の新株予約権者のために、新株予約権買取請求の制度（787条、788条）があります。さらに、各合併当事会社はそれぞれの債権者を保護するための手続きを進め

＊1　会社は、さまざまな事業活動を行うにあたり、監督官庁から多くの許可・認可・特許を受けています（たとえば、酒類の販売業免許〔酒税法9条1項〕、飲食店営業許可〔食品衛生法52条1項〕など多数あります）。新設合併の場合、合併当事会社であるすべての会社が消滅会社になりますから、各合併当事会社が得ていたさまざまな許可・認可・特許を全部失うことがあり、設立会社は改めてそれらすべての取り直しをしなければなりません。これに対し吸収合併の場合には、消滅会社が得ていた許可・認可・特許は失いますが、存続会社が得ていたものは取り直す必要はありません。したがって、新設合併のほうが、許可・認可・特許を取り直す手間が多くかかることになります。

＊2　民法では、契約関係の両端にいる者を「当事者」といいます。合併契約などでは、合併契約の両端にいる者は会社なので「当事会社」といいます。

＊3　吸収合併契約等備置開始日とは、以下の日のうち、いずれかもっとも早く到来する日です。
①吸収合併契約について株主総会の決議による承認が必要な場合には、当該株主総会の日の2週間前の日（782条2項1号、794条2項1号）。
②株式買取請求手続による通知（785条3項、797条3項）・公告（785条4項、797条4項）を受けるべき株主があるときは、右の通知の日または公告の日のいずれか早い日（782条2項2号、794条2項2号）。
③消滅会社において新株予約権買取手続による通知・公告（787条3項・4項）を受けるべき新株予約権者があるときは、右の通知の日または公告の日のいずれか早い日（782条2項3号）。
④債権者保護手続（789条、799条）をしなければならないときは、所定の公告の日または催告の日のいずれか早い日（782条2項4号、794条2項3号）。

＊4　吸収合併の「効力発生日」は、吸収合併契約に定めた日です（749条1項6号）。

◎吸収合併の説明図

存続会社が、消滅会社の株主に合併対価として存続会社の株式を交付する場合の吸収合併

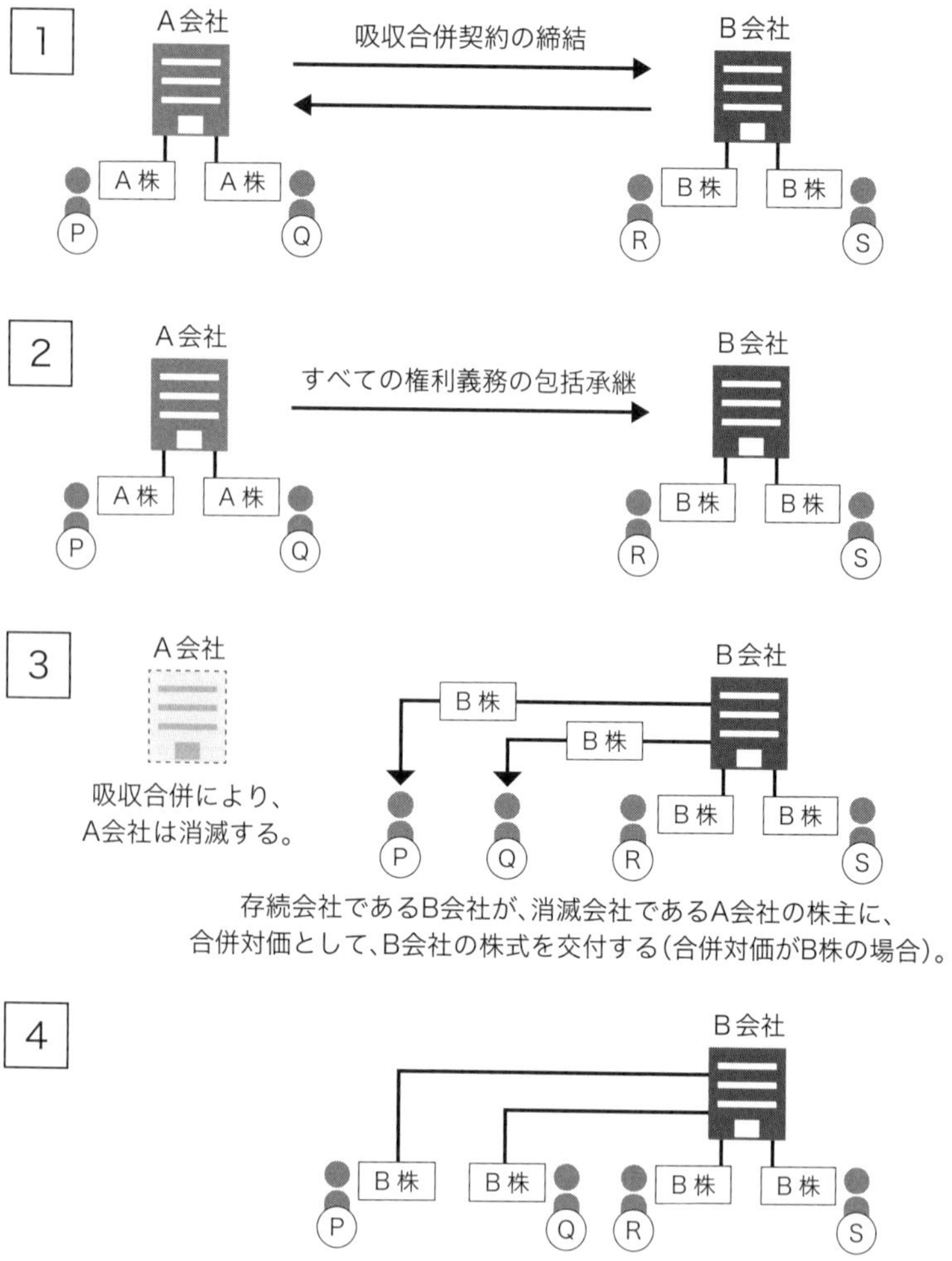

なければなりません（789条、799条）。[*7] 株主保護の制度と債権者保護の制度を実効あらしめるための担保手段として、吸収合併無効の訴えの制度があります（828条1項7号）。

債権者保護手続の終了後における合併契約所定の合併の効力発生日に、合併の効果が発生します（750条1項・6項）。消滅会社の財産は、すべて残すことなく、効力発生日に存続会社に承継されます。以上により当事会社の合体が完了します。

存続会社は、吸収合併の効力が生じた日から2週間以内に、存続会社について吸収合併を理由とする変更の登記、消滅会社について吸収合併を理由とする解散の登記をしなければなりま

＊5　一般の契約（たとえば売買契約）の場合、取締役会の決議に基づいて契約当事会社の代表取締役どうしが売買契約を締結すれば、契約が法的に有効に締結されます。しかし、合併の場合、存続会社においても消滅会社においても、合併を行うか否かを最終的に決定するのは株主ですから、株主総会の特別決議による承認以前に合併契約が有効に締結されたと解することはできません。また、どちらかの会社の株主総会で合併契約が否決されれば、合併契約は締結されないことになります。このとき、仮に、合併契約がすでに有効に締結されていたと解すると、株主総会で合併契約の承認を可決した会社は、否決した会社に対し債務不履行に基づく損害賠償を請求できることになりますが、それはおかしな話です。ですから、存続会社および消滅会社の双方の株主総会において合併契約の承認の決議が成立した時点で、初めて合併契約が法的に有効に締結されたと理解されることになります。

＊6　株式買取請求については、377～380頁を参照してください。

＊7　債権者保護手続については、381～384頁を参照してください。

せん（921条）。さらに、存続会社は、吸収合併の効力発生後遅滞なく、存続会社が承継した消滅会社の権利義務その他の吸収合併に関する事項として法務省令で定める事項を記載した書面（または電磁的記録）を作成し、吸収合併の効力発生後6か月間本店に備え置かなければなりません（801条1項・3項1号、会社施規200条）。

■吸収合併の効果

債権者保護手続が終了していれば、合併契約所定の「効力発生日」に、以下のような吸収合併の効果が生じます（750条）。第一に、合併当事会社のうち消滅会社が解散します（471条4号）。第二に、消滅会社は清算手続を経ずに消滅します（475条1号括弧書）。第三に、消滅会社のすべての権利義務（権利・義務・物権・債権・債務・労働契約・知的財産権など）が包括的に存続会社に承継されます（これを「包括承継」[*8]といいます。750条1項）[*9]。第四に、消滅会社の株主は、消滅会社の株式を失う代わりに存続会社から合併対価の交付を受けます（750条3項）。合併対価の全部もしくは一部が存続会社の株式であるときは、消滅会社の株主は存続会社の株主となります（750条3項1号）。第五に、消滅会社が発行していたすべての新株予約権が消滅します（750条4項）。

吸収合併契約の内容または吸収合併の手続きに、吸収合併を無効とするような重大な瑕疵があった場合、吸収合併の効力発生日から6か月以内に、各合併当事会社の株主、取締役、監査役、執行役、清算人、破産管財人、および、合併を承認しなかった債権者は吸収合併無効の訴えを提起することができます（828条1項7号・2項7号）。

＊8　もっとも身近な例として、包括承継は相続の場合に生じます。父親1人（母親はすでに死去しているとします）、子供1人の場合に、父親が遺言を残さずに死亡したとします。このとき、相続により、原則として、父親が有していたすべての権利・義務が子供に承継されます（義務のみを除外するような一部の除外は許されません）。吸収合併の場合、これとまったく同じことが生じます。すなわち、消滅会社が有していたすべての権利・義務が、一部の除外も許されずに、存続会社に承継されます。

＊9　消滅会社とその従業員が締結していた労働契約は、原則として、当該従業員の意思を確認せずに、存続会社が承継します。ただし、新しい会社（＝存続会社）との労働契約を望まない従業員を保護するために、そのような従業員は存続会社との労働契約を解約できると考えられています。

CORPORATION LAW 4

組織再編②
新設合併

■新設合併とは

新設合併とは、合併を行うすべての会社が合併により消滅し（2条28号）、同時に、新しい会社が1社（これを「設立会社」といいます）だけ成立するものです（消滅会社は2社以上でもかまいません）。

■新設合併の手続き

取締役会設置会社であれば取締役会の決議により、取締役会非設置会社であれば取締役の決定により、合併当事会社（合併当事会社はすべて消滅会社となります）は新設合併契約を作成し締結しなければなりません（748条後段）。新設合併契約は、通常は書面で作成されます。

各合併当事会社は、合併契約の内容や法務省令で定められている事項を記載した書面を作成し、会社法の定める日（＝新設合併契約等備置開始日）[*1]から各合併当事会社の消滅する日（＝

新設合併の効力の発生する日、すなわち、設立会社の設立登記の日）まで、この書面を本店に備え置き、株主および債権者の閲覧に供し、株主および債権者からの謄本・抄本交付請求に応じなければなりません（803条1項1号・3項、会社施規204条）。このような書面の備置きは会社債権者および株主への情報提供を目的としたものです。その後、各合併当事会社の株主総会において特別決議によって合併契約が承認され、はじめて合併契約が成立します（804条1項、309条2項12号）。なお、合併に反対する少数株主のために株式買取請求の制度（806条、807条）[*2]、合併契約の内容に不満のある消滅会社の新株予約権者のために、

＊1　新設合併契約等備置開始日とは、以下の日のうち、いずれかもっとも早く到来する日です（803条2項）。
①新設合併契約について株主総会の決議による承認が必要な場合には、当該株主総会の日の2週間前の日（803条2項1号）。
②株式買取請求手続による通知（806条3項）・公告（806条4項）を受けるべき株主があるときは、右の通知の日または公告の日のいずれか早い日（803条2項2号）。
③消滅会社において新株予約権買取手続による通知・公告（808条3項・4項）を受けるべき新株予約権者があるときは、右の通知の日または公告の日のいずれか早い日（803条2項3号）。
④債権者保護手続（810条）をしなければならないときは、所定の公告の日または催告の日のいずれか早い日（803条2項4号）。
＊2　株式買取請求については、377〜380頁を参照してください。

◎新設合併の説明図

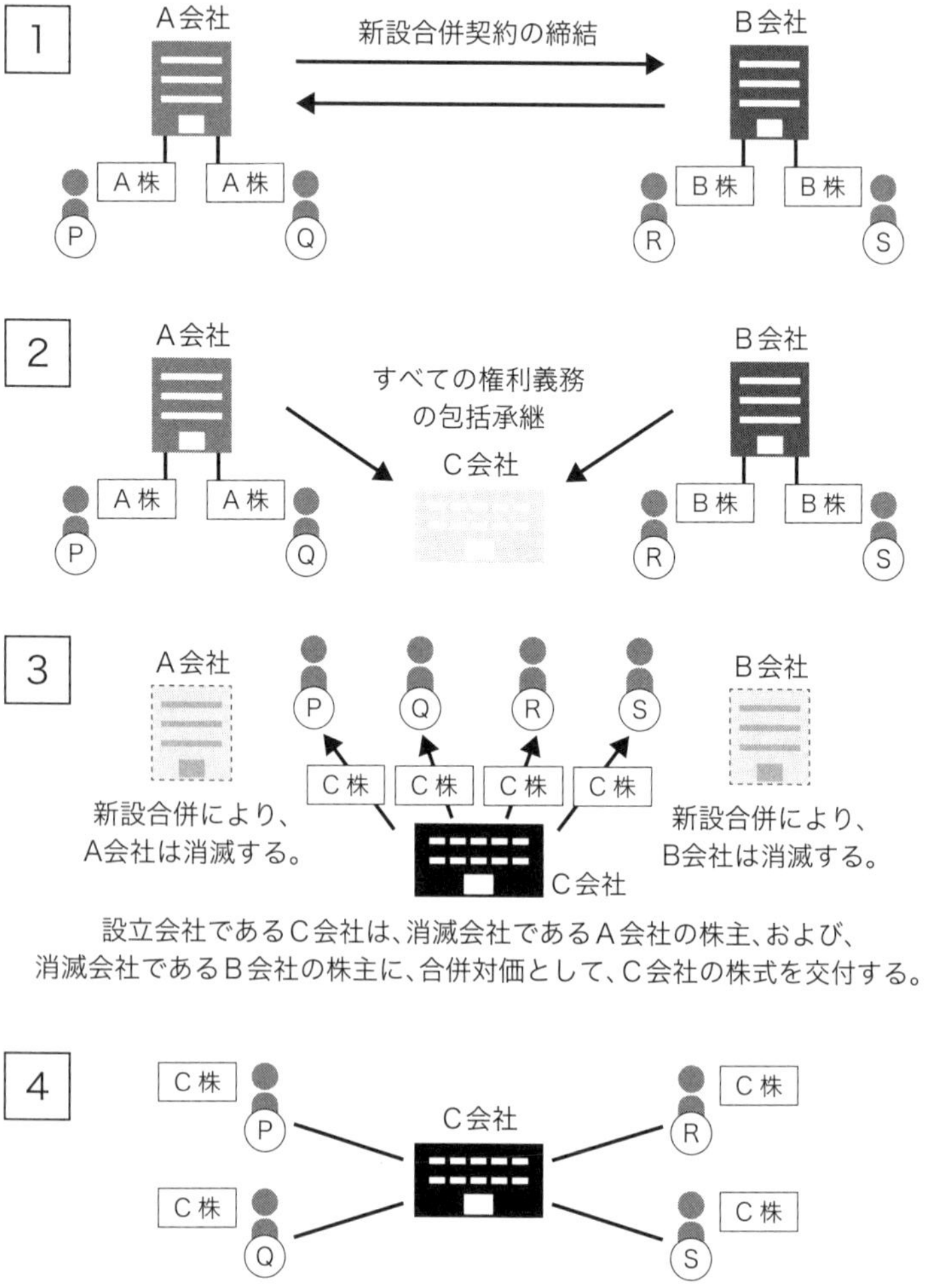
1
A会社
新設合併契約の締結
B会社
A株
A株
P
Q
B株
B株
R
S
2
A会社
すべての権利義務
の包括承継
B会社
C会社
A株
A株
P
Q
B株
B株
R
S
3
A会社
P
Q
R
S
B会社
C株
C株
C株
C株
新設合併により、
A会社は消滅する。
新設合併により、
B会社は消滅する。
C会社
設立会社であるC会社は、消滅会社であるA会社の株主、および、
消滅会社であるB会社の株主に、合併対価として、C会社の株式を交付する。
4
C株
P
C会社
C株
R
C株
Q
C株
S

新株予約権買取請求の制度（808条、809条）があります。さらに、各合併当事会社はそれぞれの債権者を保護するために、債権者保護の手続きを進めなければなりません（810条）。[*3] 株主保護の制度と債権者保護の制度を実効あらしめるための担保手段として、新設合併無効の訴えの制度があります（828条1項8号）。

設立会社の設立登記の日に新設合併の効果が生じます（754条）。設立会社は、新設合併の効力発生後遅滞なく、設立会社が承継した消滅会社の権利義務その他の法務省令で定める事項を記載した書面（または電磁的記録）を作成し、新設合併の効力発生後6か月間本店に備え置かなければなりません（815条1項・3項1号、会社施規211条）。

■新設合併の効果

設立会社の設立登記の日に以下のような新設合併の効果が生じます（754条）。第一に、合併当事会社のすべてが解散します（471条4号）。第二に、消滅会社（新設合併の場合、すべての合併当事会社です）は清算手続を経ずに消滅します（475条1号括弧書）。第三に、消滅会社のすべての権利義務（権利・義務・物権・債権・債務・労働契約・知的財産権など）

＊3　債権者保護手続については、381～384頁を参照してください。

が設立会社に包括的に承継されます（これを「包括承継」といいます。754条1項）。第四に、消滅会社の株主は、消滅会社の株式を失う代わりに設立会社から合併対価の交付を受けます（754条2項・3項）。合併対価の全部もしくは一部は必ず設立会社の株式となるので、消滅会社の株主は設立会社の株主となります（754条2項）。第五に、消滅会社が発行していたすべての新株予約権が消滅します（754条4項）。

新設合併契約の内容または新設合併の手続きに、新設合併を無効とするような重大な瑕疵があった場合、新設合併の効力発生日から6か月以内に、各合併当事会社の株主、取締役、監査役、執行役、清算人、破産管財人、および、合併を承認しなかった債権者は新設合併無効の訴えを提起することができます（828条1項8号・2項8号）。

CORPORATION LAW 5

対価柔軟化（柴田理論）と三角合併

■合併制度のみの時代

組織再編の基本は合併です。ここで合併についての重要な理論を説明します。株式交換と株式移転の制度が新設されたのは1999年（平成11年）、新設分割と吸収分割の制度が新設されたのは2000年（平成12年）でした。したがいまして、1899年（明治32年）に現在の商法が制定されてからの100年間においては、組織再編行為としては、吸収合併と新設合併しかありませんでした。

明治時代後半および大正時代のわが国の商法学者は、当時のドイツの学説の影響を強く受けましたので、合併においては、消滅会社の株主が必ず存続会社（新設合併では設立会社）に収容されなければならないと考えました。すなわち、合併という概念は、第一に、消滅会社となる会社が解散すること、第二に、消滅会社は解散するが清算をしないこと、第三に、消滅会社のすべての権利義務が存続会社（新設合併では設立会社）に包括承継されること、第四に、消滅会社の株主は存続会社に収容されること、以上の4点から構成され、右の第四点は絶対に必要と考えられていました。

■人格合一説と現物出資説

2005年（平成17年）に会社法が制定されましたが、それ以前に、商法で定められていた合併を勉強された方、会計学で合併の会計処理を勉強された方、さらには、法人税法で合併についての法人税の扱い方を勉強された方は、必ず、合併の本質の理解をめぐって人格合一説と現物出資説との理論の対立があることを学ばれたと思います。

人格合一説とは、合併を、2社以上の会社間の合併契約によってこれを合同して1会社にすることと考える学説です。**現物出資説**とは、合併を、その本質においては、消滅会社の全財産を現物出資することによる存続会社の資本増加または新会社の設立と考える学説です。

その対立点ですが、人格合一説は、先ほどの第四点、消滅会社の株主が存続会社に収容されることを全然説明していないことになります。これに対し、現物出資説は、合併の本質を、消滅会社の全財産を存続会社に現物出資することによる新株の発行ととらえ、その新株が消滅会社の株主に交付されるので、消滅会社の株主が存続会社に収容されるという結果をもたらすことになると考えるものです。しかし、現物出資説では、第三点の消滅会社のすべての権利義務が存続会社に包括承継されることを説明しないことになります。これに対し、人格合一説は、合併の本質を、2社以上が合同して1会社となることととらえていますから、あたかも、父1人・子1人の相続の場合に、父が亡くなって父の全財産が子に包括承継されることと同様に(父が消滅会社で、子が存続会社に相当します)、消滅会社のすべての権利義務が存続会社に包括承継されることを説明できることになります。人格合一説と現物出資説の対立は、1931年(昭和6年)から続くものでした。

ところが、1987年(昭和62年)に、著者が、**合併対価株式非限定説**(=**柴田理論**)という新しい理論を発表したこと[*1]により、現物出資説は立脚していた基盤を失うことになったので、現在では現物出資説は廃棄されました。

■合併対価株式非限定説

合併対価株式非限定説は、合併において、消滅会社の株主が存続会社から株式の交付を受けるという現象(これは、ドイツやフランスなどの諸外国の合併において共通の現象でした)は、消滅会社の株主がそれまで保有していた消滅会社株式を失うことに対する経済的価値の補償と理解すべきであって、長い間(100年以上)、存続会社が経済的価値の補償物として、存続

＊1　柴田和史「合併法理の再構成(一)」法学協会雑誌104巻12号1635頁(1987年)。

会社の株式を用いてきたのはそれが存続会社にとってもっとも負担の少ないものだったからであり、理論的には、金銭でも社債でもその他の財物でも、価値のあるものならば何でもよかったと理解する理論です。他方、現物出資説は、合併において存続会社が必ず新株を発行することを、その学説の基盤にしていますから、存続会社の交付するものが存続会社の株式に限定されないことになれば、現物出資説は立脚する基盤を失ったことになります。

■対価柔軟化

このように、合併対価を経済的価値があれば何でもよいとする合併対価株式非限定説（＝柴田理論）は、発表後、徐々に支持を伸ばし、一般的には、「対価の柔軟化」または「対価柔軟化」と呼ばれるようになりました。「対価」とは、もちろん存続会社が消滅会社の株主に交付する合併対価のことです。「柔軟化」とは、旧来の考え方が、原則として、存続会社の株式に限ると硬直的に考えられてきたことに対し、株式以外の金銭や社債やそのほかのものでもよいというように柔軟に考えられることになったことを意味します。したがいまして、「対価柔軟化」とは、すなわち、柴田理論（＝合併対価株式非限定説）を意味します。

■柴田理論が解決した5つの問題

2005年（平成17年）に制定された会社法は、全面的に柴田理論（＝対価柔軟化）を採用しました。[*2] 柴田理論（＝対価柔軟化）は、多くの問題を解決し、それまで法律的にできなかったことを可能にしました。

第一に、人格合一説と現物出資説の対立の問題を解決しました。第二に、合併比率調整のた

＊2 吸収合併については「749条1項2号のロ、ハ、ニ、ホ」が柴田理論を全面的に採用した規定です。

会社法749条1項2号

「吸収合併存続株式会社が吸収合併に際して株式会社である吸収合併消滅会社（以下この編において「吸収合併消滅株式会社」という。）の株主又は持分会社である吸収合併消滅会社（以下この編において「吸収合併消滅持分会社」という。）の社員に対してその株式又は持分に代わる金銭等を交付するときは、当該金銭等についての次に掲げる事項

イ　当該金銭等が吸収合併存続株式会社の株式であるときは、当該株式の数（種類株式発行会社にあっては、株式の種類及び種類ごとの数）又はその数の算定方法並びに当該吸収合併存続株式会社の資本金及び準備金の額に関する事項

ロ　当該金銭等が吸収合併存続株式会社の社債（新株予約権付社債についてのものを除く。）であるときは、当該社債の種類及び種類ごとの各社債の金額の合計額又はその算定方法

ハ　当該金銭等が吸収合併存続株式会社の新株予約権（新株予約権付社債に付されたものを除く。）であるときは、当該新株予約権の内容及び数又はその算定方法

ニ　当該金銭等が吸収合併存続株式会社の新株予約権付社債であるときは、当該新株予約権付社債についてのロに規定する事項及び当該新株予約権付社債に付された新株予約権についてのハに規定する事項

ホ　当該金銭等が吸収合併存続株式会社の株式等以外の財産であるときは、当該財産の内容及び数若しくは額又はこれらの算定方法」

3

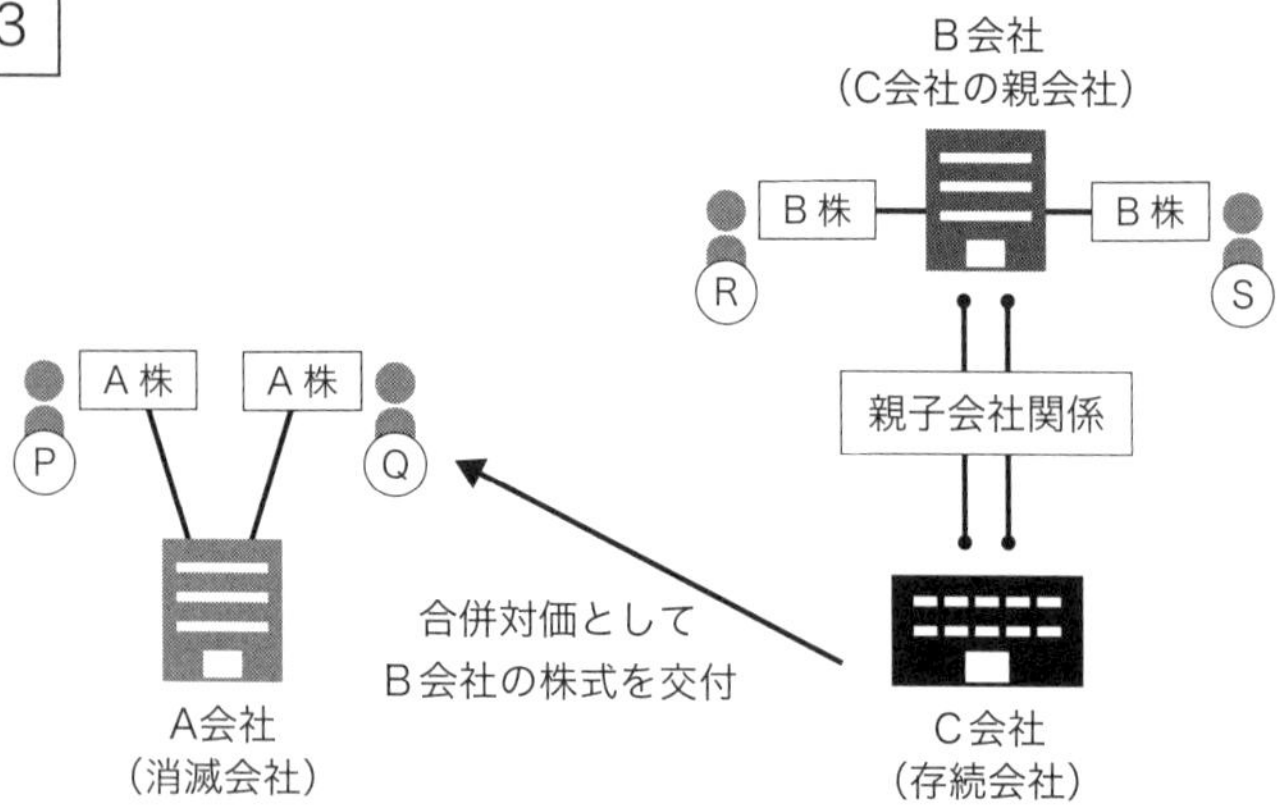
B会社
（C会社の親会社）
B株
B株
R
S
A株
A株
P
Q
親子会社関係
合併対価として
B会社の株式を交付
A会社
（消滅会社）
C会社
（存続会社）

4

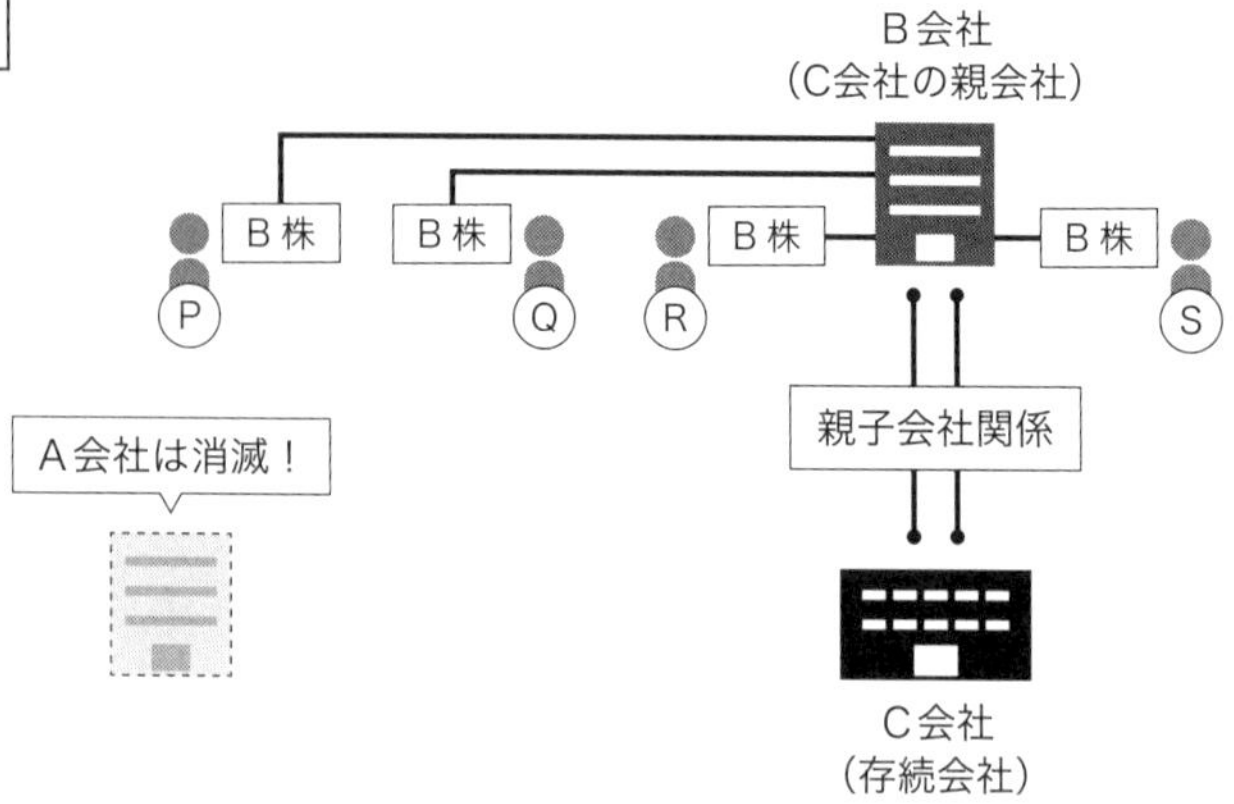
B会社
（C会社の親会社）
B株
B株
B株
B株
P
Q
R
S
親子会社関係
A会社は消滅！
C会社
（存続会社）

◎三角合併の説明図

1

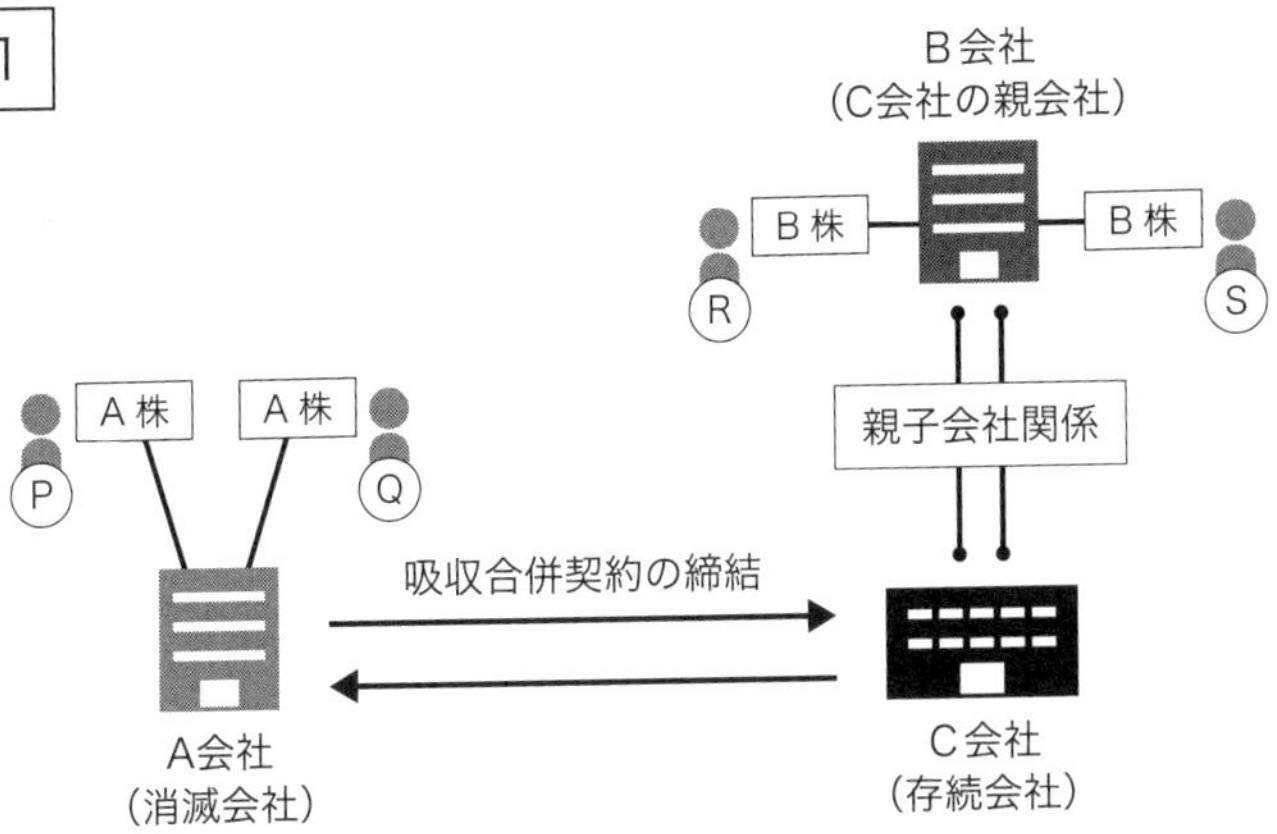
B会社
(C会社の親会社)
B株
B株
R
S
親子会社関係
A株
A株
P
Q
吸収合併契約の締結
A会社
(消滅会社)
C会社
(存続会社)

2

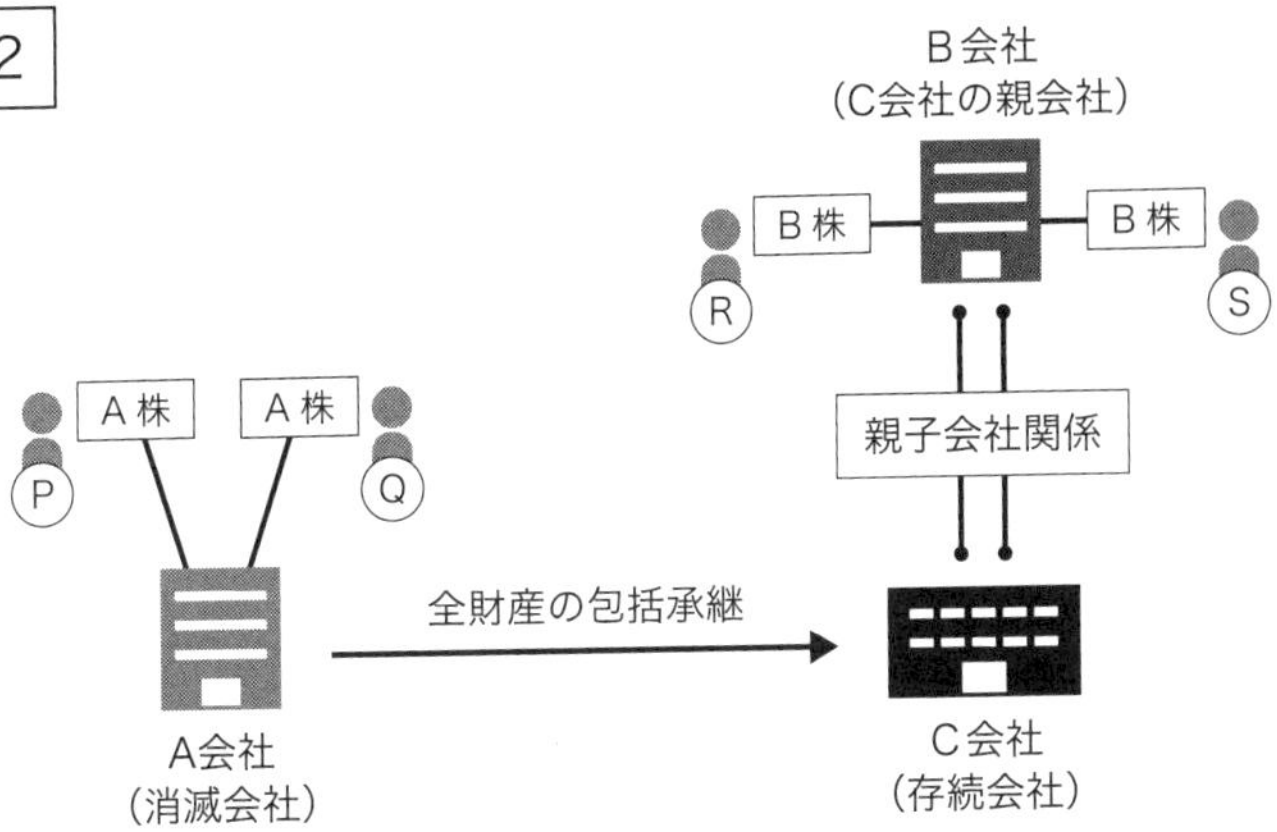
B会社
(C会社の親会社)
B株
B株
R
S
親子会社関係
A株
A株
P
Q
全財産の包括承継
A会社
(消滅会社)
C会社
(存続会社)

めの合併交付金の限度の問題を解決しました。第三に、存続会社が交付する株式は新株でなければならないかという問題を解決しました。第四に、債務超過会社を消滅会社とする吸収合併を理論的に可能にしました。第五に、合併対価として、存続会社の株式のみならず、金銭でも、存続会社の社債でも、存続会社が有する国債でも外国の株式会社の株式でも、金や銀などの貴金属でも、理論上、可能であることを明らかにしました。さらに進めれば、客観的価値が認められる「ブランド米」や「ブランド牛肉」も、理論上は合併対価として可能となります。[*3] このことの延長線上ですが、三角合併が可能になりました。

■三角合併

じつは、会社法の制定当時に大きな問題となったのが、三角合併の解禁でした。三角合併を説明しますと、まず、親子関係のある親会社（B会社）と子会社（C会社）を想定する必要があります。次に、その子会社（C会社）が存続会社になり、別の第三者たる会社（A会社）を消滅会社として吸収合併を行うのです。この吸収合併において、存続会社である子会社（C会社）が消滅会社（A会社）の株主に交付する合併対価が、親会社（B会社）の株式であるところに三角合併の特徴があります。[*4]

会社法が制定された2005年（平成17年）当時、三角合併が解禁されると、アメリカの大企業が日本に子会社を設立し、その子会社を存続会社とし、日本の会社を消滅会社とし、アメリカの親会社の株式を合併対価とする三角合併の方法により、日本の会社を次々に吸収することが行われるのではないかと心配されました。そのため、会社法全体は、２００６年（平成18年）５月１日から施行されたのですが、経済界が三角合併の脅威に対する対抗措置を講じる時間を稼ぐために、合併を含むところの会社法第五編組織再編の条文だけは、その１年後の２００７年（平成19年）５月１日から施行となりました。

しかし、三角合併であっても、基本的には、消滅会社側（＝吸収される日本の会社側）の同意なしに吸収合併を行うことはできませんから、その時の経済界が何を恐れたのか正確には理解できません。

＊3　消滅会社の株主が有する消滅会社株式１株に対し「新潟魚沼産コシヒカリ」５キログラムを交付するなどとする合併対価が考えられます。同様に、消滅会社株式１株に対し「松阪牛肉」１００グラムを交付するなどとする合併対価も考えられます。ただ、実際には、後者については、損傷しやすい（経済的価値が短期間に急速に下落する）という問題を、別途、考慮しなければなりません。

＊4　柴田理論（＝対価柔軟化）によれば、存続会社は経済的価値を有するものであれば何でも合併対価にすることが可能となるのですから（もちろん、消滅会社の株主総会特別決議による合意が必要です）、経済的価値を有するさまざまなものの中で、たまたま「存続会社の親会社の株式」を合併対価に用いる場合を三角合併と呼ぶだけのことにすぎません。

■組織再編行為全般と柴田理論

なお、現在の会社法は、柴田理論（＝対価柔軟化）を全面的に採用しています。その結果、新設分割、吸収分割、株式交換、株式移転、株式交付においても、対価の柔軟化が条文で規定されています。

CORPORATION LAW 6

組織再編③ 吸収分割

■吸収分割とは

吸収分割とは、会社（＝分割会社）がその事業に関して有する権利義務の全部または一部を分割後に他の会社（＝承継会社）に承継させることです（2条29号）。複数の分割会社によって吸収分割を行うこともできますが、解説が複雑になりますから、ここでは、分割会社になる株式会社が1社で行う吸収分割を解説します。[*1]

吸収分割を行うことを意図しその財産等（正確には、事業に関して有する権利義務の全部または一部）を移転する分割会社とその財産等を受け入れる承継会社が吸収分割契約を作成し締結します。これが実行されることにより、分割会社が有していた権利（物権・債権・その他の

＊1　分割会社は合同会社であることも認められています（757条）。

◎吸収分割の説明図

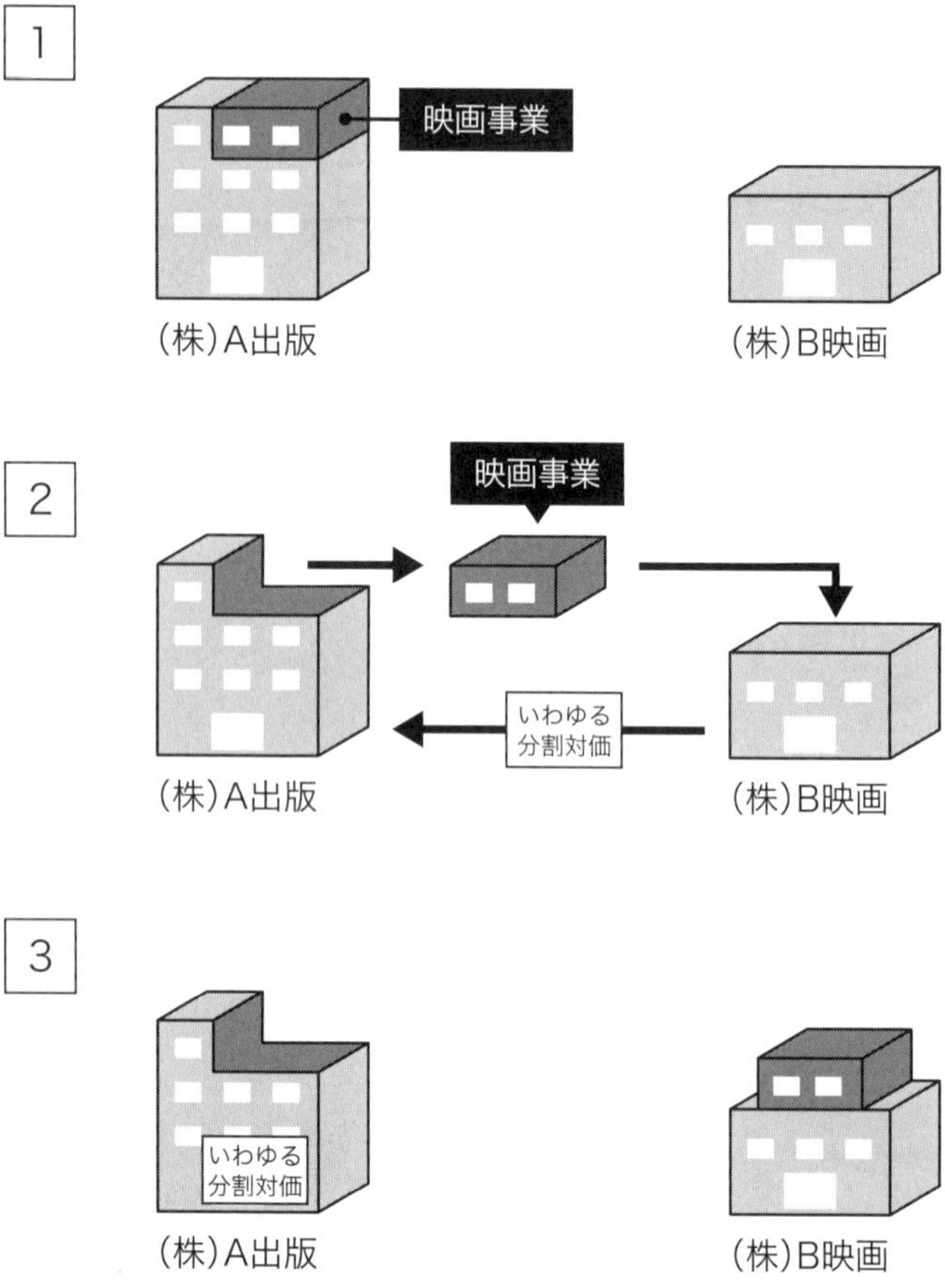

出典：柴田和史『類型別中小企業のための会社法〔第２版〕』243頁（三省堂、2015年）より

財産権）の全部または一部、および、義務の全部または一部が承継会社に移転します。承継会社は持分会社であることも認められていますが[*2]（760条1項）、実際には株式会社の場合がほとんどですから、ここでは、承継会社は株式会社ということで解説します。

■吸収分割の手続き

吸収分割の手続きは、吸収合併の手続きに類似しますので、紙幅の関係からここでは省略します。[*3]

■吸収分割の効果

債権者保護手続が終了していれば、吸収分割契約所定の吸収分割の効力発生日に、以下のよ

＊2　持分会社とは、合名会社、合資会社、および、合同会社をあわせた総称です（575条1項）。

＊3　330～334頁の「吸収合併の手続き」、および、326～327頁の「組織再編の手続きに関する表」を参照してください。なお、分割会社の債権者は、分割契約によって、①分割後に分割会社のみを債務者とする者、②承継会社のみを債務者とする者、③分割会社と承継会社の両者を債務者とする者のいずれかに定められます。このうち、分割会社による債権者保護手続の対象となる債権者は、②の債権者だけです。債権者保護の手続については、381～384頁を参照してください。

うな吸収分割の効果が生じます（759条1項）。第一に、吸収分割の効力発生日に、分割契約で定められている権利義務（権利・義務・物権・債権・債務・労働契約・知的財産権など）が包括的に承継会社に承継されます（759条1項）[*4]。第二に、分割会社は、吸収分割の効力発生日に、承継会社からいわゆる分割対価の交付を受けます（759条8項）。

■吸収分割無効の訴え

吸収分割契約の内容または吸収分割の手続きに、吸収分割を無効とするような重大な瑕疵があった場合、吸収分割の効力発生日から6か月以内に、各吸収分割当事会社の株主、取締役、監査役、執行役、清算人、破産管財人、および、吸収分割を承認しなかった債権者は吸収分割無効の訴えを提起することができます（828条1項9号・2項9号）。

＊4　分割会社の労働者は、「会社分割に伴う労働契約の承継等に関する法律」（＝労働契約承継法）によって保護されます。

CORPORATION LAW 7

組織再編④
新設分割

■新設分割とは

新設分割とは、会社（＝分割会社）がその事業に関して有する権利義務の全部または一部を分割により設立する会社（＝設立会社）に承継させることです（2条30号）。新設分割には、分割会社が2社以上になる共同新設分割も認められていますが（2条30号）、解説が複雑になりますから、ここでは、分割会社になる株式会社が1社のみで行う新設分割を解説します。

新設分割を行うことを意図する分割会社は、新設分割計画を作成し[*1]、これを実行することにより、分割会社が有していた権利（物権・債権・その他の財産権）の全部または一部、および、義務の全部または一部を出資して、新たな会社を設立します。設立直後の設立会社の財産は、

＊1　新設分割は、最初、分割会社のみで手続きを進めます。分割会社が1社で行う新設分割は相手方のいない単独の行為であり契約になりませんから、分割計画と呼ばれます。

◎新設分割の説明図

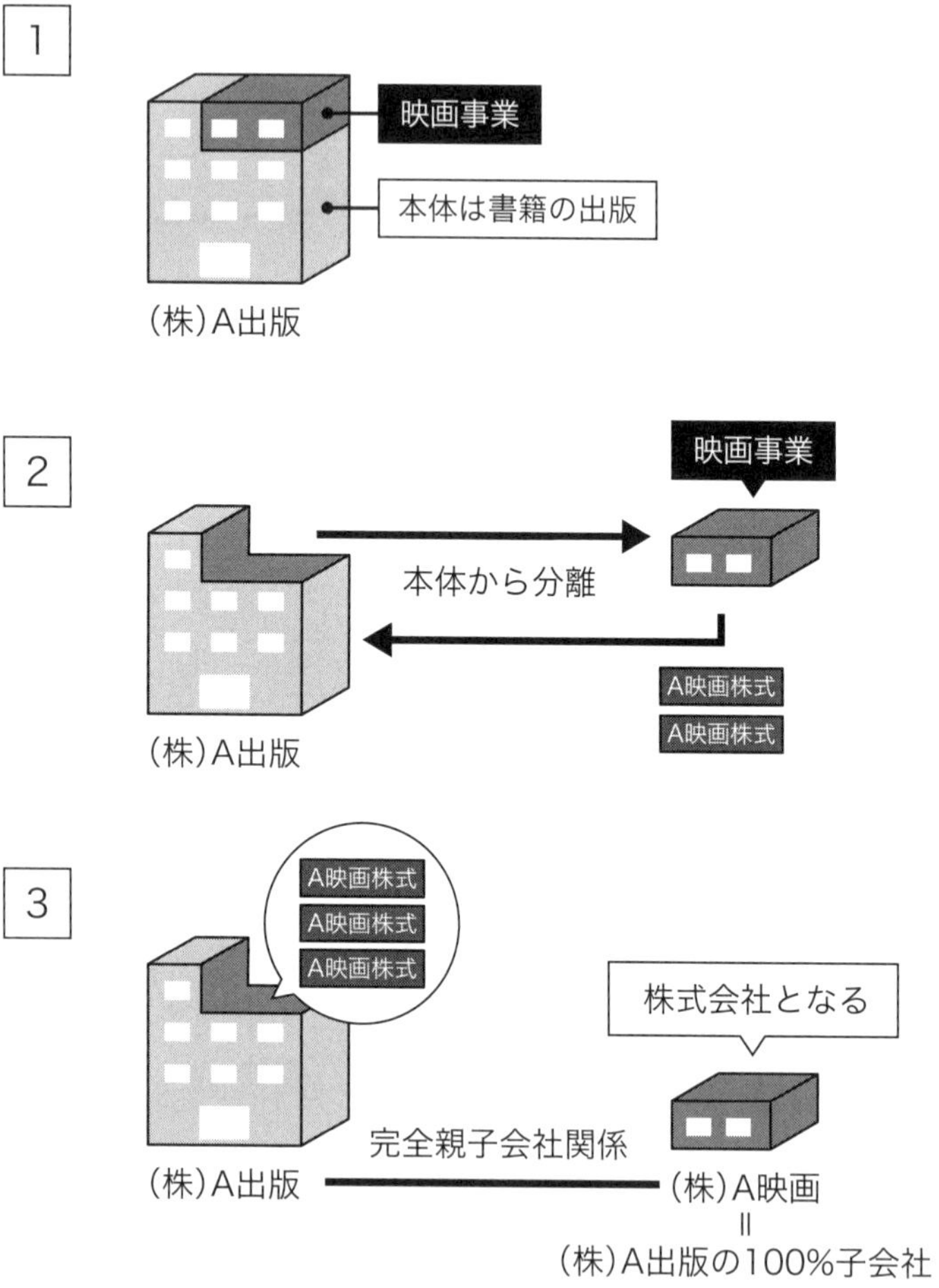

出典：柴田和史『類型別中小企業のための会社法〔第2版〕』242頁（三省堂、2015年）より

分割会社から移転された財産のみによって構成されます。設立会社は持分会社[*2]であることも認められていますが（765条1項）、多くの場合は株式会社ですから、株式会社ということで解説します。新設分割によって設立会社として株式会社が設立される場合、設立時に株式が発行され、そのすべての株式が分割会社に交付されるため、結果として、分割会社は設立会社の全株式を有することとなります。すなわち、分割会社は完全親会社、設立会社は完全子会社になります。

■新設分割の手続き

新設分割の手続きは、新設合併の手続きに類似しますので、紙幅の関係からここでは省略します。[*3]

＊2　持分会社とは、合名会社、合資会社、および、合同会社をあわせた総称です（575条1項）。

＊3　336～339頁の「新設合併の手続き」、および、326～327頁の「組織再編の手続きに関する表」を参照してください。なお、分割会社の債権者は、分割計画によって、①分割後に分割会社のみを債務者とする者、②設立会社のみを債務者とする者、③分割会社と設立会社の両者を債務者とする者のいずれかに定められます。このうち、分割会社による債権者保護手続の対象となる債権者は、②の債権者だけです。債権者保護手続については、381～384頁を参照してください。

■新設分割の効果

設立会社の設立の登記の日に以下のような新設分割の効果が生じます（764条1項）。第一に、設立会社が成立します。第二に、新設分割計画に定められた権利義務（権利・義務・物権・債権・債務・労働契約・知的財産権など）が包括的に設立会社に承継されます（764条1項）[*4]。第三に、分割会社は、設立の登記の日に、設立会社からいわゆる分割対価の交付を受けます（764条8項・9項）。いわゆる分割対価の中には、設立会社の発行するすべての株式が含まれます。したがって、分割会社は設立会社のすべての株式を有する完全親会社となり、設立会社は完全子会社となります。

■新設分割無効の訴え

新設分割計画の内容または新設分割の手続きに、新設分割を無効とするような重大な瑕疵があった場合、新設分割の効力発生日から6か月以内に、分割会社および設立会社の株主、取締役、監査役、執行役、清算人、破産管財人、および、新設分割を承認しなかった債権者は新設分割無効の訴えを提起することができます（828条1項10号・2項10号）。

＊4　分割会社の労働者は、「会社分割に伴う労働契約の承継等に関する法律」（＝労働契約承継法）によって保護されます。

CORPORATION LAW 8

組織再編⑤ 株式交換

■株式交換とは

株式交換とは、株式会社（A会社）が、その発行している株式の全部を他の会社（B会社）に取得させることです（2条31号）。株式交換が実行されると、B会社はA会社株式のすべてを取得することになりますから、B会社はA会社の完全親会社になり、A会社はB会社の完全子会社になります。この場合、A会社を株式交換完全子会社、B会社を株式交換完全親会社といいます。株式交換制度を定義する2条31号は、株式交換完全親会社（B会社）を株式会社または合同会社としています。しかし、解説が複雑になるため、ここでは株式会社同士の株式交換を解説します。

株式交換という制度は、1999年（平成11年）の商法改正によって新設されました。制定当時の本来の株式交換[*1]は、すでに存在する2つの株式会社間において株式交換契約を締結し、これを実行することにより、一方の株式会社（A会社）の株主が有するA会社株式およびA会

◎株式交換の説明図（交換対価がB会社の株式の場合）

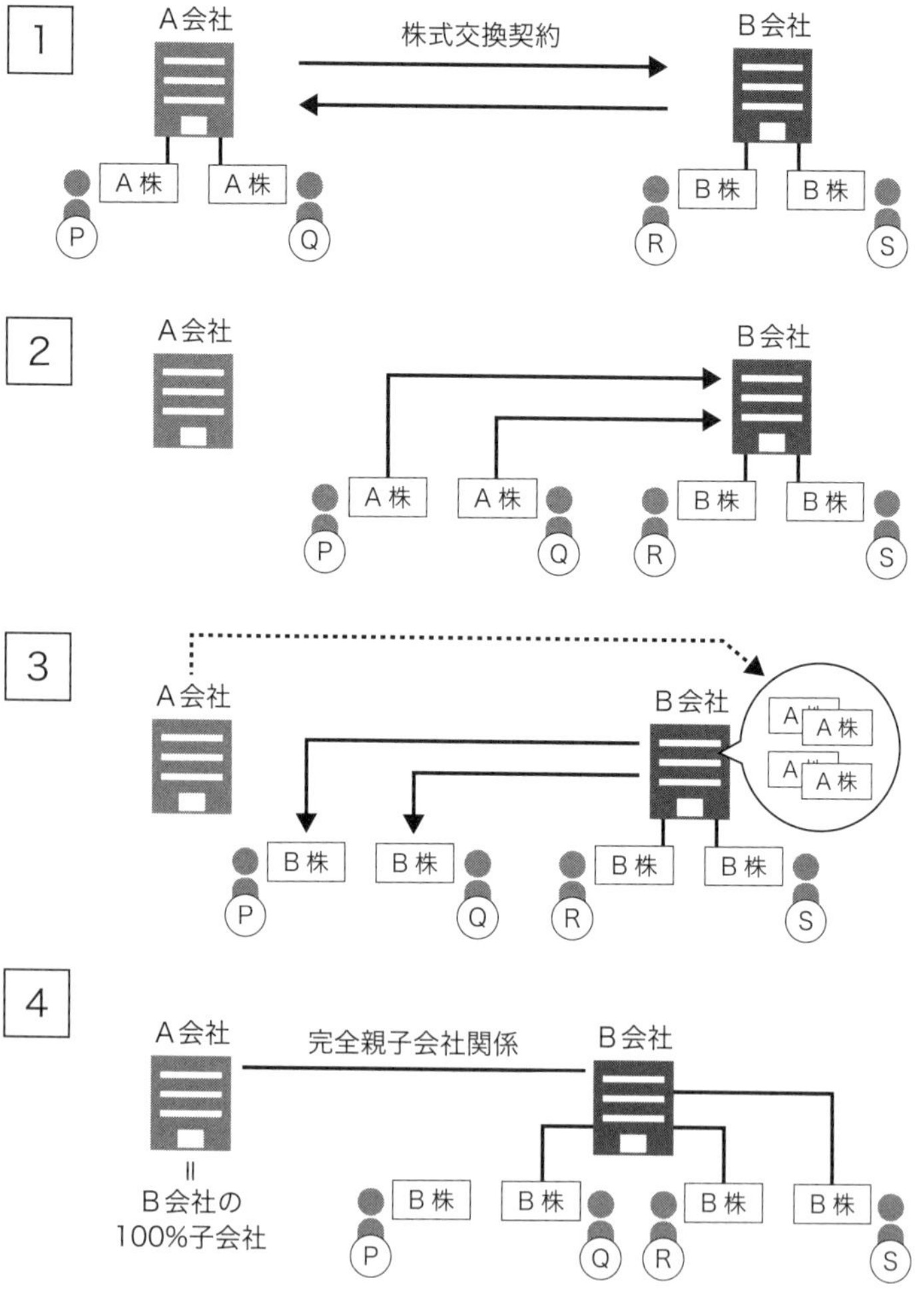

出典：柴田和史『類型別中小企業のための会社法〔第2版〕』252頁（三省堂、2015年）より

社自身が有するすべてのA会社株式を他方の株式会社（B会社）の株式と交換することでした。A会社の株主の中に株式交換に反対する株主がいたとしても、強制的にB会社株式と交換させられるところに株式交換制度の特徴があります。株式交換は、A会社の反対株主にとっては強制的な制度といえます。ちなみに、「株式交換」という名称の由来は、A会社株主の保有していたA会社株式がB会社株式に交換されるためです。なお、現在の会社法は、A会社がその発行する株式の全部をB会社に取得させること（2条31号）と定義しますが、その定義では「株式交換」という名称の由来が明らかになりません。

■株式交換制度創設の由来

株式交換制度は、1997年（平成9年）の山一証券の倒産（1997年11月24日）、北海道拓殖銀行の倒産（1997年11月17日）、翌年の日本長期信用銀行の経営破綻（1998年10月、特別公的管理を申請）という不況まっただ中の社会情勢から必要に迫られて誕生した制

＊1　株式交換制度は、アメリカの模範事業会社法典（Model Business Corporation Act）に定められているShare Exchangeの制度を範として、わが国に取り入れたものです。

度です。[*2] 大規模な株式会社が倒産の危機に直面した時に、莫大な費用を必要とせずに、一瞬にして、その大規模な株式会社を、他の安全な株式会社の完全子会社にして倒産の危機から免れさせることを目的としました。

上場会社であるところの大規模な株式会社のように、たとえば10万人といった多数の株主が存在する場合、株式交換制度を用いずに、すべての株主の合意を取りつけて、その株式会社を他の株式会社の完全子会社にすることはきわめて困難です。それはほとんど不可能です。しかし、株式交換制度を用いることにより、これが容易に達成できることになります。また、後述しますが、株式交換制度の新設は、第二次世界大戦後におけるわが国経済界の長年の願望であったコンツェルンの復活のための第一歩となりました。[*3]

なお、株式交換制度が新設されてから5年後の会社法の制定時（2005年〈平成17年〉）に、株式交換についても対価柔軟化[*4]の考え方（＝柴田理論）が全面的に採用されたため、株式交換において株式交換完全親会社（B会社）が株式交換完全子会社（A会社）の株主に交付する対価（＝株式交換対価）として「株式以外のもの」が認められることになりました。そのため、現在では、株式交換の名称の由来となった、A会社株式とB会社株式との交換は必ずしも行われないことになりました。

■株式交換の手続き

株式交換の手続きは、吸収合併の手続きに類似しますので、紙幅の関係からここでは省略します。[*5]

■株式交換の効果

株式交換契約所定の効力発生日に、株式交換完全子会社（A会社）の発行済株式のすべてが、特別な手続きを必要とせずに、株式交換完全親会社（B会社）の有するところとなります（769条1項）。よって、B会社はA会社の完全親会社となり、A会社はB会社の完全子会社

＊2　1997年（平成9年）7月より、通商産業省産業政策局の下で開催された「持株会社の設立に関する商法研究会（第2次商法研究会）」において、初めて、株式交換制度のわが国への導入が検討され、最終的に立法案が提案されました。同研究会の座長は本書の著者（柴田和史）でした。最終報告書は、通商産業省産業政策局産業組織課編『持株会社をめぐる商法上の諸問題 ――株式交換制度の創設に向けて――』（別冊商事法務206号）（商事法務研究会、1998年）として公表されました。

＊3　株式交換制度が認められれば、資本金額1000億円、株主数20万人などといった巨大な株式会社を、特に資金を必要とせずに、一瞬にして、他の株式会社の完全子会社（＝100％子会社）にすることが可能になります。すなわち、最初に第三者（自然人または法人）が、資本金100万円程度の小規模な株式会社を設立して準備します。この小さな株式会社を完全親会社とし、右の巨大な株式会社を完全子会社とする株式交換契約を締結し実行すれば、ほとんど資金を必要とせずに、持株会社とその被持株会社（完全子会社）が誕生します。

＊4　対価柔軟化（＝柴田理論）については、341～350頁の「対価柔軟化（柴田理論）と三角合併」を参照してください。

（＝１００％子会社）となります。また、A会社の株主は、それまで有していたA会社株式を失い、その代わりに株式交換対価の交付を受けます。株式交換対価の中にB会社株式が含まれていれば、A会社の株主はB会社の株主となります。

■株式交換無効の訴え

株主保護の制度を実効あらしめるための担保手段として、株式交換無効の訴えの制度があります（８２８条１項11号）。すなわち、株式交換契約の内容または株式交換の手続きに、株式交換を無効とするような重大な瑕疵があった場合、株式交換の効力発生日から6か月以内に、各株式交換当事会社の株主、取締役、監査役、執行役、清算人、破産管財人、および、株式交換を承認しなかった債権者は株式交換無効の訴えを提起することができます（８２８条１項11号・２項11号）。

＊5　330〜334頁の「吸収合併の手続き」、および、326〜327頁の「組織再編の手続きに関する表」を参照してください。

なお、株式交換においては、株式交換を行うことにより各当事会社の債権者に不利益の生じることはないと考えられるため、原則として、債権者保護が必要となりません。ただし、例外的に、以下のように債権者保護手続が必要な場合があります。

（1）株式交換完全子会社で債権者保護が必要となる場合

株式交換完全子会社で新株予約権付社債を発行している場合、株式交換契約により、新株予約権付社債の新株予約権が株式交換完全親会社の新株予約権と交換されると定められるときは、その社債を株式交換完全親会社が承継することになるので、株式交換完全子会社は、当該社債権者に対し債権者保護手続を行わなければなりません（789条1項3号）。

（2）株式交換完全親会社で債権者保護が必要となる場合

①株式交換完全子会社の株主に交付する株式交換対価の中に、株式交換完全親会社の株式以外の対価（金銭、社債、金、その他の有価証券、その他のもの）が含まれる場合、株式交換完全親会社は、株式交換完全親会社の債権者に対して債権者保護手続を行わなければなりません（799条1項3号）。②上記（1）の場合に、株式交換完全親会社は株式交換完全子会社の新株予約権付社債の社債を承継することになるので、株式交換完全親会社は、株式交換完全親会社の債権者に対して債権者保護手続を行わなければなりません（799条1項3号）。③株式交換の際に、株式交換完全親会社の貸借対照表上のその他資本剰余金を増加する場合、株式交換完全親会社はその債権者に対して債権者保護手続を行わなければなりません。

債権者保護の具体的な手続きについては、381〜384頁を参照してください。

CORPORATION LAW 9

組織再編⑥ 株式移転

■株式移転とは

株式移転とは、株式会社（A会社）が、その発行している株式の全部を新たに設立する会社（B会社）に取得させることです（2条32号）[*1]。株式移転が実行されると、まず、新しくB会社が設立されます。B会社はA会社株式のすべてを取得することになりますから、B会社はA会社の完全親会社となり、A会社はB会社の完全子会社となります。株式移転によって、完全子会社となる会社（A会社）を「株式移転完全子会社」といい、完全親会社となる会社（B会社）を「株式移転設立完全親会社」といいます（773条1項1号・5号）。

株式移転制度を定義する2条32号は、株式移転完全子会社（A会社）が2社以上になる共同株式移転も認めていますが、解説が複雑になるため、ここでは株式移転完全子会社（A会社）を1社とし、株式移転設立完全親会社（B会社）を1社とする株式移転を解説します。

株式移転は、株式交換の応用版となります。

株式交換において、株式交換契約を締結するためには、2つの会社がすでに存在している必要がありました。これに対し、株式移転は、株式交換を希望する株式交換完全子会社のみが存在し、株式交換完全親会社が見つからない状況であっても、株式交換を実現しようとする制度です。仮に、株式交換を行い、結果として他の会社の完全子会社になることを希望するA会社があったとします。A会社は、A会社の完全親会社となるべきB株式会社を探しますが、見つかりません。そんな場合であっても、株式移転によれば、A会社は、A会社自身でB会社を設立し、設立と同時に、A会社とB会社とで株式交換を実行し、A会社は完全子会社、B会社は完全親会社になるのです。

■株式移転の目的

株式移転制度は、株式交換と同時に、1999年（平成11年）の商法改正によって新設されました。株式移転制度は、たとえば資本金額1000億円、株主数20万人などの大企業として存在する株式会社を、一瞬にして、新たに設立する持株会社（ホールディングス・カンパニー）の完全子会社にしてしまうという魔法のような制度です。2000年9月29日、日本興業銀行、

＊1　株式移転においては、当事会社となる会社は株式会社しか認められません（2条32号）。

◎株式移転の説明図

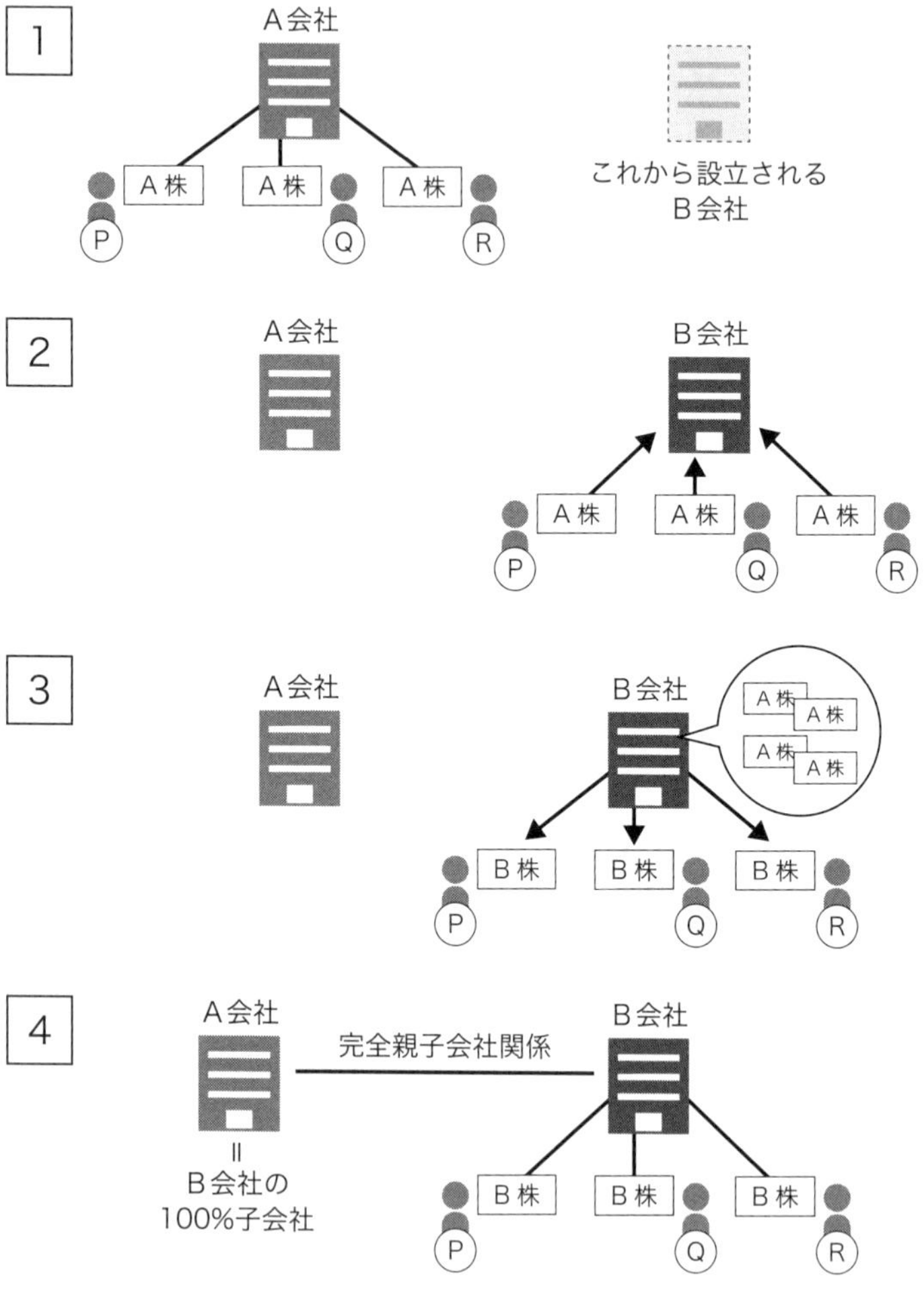

出典：柴田和史『類型別中小企業のための会社法〔第2版〕』257頁（三省堂、2015年）より

富士銀行、および、第一勧業銀行が、共同して株式移転（＝共同株式移転）を行い、みずほフィナンシャルグループを設立したのが、代表的な例となります。

また、後述しますが、株式移転制度の新設は、第二次世界大戦後におけるわが国の経済界が長年にわたって切望していたコンツェルンの復活のための第一歩となり、現在の東京証券取引所に見られる「○○ホールディングス・カンパニー」のブームをもたらしました。

■株式移転と対価柔軟化

なお、株式移転制度も、会社法の制定時に対価柔軟化[*2]の考え方（＝柴田理論）の影響を受けていますが、影響は大きくありません。なぜなら、株式移転においては、手続上、株式移転設立完全親会社（B会社）が設立される必要があり、そこで、必ず新株式が発行され、その新株は株式移転完全子会社（A会社）の株主に交付されますから、株式移転完全子会社（A会社）の株主であった者は、原則として株式移転設立完全親会社（B会社）の株主になります。また、設立された直後の株式移転設立完全親会社（B会社）は、資産として、株式移転完全子会社（A会社）の株式以外のものを何も有していませんから、株式移転対価として、株式移転完全

＊2　対価柔軟化については、341〜350頁の「対価柔軟化（柴田理論）と三角合併」を参照してください。

子会社（A会社）の株主に交付できるものは、株式移転設立完全親会社（B会社）の株式のほかには、同社の社債および新株予約権しかありません。

■株式移転の手続き

株式移転の手続きは、新設合併の手続きに類似しますので、紙幅の関係からここでは省略します。[*3]

■株式移転の効果

株式移転の効力発生日（＝株式移転設立完全親会社の設立登記の日）に、株式移転完全子会社（A会社）の発行済株式のすべてが、特別な手続きを必要とせずに、株式移転設立完全親会社（B会社）の有するところとなり、B会社はA会社の完全親会社となり、A会社はB会社の完全子会社（＝100％子会社）となります（774条1項）。また、A会社の株主は、それまで有していたA会社株式を失う代わりに株式移転対価の交付を受けます。株式移転対価の中には、原則としてB会社株式が含まれますから、A会社の株主であった者はB会社の株主になります（774条2項）。

■株式移転無効の訴え

株主保護の制度を実効あらしめるための担保手段として、株式移転無効の訴えの制度があります（828条1項12号）。すなわち、株式移転計画の内容または株式移転の手続きに、株式移転を無効とするような重大な瑕疵があった場合、株式移転の効力発生日（＝株式移転設立完全親会社の設立登記の日）から6か月以内に、株式移転完全子会社および株式移転設立完全親会社の株主、取締役、監査役、執行役、清算人、破産管財人、および、株式移転を承認しなかった債権者は、株式移転無効の訴えを提起することができます（828条1項12号・2項12号）。

＊3　336～339頁の「新設合併の手続き」、および、326～327頁の「組織再編の手続きに関する表」を参照してください。

なお、株式移転は、株式移転完全子会社のみで行いますから、債権者保護を考える際に考慮すべきは株式移転完全子会社の債権者のみです。株式移転が実行されると、株式移転完全子会社においては、従来の株主が新設された株式移転設立完全親会社に変わるだけであり、株式移転完全子会社の財産状況が悪化することがないため、原則として、債権者を保護する必要がありません。ただし、例外的に、株式移転完全子会社が新株予約権付社債を発行している場合であって、その新株予約権付社債権者に対し、新設される株式移転設立完全親会社の新株予約権を交付するときは、当該社債権者について債権者保護の手続きが必要になります（810条1項3号）。

CORPORATION LAW 10

組織再編⑦ 株式交付

■株式交付とは

株式交付とは、株式会社（B会社）が、A会社の株主たちからA会社の発行している株式の過半数（または、それを超える数）を譲り受け、A会社株式を譲渡した者にB会社株式を交付することです（2条32号の2）。株式交付が実行されると、B会社はA会社株式の過半数（または、それを超える数）を取得することになりますから、B会社はA会社の親会社となり（2条4号）、A会社はB会社の子会社となります（2条3号）。A会社を株式交付子会社、B会社を株式交付親会社といいます。株式交付制度においては、株式交付子会社（A会社）も株式交付親会社（B会社）も株式会社です（2条32号の2）。

■株式交付と株式交換

株式交付という制度は、2019年（令和元年）の会社法改正によって新設されました。前述した株式交換は、すでに存在する2つの会社間において株式交換契約を締結し、これを実行することにより、一方の株式会社（A会社）の株主やA会社自身が有するすべてのA会社株式を他方の会社（B会社）の株式（＝B会社株式）と交換することでした。株式交換の目的は、一方の株式会社（A会社）を完全子会社にし、他方の会社（B会社）をその完全親会社にすることでした。A会社株主の中に株式交換に反対する株主がいたとしても、強制的にB会社株式と交換させられるところに、株式交換制度の特徴があります。株式交換は、「強制的株式交換」と名付けると理解が容易になります。

株式交換に対し、株式交付は目的が異なります。株式交付の目的は、一方の株式会社（A会社）を単なる子会社にし、他方の株式会社（B会社）をその親会社にすることです。A会社株主の中で株式交付に賛成する者のみが、A会社株式をB会社に譲渡すればよく、A会社株主の中で株式交付に反対する株主は、何もしなければ、株式交付の効力が生じた後も以前と変わらず、A会社の株主で在り続けることができます。したがって、株式交付は、「任意的株式交換」と名付けると理解が容易になります。

■株式交付の手続き

株式交付の実行後に親会社になる株式会社（B会社）は、単独で、株式交付計画を作成しなければなりません（774条の2後段）。取締役会設置会社であれば取締役会の決議により、取締役会非設置会社であれば取締役の決定により株式交付計画を作成し確定しなければなりません。

株式交付の手続きでは、株式交付親会社（B会社）が株式交付子会社の株主たちに対して募集株式発行の手続きを進めます。株式交付親会社においては、株主構成が大きく変動する可能性がありますから、株式交付親会社の中で株式交付に反対する株主を保護するための手続きが進められ、また、株式交付親会社の財務状態が悪化する可能性がありますから、株式交付親会社の債権者を保護する手続きが進められます。

株式交付親会社（B会社）は、株式交付計画の内容や法務省令で定められている事項を記載した書面を作成し、会社法の定める日から株式交付の効力発生日後6か月を経過する日まで、この書面を本店に備え置き、株主および債権者の閲覧に供し、謄本・抄本交付請求に応じなければなりません（816条の2）。

次に、株式交付親会社（B会社）の株主総会において特別決議によって株式交付計画が承認されなければなりません（816条の3第1項、309条2項12号）。なお、株式交付に反対する少数株主のために、合併や会社分割におけるのと同様に株式買取請求の制度があります（816条の6、816条の7）。[*1] 対価柔軟化（＝柴田理論）が採用され、株式交付対価に金銭、社債、その他の財産などが含まれる場合には、株式交付親会社の債権者に不利益の生じるおそれがありますから、債権者保護手続を行わなければなりません（816条の8）。[*2] 最後に、株式交付計画所定の効力発生日に、株式交付の効果が発生します（774条の3第1項11号、774条の11）。

株式交付親会社（B会社）は、株式交付の効力発生後遅滞なく、株式交付親会社が譲り受けた株式交付子会社（A会社）の株式の数その他の株式交付に関する事項として法務省令で定める事項を記載した書面（または電磁的記録）を作成し、株式交付の効力発生後6か月間本店に備え置かなければなりません（816条の10）。通常、株式交付親会社において、発行可能株式総数、発行済株式総数、資本金の額などについて、変更の登記が必要となります（915条1項）。

■株式交付の効果

株式交付計画所定の効力発生日に、株式交付子会社（A会社）の発行済株式の過半数（または、それを超える数）が、株式交付親会社（B会社）の有するところとなります（774条の

＊1　株式買取請求については、377〜380頁を参照してください。
＊2　株式交付親会社における債権者保護の具体的な手続きについては、381〜384頁を参照してください。

11第1項、774条の3第2項)。したがって、B会社はA会社の親会社(2条4号)となり、A会社はB会社の子会社(2条3号)となります。また、A会社の株主であって、それまで有していたA会社株式をB会社に譲渡した者は、その代わりに株式交付対価の交付を受けます。

■株式交付無効の訴え

株主保護および債権者保護の制度を実効あらしめるための担保手段として、株式交付無効の訴えの制度があります(828条1項13号)。すなわち、株式交付計画の内容または株式交付の手続きに、株式交付を無効とするような重大な瑕疵があった場合、株式交付の効力発生日から6か月以内に、株式交付親会社の株主、取締役、監査役、執行役、清算人、破産管財人、および、株式交付子会社の株式を株式交付親会社に譲渡した者、株式交付を承認しなかった債権者は株式交付無効の訴えを提起することができます(828条1項13号・2項13号)。

CORPORATION LAW 11

株式買取請求権

■概要と存在意義

合併（吸収合併・新設合併）、会社分割（新設分割・吸収分割）、株式交換・株式移転、株式交付に反対する少数派の株主のために、株式買取請求権が認められています（785条、797条、816条の6）。これは、多数派の株主が、企業再編によって株式会社の基本構造を従来と異なる構造に変更しようとするときに、新しい基本構造の株式会社にはついていけないと考える少数派の株主を保護するためのものです。すなわち、多数派の株主が従来の株式会社の基本構造を変更することは株主総会の特別決議によって強行されてしまうのですが、従来とは異なる基本構造の株式会社に、株主として留まりたくないと考える少数派の株主のために、その有するところの株式を会社に対し金銭で買い取ることを請求する権利が株式買取請求権です。

■緊急脱出装置

株式買取請求権の会社法上の意義は、宇宙船の緊急脱出装置と理解するとわかりやすいです。宇宙を舞台にした映画などにおいて、宇宙船が暴走したり、故障したり、はたまた凶暴な宇宙生命体に宇宙船が乗っ取られたりすると、乗組員は、乗っていた大きな宇宙船を放棄し、小型カプセルロケットに乗り込んで脱出することがあります。株式買取請求権は緊急事態における株主のための緊急脱出装置と言えます。

株式会社は、最初は、特定の事業を行うことを目的として設立されます。このとき、株主になろうとする者は、その特定の目的に賛同して金銭を出資し、見返りに株式の交付を受けます。株式の交付を受けることにより株主になります。ところが、会社が経営を進めているうちに、異なる事業目的の他の株式会社に吸収されることになったり（吸収合併の場合）、当初の事業目的に用いてきた財産の全部を新しく設立する株式会社に移転してしまったり（新設分割の場合）、既存の他の株式会社の完全子会社（１００％子会社）になったりすること（株式交換の場合）が起こります。このようなとき、必ず、株主総会の特別決議による承認が必要となりますから、多数派の株主はそのような会社の基本構造の変更に賛同しています。しかし、反対する少数派の株主が存在することが考えられます。

この状況は、最初、火星探検を目的とする巨大な宇宙船に乗組員全員が乗り込んで地球を出発しておきながら、途中で、乗組員の多数決によって、行き先を突然に天王星に変更する状況とよく似ています。この場合に、絶対に天王星に行きたくないという少数派の乗組員の意思を尊重して、その人たちにだけ緊急脱出装置に乗って地球に戻る権利を認めるのです。

■株式買取請求制度の誤った理解

なお、このような理解に対し、多数決によって決められたことに反対する面倒な少数派の株主に対し、会社が手切れ金を与えて切り捨てることを制度化したものが株式買取請求権であると理解をする人がいます。しかし、株式買取請求権が認められてきた歴史的な経緯に鑑みるとき、このような理解は誤りです。

■株式買取請求の手続き

具体的な手続きを吸収合併を例にして説明します。株式買取請求を実現するためには、当該株主は、第一に、吸収合併等の承認を決議する株主総会に先立って、吸収合併等に反対の意思を有することを通知しなければなりません（785条2項1号イ、797条2項1号イ、816条の6第2項イ)。第二に、吸収合併等を承認する株主総会で、反対の意思表示をしなければなりません（785条2項1号イ、797条2項1号イ、816条の6第2項イ)。第三に、効力発生日の前日までに、自己が有する株式のなかの何株について買取請求をするかを会社に通知しなければなりません（７８５条５項、７９７条５項、８１６条の６第５項）。

以上の３ステップを踏んだ後、株式をいくらで買い取るかについて、当該株主と会社が協議をすることになります（７８６条１項、７９８条１項、８１６条の７第１項）。もし、協議によって買取価格がまとまらないときは、裁判所に１株の公正な価格を決定してもらうことになります（７８６条２項、７９８条２項、８１６条の７第２項）。

◎株式買取請求の手続き

反対株主は、株主総会における吸収合併等の承認決議の前に、吸収合併等に反対する意思を会社に通知。

↓

反対株主は、吸収合併等を承認する株主総会において、反対の意思表示。

↓

反対株主は、効力発生日の前日までに、自己が有する株式の中の何株について買取請求をするかを会社に通知。

↓

実際の買取価格は、反対株主と会社が協議で決定。
➡協議によって決まらない場合は、裁判所が決定。

CORPORATION LAW 12

債権者保護手続

■債権者保護手続が設けられている理由

債権者保護手続が設けられている理由について、吸収合併を例にして解説します。[*1]

消滅会社の一般債権者は、合併後には、存続会社の債権者になりますから、合併後の存続会社の財産のみを責任財産とすることになります。たしかに、合併後の存続会社には、合併前の消滅会社の全財産が移転しますから、一見すると、存続会社の財産が単純に増加したように思えます。しかし、合併前の消滅会社の財務状態よりも合併後の存続会社の財務状態が悪くなれば、消滅会社の債権者は弁済を受けられる可能性が低くなります。同様に、存続会社の一般債権者は、合併前の存続会社の財務状態よりも合併後の存続会社の財務状態が悪くなれば、その債権についての弁済を受けられる可能性が低くなります。このように、合併においては、各合併当事会社の債権者を保護する必要性が認められるため、債権者保護の制度が設けられていま す（789条、799条）。

■債権者保護手続の流れ

最初に、各合併当事会社は、①吸収合併を行うこと、②合併の相手方会社の商号および住所、③合併当事会社の計算書類に関する事項として法務省令で定めるもの（＝主として貸借対照表またはその要旨。会社施規188条・199条）、④合併につき異議のある会社債権者は一定期間（最短1か月）内に異議を申述できること、以上を内容とする公告を官報で行い、かつ、知れている債権者に対して各別に同じ内容の催告をしなければなりません（789条2項、799条2項）。

債権者への公告として、定款に定めてある「時事に関する事項を掲載する日刊新聞紙」または電子公告により公告を行う場合には（939条1項）、債権者への各別の催告を省略することができます[*2]（789条3項、799条3項）。各別の催告については、弁済期が到来しているか否かを問題とすることなくまた金銭債権・非金銭債権の区別なく、会社は知れている債権者の全員[*3]に対し各別に催告をしなければなりません。

公告または催告等を受けた各合併当事会社の債権者は、合併後における自己の債権の弁済について不安を抱くときは、債務者である会社に対し異議を申述することになります（789条1項、799条1項）。債権者が行う異議申述の方法は特に規定されていませんが、証拠保全の必要から配達証明付内容証明郵便によるべきであると解されています。

債権者が異議申述期間内に異議を述べたときは、会社は同債権者に対し、債務の弁済をするか、相当の担保を提供するか、または、債権者への弁済を目的として信託会社に相当の財産の

＊1　本文は吸収合併における債権者保護手続を解説しています。吸収分割の場合には、本文の消滅会社を「分割会社」に、存続会社を「承継会社」に置き換えて読んでください。新設分割の場合には、本文の消滅会社を「分割会社」に置き換えて読んでください（なお、新設分割の実行前に設立会社は存在していないため、その債権者の保護を考える必要はありません）。

また、株式交換の場合には、本文の消滅会社を「株式交換完全子会社」に、存続会社を「株式交換完全親会社」に置き換えて読んでください。株式移転の場合には、本文の消滅会社を「株式移転完全子会社」に置き換えて読んでください（なお、株式移転の実行前に株式移転設立完全親会社は存在していないため、その債権者の保護を考える必要はありません）。

株式交付の場合には、本文の「存続会社」を「株式交付親会社」と置き換えて読んでください。

＊2　官報の公告は必ず必要です。

＊3　会社が債務の存否を争っている場合に、会社はその債権者に催告をしなければならないかということが問題となります。債権発生の原因および債権者等について、会社がおおよその認識を得ているときには、会社が右債権の存否または請求の当否を争っているとしても、右債権者に催告をしなければならないと解するのが判例・通説の立場です。

また、従業員、電気料債権・水道料債権のような日常的な継続的供給契約の債権者、さらにそのほかの少額の債権者に対しても各別の催告を行わなければならないかという問題があります。

なお、本文で述べたように、債権者への各別の催告に代えて「時事に関する事項を掲載する日刊新聞紙」もしくは電子公告による公告を行う場合には、右に述べた問題はほとんど生じないことになります。

信託の設定を行わなければなりません（789条5項、799条5項）。この異議申述に際し、債権者は自己の債権が危険にさらされることを証明することは要求されていません。[*4]

■合併無効の訴え

会社が右に述べた債権者保護手続を行わずに合併を実行した場合には、保護を受けなかった債権者は合併の効力発生日後6か月以内に合併無効の訴えを提起することができます（828条1項7号、2項7号）。なお、債権者が異議申述期間内に異議を述べないときには、その債権者は合併を承認したものとみなされ（789条4項、799条4項）、合併無効の訴えを提起することができなくなります（828条2項7号）。

＊4　ただし、合併が実行されても債権者を害するおそれがないと裁判所が判断したときは、担保提供も信託の設定も行わなくてよいことになります（789条5項但書、799条5項但書）。「合併をしても債権者を害するおそれがないこと」は会社が証明しなければなりません。

CORPORATION LAW 13

事業譲渡

■事業譲渡・事業の譲受け

株式会社は、吸収合併や吸収分割以外の方法によっても、その事業を他の会社に譲渡することができます。また、株式会社は、他の会社からその事業を譲り受けることもできます。これが、事業譲渡・事業の譲受け[*1]です。

■事業譲渡の手続き

会社には、単なる財産の集合ではなく、有機的に組織化された事業[*2]が存在します。会社法は、第一に、会社が事業の全部を他者に譲渡する場合、第二に、会社が事業の重要な一部を他者に

＊1　平成17年に会社法が制定される以前においては、営業譲渡・営業の譲受けと呼ばれていました。

＊2　事業とは、一定の営業目的のため組織化され、有機的一体として機能する財産であって、得意先関係等の経済的価値のある事実をも含むものをいいます（最判昭和40年9月22日民集19巻6号1600頁）。

譲渡する場合、第三に、会社が他の会社の事業の全部を譲り受ける場合などには、株主総会の特別決議による承認を必要とすると規定します（467条1項）。事業譲渡等を行う場合、事業を構成する物権・債権・債務・労働契約・知的財産権等は1件ずつ通常の譲渡手続きを必要とします。合併における包括承継の場合と異なり、譲渡会社と譲受会社との特約により、事業を構成する財産の一部を除外することが可能です。事業譲渡等では、合併や会社分割と異なり、特別な債権者保護の手続きはありません。しかし、反対する少数派の株主を保護するために、株式買取請求の制度が設けられています（469条1項）。

■譲渡会社のその後

事業譲渡の場合、事業の全部を譲渡した会社は、その後も消滅することなく、法人格を維持したまま存在します。事業譲渡等において、その対価は通常は金銭ですが、特に制限はありません。事業譲渡等の対価が金銭の場合、事業の全部を譲渡した会社は多額の金銭を得ることになります。そのような会社は、その後、株主総会において解散決議をして、多額の金銭を株主に分配することが考えられますが、解散することなく多額の金銭を元手にして新たな事業を開始することもできます。なお、事業を譲渡した会社が、新たな事業を開始する場合、同一の市町村区の区域内およびこれに隣接する市町村区の区域内において、当該事業譲渡の日から20年間は、譲渡した事業と同一の事業を行えないことに注意しなければなりません（21条1項）。

CORPORATION LAW 14

M＆A

■M＆Aとは

「M＆A」という言葉がよく使われています。Mは Mergers の頭文字で、吸収合併を意味します。Aは Acquisitions の頭文字で、企業の取得を意味します。つまり、M＆Aとは「吸収合併と企業の取得」のことです。Merger（＝吸収合併）については、すでに解説しました。

■Acquisition の意味

Acquisition は企業の取得という意味です。広い意味では、特定の企業の、土地・建物・工場・生産設備・運送機材・原材料・取引先・特許権・著作権・労働者などの全部またはおおむね全部を取得するという意味があります。この場合、企業を構成する個々の財産や債権・債務を1つずつ取得することも考えられます。そのときは、取得する者と取得される企業との間で、1つずつ売買契約や債権譲渡契約・債務引受契約等を締結して実行することになります。1つずつ契約を締結するのが煩わしいと考えるときは、すでに解説した事業譲渡という方法を利用することができます。

このほか、取得対象となっている企業が株式会社の場合には、株式会社を構成する個々の財産や債権・債務を1つずつ取得するのではなく、株式会社そのものを取得してしまう方法が考えられます。その1つが吸収合併です。もう1つは当該株式会社の株式の多くを取得することが考えられます。

特定の企業を取得しようとする場合に、それが株式会社であれば、株式の多くを取得して支配権を奪ってしまえば、その後、その会社が有する権利・義務、債権・債務は、事実上、自由に利用できることになります。仮に法的な障害があるときには、最終手段としてその会社を解散することもできますし、吸収合併で吸収することもできます。

■支配権

一般に、株式会社の議決権総数の過半数をその会社の支配権と考えます。株式会社の議決権総数の過半数を取得した者は、その会社の現在の取締役を直ちに解任し、新たな取締役を自由に選任することができるため、その会社の支配権を得たと考えられます。

■友好的M&Aと敵対的M&A

取得対象となっている株式会社（＝目標会社）の取締役会が、取得しようとする側の会社（＝攻撃会社）と話がついていて、攻撃会社に協力的な場合を「友好的M＆A」といいます。逆に、目標会社の取締役会が、攻撃会社と対立している場合を「敵対的M＆A」といいます。[*1]後述するように、1980年代のアメリカ合衆国において、敵対的M＆Aが盛んに行われ、二段階株式公開買付けやレバレッジド・バイアウトという攻撃方法[*2]が開発されました。また、クラウン・ジュエル、パックマン・ディフェンス、ポイズンピルなどの防御方法[*3]が開発されました。

目標会社の発行済株式の全部を取得する場合も、支配権に足りる数の株式を取得する場合も、上場会社の場合には、株式公開買付け（TOB）[*4]の方法が用いられます。

＊1　上場会社以外のわが国の多くの株式会社は、定款で株式譲渡制限を定めていますから（中小企業が利用する定款のひな形には、通常、最初から株式譲渡制限の記載があります）、敵対的M＆Aを恐れる必要はありません。

＊2　M＆Aにおける攻撃方法については、395〜399頁の「TOB（株式公開買付け）の攻撃方法」を参照してください。

＊3　M＆Aにおける防御方法については、400〜404頁の「TOB（株式公開買付け）の防御方法」、405〜409頁の「黄金株とポイズンピル」を参照してください。

＊4　株式公開買付け（TOB）については、390〜394頁を参照してください。

CORPORATION LAW 15

TOB（株式公開買付け）

■株式公開買付け

株式公開買付けとは、特定の会社の株式を大量に取得しようとする者が、不特定かつ多数の者[*1]に対し、公告[*2]により株券等の買付け等の申込み〔一部省略〕[*3]を行い、東京証券取引所のような取引所金融商品市場外で株券等の買付け等を行うことをいいます（金商法27条の2第6項）。

■株式公開買付けの制度が設けられた理由

特定の者（法人または自然人）が、第三者である株式会社（＝目標会社〈Target Corporation〉）の発行済株式総数の多数割合の取得を意図するとき、昔は、目標とする割合に達するまで長期間にわたって少量ずつの株式の取得を繰り返し、最終的に目標とする多数割合の株式を取得するという方法が行われていました。しかし、この方法を許すと、一般の株主および株主になろうとする者には、株価の変動が、会社の業績等が評価された結果による変動なのか、それとも、特定の者の意図により引き起こされている変動かがわかりません。株式市場の健全性が損なわれることになります。そこで、アメリカ合衆国では、1960年代後半に、連邦証券取引法に株式公開買付けの制度が新設されました（ウィリアムズ法）。わが国も、1971年にこれを継承して、当時の証券取引法に株式公開買付けの制度が新設され、現在の金融商品取引法が同制度を継承しています。以下に、株式公開買付けの概要を解説します。[*4]

■株式公開買付けの手順

公開会社が発行している株券等[*5]を対象として株式公開買付けを行う場合、株券等の買付けは、①期間を定めて、[*6]②買付け等の価格は均一の条件[*7]で行わなければなりません。なお、株券等の

＊1　株式公開買付けの買付対象が株式である場合、「不特定かつ多数の者」とは、当然に、「不特定かつ多数の当該株式を有する株主」を意味することになります。
＊2　官報などを用いる公告ではありません。一般の新聞を利用する公告です。
＊3　省略した部分は「又は、売付け等（売付けその他の有償の譲渡をいう。以下この章において同じ。）の申込みの勧誘」という文言です。本書における解説では不要なので、省略しました。
＊4　株式公開買付けは、アメリカでは、Tender Offer、イギリスでは、Take Over Bidと呼ばれます。わが国では、なぜか、イギリスでの名称の頭文字をとって、ＴＯＢと呼ばれることが多いようです。
＊5　「株券等」とは、株券、新株予約権付社債券その他の有価証券で政令で定めるものです（金商法27条の2第1項）。

保管や買付け等の代金の支払いなどの事務処理は、必ず、証券会社または銀行が行います。多くの場合、公開買付けが会社支配権の取得を目的として行われることから、公開買付けの対象となる有価証券は、株主総会における議決権に何らかの形で関係する有価証券[*8]に限られることになります。

ある会社またはある自然人が、取引所金融商品市場外において株券等の買付けを行う場合、買付け後にその者が所有する株券等の割合が、100分の5を超えるときは、当該買付けは、必ず、株式公開買付けによらなければなりません（金商法27条の2第1項1号）。

株式公開買付けを行う者は、最初に、一般の新聞紙上などで、公開買付開始公告を行います（金商法27条の3第1項）[*9]。公開買付開始公告を行った者を「**公開買付者**」といいます（金商法27条の3第2項）。

公開買付者は、公開買付届出書に記載すべき事項で内閣府令で定めるものおよび公益または投資者保護のため必要かつ適当なものとして内閣府令で定める事項を記載した公開買付説明書を作成し（金商法27条の9第1項）、当該株券等の売付け等を行おうとする者に対し、公開買付説明書を交付しなければなりません（金商法27条の9第2項、公開買付内閣府令24条）。

公開買付者は、公開買付期間中においては、公開買付けによらないで当該公開買付けに係る株券等の発行者の株券等の買付け等を行うことが禁止されます（金商法27条の5）。これに違反して、公開買付者が別途株券等の買付けを行った場合は、公開買付者は、公開買付けに応じ

◎株式公開買付けの手続き

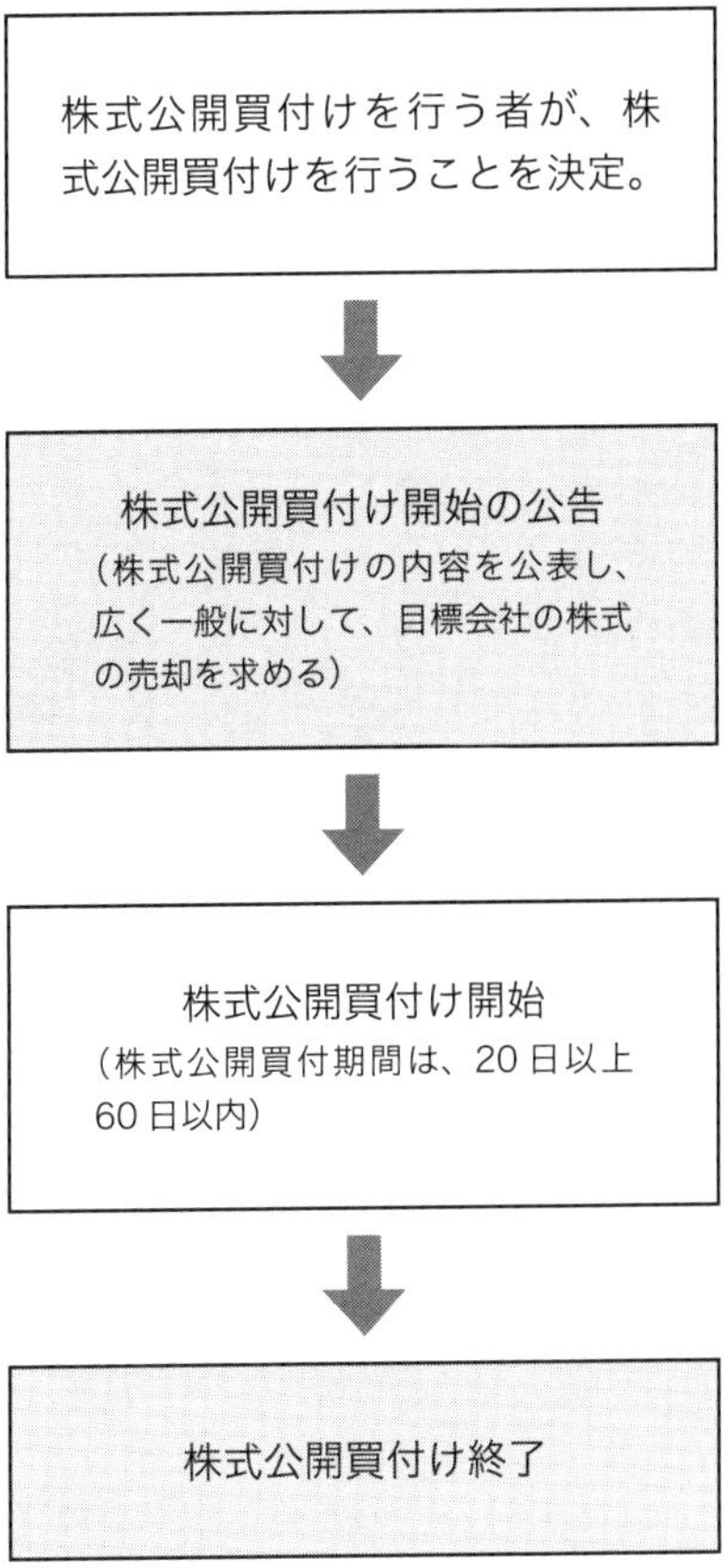
株式公開買付けを行う者が、株式公開買付けを行うことを決定。
株式公開買付け開始の公告
（株式公開買付けの内容を公表し、広く一般に対して、目標会社の株式の売却を求める）
株式公開買付け開始
（株式公開買付期間は、20日以上60日以内）
株式公開買付け終了

＊6　公開買付けによる株券等の買付け等は、政令で定める期間の範囲内で買付け等の期間を定めて行わなければなりません（金商法27条の2第2項）。これを受けて、政令は、買付け等の期間を20日以上60日以内と定めています（金商法施行令8条1項）。

＊7　公開買付けによる株券等の買付け等を行う場合、買付け等の価格については、政令で定めるところにより、均一の条件によらなければなりません（金商法27条の2第3項）。

＊8　金商法27条の2第1項は「その株券、新株予約権付社債券その他の有価証券で政令で定めるもの」と定めています。これを受けて、金商法施行令6条1項は、有価証券として、株券、新株予約権証券、新株予約権付社債券、これらの性質を有する外国の者の発行する証券または証書などを列挙しています。

た者に対し、損害賠償責任を負います（金商法27条の17第1項）[*10]。

公開買付者は、公開買付期間中には、①買付け等の価格の引下げ、②買付予定の株券等の数の減少、③買付け等の期間の短縮、④その他政令で定める買付条件等の変更といった買付条件等の変更を行うことができません（金商法27条の6第1項）。

買付期間が終了した時、公開買付者は、原則として、公開買付期間中に応募してきた株券の全部を買い付ける義務を負います。これを「**全部買付義務**」といいます。ただし、公開買付開始公告・公開買付届出書において、①応募株券等の数の合計が買付予定株券数の全部または一部としてあらかじめ公開買付開始公告・公開買付届出書に記載されていた数に満たないときは、応募株券全部の買付けを行わない、②応募株券等の数の合計が買付予定の数を超えるときは、その超える部分の全部または一部の買付けを行わない[*11]、といった条件を記載していた場合には、全部買付義務は生じません（金商法27条の13第4項）。

＊9　株式公開買付けを行う者は、①当該公開買付けの目的、②買付け等の価格、③買付予定の株券等の数、④買付け等の期間、⑤その他の内閣府令で定める事項を、公告しなければなりません（金商法27条の3第1項、公開買付内閣府令10条）。

＊10　この場合における損害賠償額は、別途買付けにより公開買付者が支払った価格と公開買付価格との差額に、応募株主の応募株券数を乗じた数となります（金商法27条の17第2項）。

＊11　本文②の場合に、買い付ける株券は、あん分比例方式によって決済しなければなりません（金商法27条の13第5項）。

CORPORATION LAW 16

TOB（株式公開買付け）の攻撃方法

■TOB（株式公開買付け）はルールに基づく争奪戦

1969年以降、アメリカ合衆国では、目標会社（Target Corporation）の株式の全部の取得や支配権に足りる大量の取得を試みるときは、必ず、期間を定めたうえでの株式公開買付けの方法によらなければならないことになりました。このことは、敵対的なM＆Aの場合には、目標会社の株式の取得を試みる者（＝攻撃会社）は、全国民が見ているところで、正々堂々と、目標会社の取締役たちと戦わされることを意味します。このように、目標会社の株式の争奪戦は、あたかもボクシングのタイトル・マッチのように、公開の場で厳格なルールの下で、攻撃会社と目標会社の取締役たちとが戦うような様相を呈してきました。

株式公開買付けが開始すると、30日間とか60日間といった短期間に勝負がつきますから、攻撃会社は、短期間に一挙に、そして、確実に勝つための攻撃方法の開発に努力しました。

■二段階株式公開買付け

攻撃方法として、法律的な技術面からは、二段階株式公開買付け（Two-tier Tender Offer）が開発されました。

二段階株式公開買付けとは、攻撃会社が、第一段階として株式公開買付けを行い、後に、第二段階として吸収合併を行うと公表することにより、攻撃会社が目標とするところの目標会社の株式の数を確実に取得する巧妙なテクニックです。

二段階株式公開買付けを具体的に解説します。目標会社の全株式を1回の株式公開買付けによって取得するための公開買付価格が、理論上、1株あたりX円であると算定される場合を例にして説明します。

公開買付者（＝攻撃会社）は、第一段階において公開買付価格を、わざと、X円より高めの「X＋Y」円に設定し、目標会社株式の50％超の株式取得を目標として株式公開買付けを開始します。通常よりも高い価格で目標会社の株式を買い取ってくれるわけですから、目標会社の株主の多くが、株式公開買付けに応じるでしょう。これによって、公開買付者は、目標会社株式の50％超の株式を取得すると思われます。ところで、株式公開買付けを開始するときに、公開買付者は、第二段階として、株式公開買付け終了後に、合併対価をX円より低い「X－Z」円とする内容の吸収合併（目標会社を消滅会社とする吸収合併）を行い、これによって消滅会社の残ったすべての株式を取得することを予告します。

目標会社の株主は、第一段階に示されたアメ玉（＋Y円）と、第二段階に示された鞭（－Z円）を考慮するとき、こぞって第一段階の株式公開買付けに応じることになります。短い買付期間と、アメ玉（＝利益）が欲しい気持ち、そして、鞭（＝損）を避けたい気持ちが、目標会社の株主から冷静な判断力を奪うのです。

かくして、公開買付者である攻撃会社は、確実に、株式公開買付けに成功します。

■レバレッジド・バイアウト

次に、買収資金を調達する点で開発された画期的な方法について説明します。そもそも、株式公開買付け等の買収を行うためには多額の資金が必要です。このため、従来は、多額の資金を有する者のみが企業買収を行うことができました。ところが、資金のない者でも、大企業を買収する方法が考案されました。レバレッジド・バイアウト（Leveraged Buyout）です。レバレッジド・バイアウトは、買収資金を有さない攻撃会社が、買収を可能とする画期的な方法です。以下に説明します。

レバレッジド・バイアウトにおいては、まず、第一に、攻撃会社は、目標会社を探します。目標会社としては、買収に成功した後、吸収合併を行い、その後、目標会社のさまざまな資産や事業部門をバラバラに切り離して売却し、その結果、もうけが出るような会社を探すことになります。[*1]

第二に、買収のために十分な資金を有さない攻撃会社は、金融機関に対し計画の全容を説明し、説明に納得した金融機関から買収のための資金を借ります。このとき、買収に成功したら、直ちに目標会社の資産を売却して借金を返済するという契約を金融機関と締結します。なお、金融機関から多額の資金を借りるため、当然に高い利息が付きます。

第三に、買収資金を得た攻撃会社は、目標会社の株式の50％超を取得するために、株式公開買付けを開始します。そして、株式公開買付けに成功したら、攻撃会社は目標会社を消滅会社として吸収合併を行います。[*2] 吸収合併がもたらす包括承継の効果[*3]により、消滅会社のすべての財産が存続会社である攻撃会社のものになります。

第四に、攻撃会社は、包括承継により承継した財産を売却することにより大金を得て、その金で金融機関からの借金を返済します。このとき、借りた金額に高額な利息を付けて返済することになりますが、それでも包括承継により承継した財産を売却して得た金額との差額が生じれば、それがすべてもうけとなります。全体の金額の規模が大きいですから、差額分であっても相当な金額になります。

以上のテクニックの最大の妙味は、資金を持たない者であっても、企業買収を仕掛けることができ、大もうけが可能であるということです。しかも、財務状態が健全である会社ほど、目標会社として狙われることになるのです。

ナビスコの支配権取得

1989年に、資金を有しない3人（K．K．R．[*4]）が、レバレッジド・バイアウトの方法によって、世界的な大企業であるナビスコという菓子会社の支配権を取得しました。これにより、レバレッジド・バイアウトの方法は一躍脚光を浴びることになりました。

＊1　レバレッジド・バイアウト（Leveraged Buyout）を仕掛ける場合、借金が少なくて財務状態が健全な会社ほど、目標会社として望ましいことになります。

＊2　正確には、アメリカ合衆国では、子会社を利用し、逆三角合併（Reverse Triangular Merger）が行われます。

＊3　手続きの最後のシメとして、吸収合併が必要になります。なぜなら、吸収合併を行うことにより、目標会社のすべての財産を、課税なしに、攻撃会社の所有するものとすることができるからです。すなわち、目標会社を独立した会社として維持した場合、どうしても、目標会社からその有している財産を売買などの形態で攻撃会社のものにしなければなりません。しかし、売買などの形態をとると、多額の課税がなされてしまいます。このように、財産移転における課税を回避するために、必ず、吸収合併が必要になるのです。

＊4　K．K．R．とは、Kohlberg、Kravis、Robertsの3人の頭文字です。

CORPORATION LAW 17

ＴＯＢ（株式公開買付け）の防御方法

■ＴＯＢの防御方法

株式公開買付けが開始しますと、30日間とか60日間といった短期間に勝負がついてしまいます。攻撃会社は、レバレッジド・バイアウト等によって資金を調達し、二段階株式公開買付けで攻撃してきますから、この攻撃は強力です。そこで、目標会社は、このような短期間の闘いに負けないために、さまざまな防御方法を開発しました。以下で、その防御方法を解説します。

（1）シャーク・リペーラント

防御方法の第一が、シャーク・リペーラント（Shark Repellent）[*1]です。これは、目標会社において、前もって、定款に株主総会の決議成立要件を加重する規定を定めておく方法です。たとえば、会社法では、合併承認決議の成立要件は66・7％以上とされていますが、目標になるかもしれないと予想する会社が、前もって定款に、たとえば、「合併を承認する株主総会の決議成立要件には賛成80%が必要」などと定めておくことです。こうすることによって、攻撃会社は、より大量の株式を取得しなければならないことになります。より大量の株式を取得しなければならないということは、より大量の資金が必要になることを意味しますから、攻撃会社は、他の目標会社を探すことになります。

(2) ロックアップ・オプション

防禦方法の第二が、ロックアップ・オプション（Lock-up Option）です。これは、目標会社が、前もって、友好的な関係にある会社（＝ホワイト・ナイト[White Knight]）に、目標会社の新株や資産についてのオプション権を与えておく方法です。オプション権とは、その権利を有する者は、いつでも好きな時にその権利行使の意思表示をすることにより、あらかじめ定められた金額で、定められた数の新株や定められた特定の資産を取得できる権利のことです。

どのように機能するかというと、攻撃会社が株式公開買付けを仕掛けてきた場合に、ホワイト・ナイトがオプション権を行使します。オプション権の行使によって、ホワイト・ナイトに

＊1　海の中で鮫を対象にして撮影を行うときに、水中ビデオカメラ等を扱う人が身を守るために、鉄棒で作られた頑丈な檻または籠の中に入って撮影します。このときの檻または籠を、シャーク・リペーラントといいます。

目標会社の新株を発行する場合には、ホワイト・ナイトが目標会社の大量の株式を有することになり、攻撃会社が目標会社の株式の50％超を取得しにくくなります。また、ホワイト・ナイトが目標会社の資産を有することになる場合には、目標会社の資産が減少し、攻撃会社が目標会社を取得する魅力がなくなります。かくして、目標会社が、ロックアップ・オプションを設定している場合には、攻撃会社は最初からその会社を目標にすることを断念することになります。このため、この防御方法は公表しておくことに意味があります。

(3) クラウン・ジュエル

防御方法の第三が、クラウン・ジュエル（Crown Jewel）[*2]です。これは、基本的には、ロックアップ・オプションのカテゴリーに含まれます。クラウン・ジュエルという方法は、前もって、ホワイト・ナイトに、目標会社のもっとも重要な資産についてのオプション権を与えておくことです。たとえば、目標会社が、特定のテーマパークを運営しており、そのテーマパークに誰もが知っている超人気者のキャラクターがいる場合を考えてください。そのキャラクターがいなくなったら、そのテーマパークはたちどころに倒産の危機にさらされるというような場合です。このような場合に、目標会社が、前もって、ホワイト・ナイトに当該キャラクターを譲渡する旨のオプション権を与えておくのです。この場合、攻撃会社が目標会社の株式の50％超を取得し始めると、ホワイト・ナイトがオプション権を行使して当該キャラクターを取得してしまうので、目標会社は全然魅力のない会社になってしまいます。

（4）パックマン・ディフェンス

防御方法の第四が、パックマン・ディフェンス（PAC-MAN Defense）[*3]です。これは、攻撃会社が株式公開買付けを行ってきたときに、これに対抗して、目標会社が攻撃会社に対し株式公開買付けを行うことです。

（5）ディフェンシブ・ストック・イシュー

防御方法の第五が、ディフェンシブ・ストック・イシュー（Defensive Stock Issue）です。これは、目標会社に対する株式公開買付けが開始した場合に、目標会社が、ホワイト・ナイト

＊2　ヨーロッパの王国などにおいて、王様等が戴いている王冠の中央に、ひときわ大きな宝石が飾られています。この宝石をクラウン・ジュエルといいます。

＊3　パックマン（PAC-MAN）は、１９８０年代に、日本のゲームメーカーが作成したテレビゲームの主人公です。世界的な人気を得て有名になったため、アメリカのウォールストリートのＭ＆Ａに携わる人たちが、株式公開買付けの目標会社が攻撃会社に対し株式公開買付けを仕掛け返すことを、パックマンのゲームになぞらえて、パックマン・ディフェンスと名付けました。

などの友好的な者に対し、新株を発行して、目標会社の発行済株式総数を増加させることです。仮に、1000万株を発行している目標会社に対して、攻撃会社が600万株を取得するための株式公開買付けを行った場合、当該目標会社がホワイト・ナイトたる会社に1000万株の新株を発行したとします。結果として、目標会社の発行済株式総数は2000万株となりますから、攻撃会社が600万株を取得しても、目標会社の支配権を獲得できないことになります。

CORPORATION LAW 18

黄金株とポイズンピル

■ＴＯＢの防禦方法としての黄金株の利用

Ｍ＆Ａにおいては、攻撃会社は、最初、目標会社の支配権の獲得をめざしますが、最終的には目標会社を消滅会社とする吸収合併を行う計画を立てることが多いようです。このとき、目標会社が吸収合併に応じるにあたっては、通常、株主総会の特別決議による吸収合併契約の承認が必要になります（７８３条1項、３０９条2項12号）。そこで、攻撃会社から見れば、目標会社を吸収合併により吸収するために、目標会社の議決権総数の66・７％以上の議決権（株式）を取得することが次の目標になります。

ところが、目標会社において、普通株式のほかに、合併契約の承認を行う株主総会決議についての拒否権付種類株式（１０８条1項8号）が発行されている場合には、攻撃会社が目標会社の株式の多数を取得し、議決権総数の66・７％以上の議決権を得たとしても、目標会社を吸収できないことになります。なぜかというと、右のような拒否権付種類株式を特定の株主が保有する場合、目標会社である消滅会社の株主総会において合併契約の承認決議が成立したとしても、拒否権付種類株式を有する特定の株主が、種類株主総会において合併契約の承認決議を承認しないときには、結論として合併を実行することができないからです。このような場面を考えるとき、攻撃会社による吸収を阻止したいと考える株主にとっては、右のような拒否権付種類株式はまさに黄金の価値があることになり、「**黄金株**《おうごんかぶ》」と呼ばれます。

もっとも、株式会社においては、基本的に、出資した金銭等の金額の多数決によってさまざまなことを決定するという「資本多数決の原理」が存在し、黄金株はこの原理を覆すものです。仮に、1株につき5000円の払込みで1億株が発行され、資本金の額が5000億円の株式会社において、合計8000万株を有する多数の株主が吸収合併に賛成していたとしても、1株につき5万円の払込みで100株の黄金株（＝拒否権付種類株式）を有する株主が吸収合併に反対すると、吸収合併は実行できなくなります。この結論は明らかにおかしいので、黄金株については学説からの批判が強いといえます。

著者は、上場している一般の株式会社において、無制限に黄金株を認めることには反対したいと考えます。なぜなら、ある種の緊張した状況（右の例で言えば、吸収合併が成立するかしないかの場面）において、黄金株以外の多数の普通株式の価値を限りなく0に近づけることになるからです。ただし、当該株式会社が、わが国において石油輸入業を営む会社であったり、防衛上の機密に関与する会社であったりする場合については、特別立法により、黄金株を認めることも考えられると思います。

■ＴＯＢの防御方法としてのポイズンピル

ＴＯＢについてはまだまだたくさんの防御方法がありますが、本書では、最後に、防御方法の真打ちともいえるポイズンピル（Poison Pill）[*1]を解説します。以下で解説するのは、アメリカ合衆国の会社法の世界で用いられている真実のポイズンピルについてです。[*2]

まず、目標会社が、攻撃会社の買収攻撃を受ける前（＝平和時）に、その時のすべての株主に、特殊な種類株式を配当によって配付しておきます。[*3] どのような特殊な種類株式かというと、たとえば、**取得請求権付種類株式**（108条1項5号）であり、その取得請求権の取得対価（108条2項5号イ・107条2項2号ホ）を「1株あたり2万円」と定め、取得請求権の権利行使期間（107条2項2号へ）を、「目標会社の株式が株式公開買付けの対象となり、

＊1　ポイズン（poison）は「毒」、ピル（pill）は薬の錠剤やカプセルを意味します。

＊2　わが国で最初に、ポイズンピルを学問的に精密に紹介した論文は、筆者が執筆した1990年の論文です（柴田和史「ポイズンピル（一）」法學志林87巻4号77頁〈1990年〉）。この論文は、現在でもポイズンピルに関する最高水準の論文ですから、興味のある方は読んでみてください。

＊3　時代が下ると、目標会社が取得条項付新株予約権を配当として配付するようになります。

特定の会社もしくは自然人またはこれらのグループによって目標会社の発行済株式総数の30％が取得された時から6か月間」と定めておくものです。なお、当該目標会社の1株の株価は、何年間も、6000円前後を推移しているとします。

上記の取得請求権付種類株式がどのように機能するかといえば、どこかの攻撃会社が当該目標会社に対し株式公開買付けを開始し、それによって、たとえば目標会社の35％の株式を取得したとします。すると、目標会社のすべての株主は、保有する取得請求権付種類株式の取得請求権を行使することが可能になります。その時まで何年間も、目標会社の1株の株価が6000円前後であることからすれば、株主にとって、1株を2万円で売ることができる機会は千載一遇であり、これを見逃す理由はありません。したがって、ほとんどの株主が、保有する取得請求権付種類株式の取得請求権を行使することになります。株主たちが取得請求権を行使することで、たとえば、100万株の取得を目標会社に求めた場合、結果として、目標会社から、200億円（＝2万円×100万株）の現金が流出することになります。おそらく、これだけ多額の現金が会社外に流出すれば、ほとんどの会社は財務状態の不良な会社になってしまうでしょう。

攻撃会社が最初に当該目標会社に対する買収計画を立てたとき、当該目標会社は財務状態が良く（財務状態が良いと、レバレッジド・バイアウトの目標になりやすいことを思い出してください）、魅力的な資産を持っていたり、将来に有望な発展性があったりしたわけです。しかしながら、上記のように、特殊な条件を付した取得請求権付種類株式が存在し、その結果として多額の現金が流出すると、目標会社は財務状態が一挙に最悪となり、すぐにでも倒産しかねない会社になってしまうのです。つまり、攻撃会社にとって、目標会社は、買収を行う対象として全然魅力がない会社になってしまいます。むしろ、こんな会社の支配権を獲得したら、その後、財務状態の最悪な会社の経営を背負い込むことになってしまいます。そこで、最初から、このような目標会社に対して株式公開買付けを行うことはやめようという結論になります。

目標会社が平和時に前もって配付しておく特殊な種類株式は、他にもいろいろと考えることができます。要点は、現在は財務状態に問題はなく魅力のある目標会社ですが、株式公開買付けが仕掛けられると、目標会社の株主がその特殊な種類株式を使って、結果として、目標会社の財務状態を劣悪にし、目標会社を全然魅力のないものしてしまうところにあります。

これは、河豚《ふぐ》が体内に猛毒（Poison）[*4]を持っていて、他の魚に対し、「自分を食べると、猛

＊4　ちなみに、毒には、ポイズン（poison）とヴェノム（venom）があります。ポイズンは、典型的には河豚（ふぐ）の毒のように、河豚を食べた生物に作用して、食べた後に、その生物を苦しめる毒です。ヴェノムは、毒蛇の毒のように、何らかの理由で戦いを行い、その際に相手を苦しめる毒です。本文の説明で理解されるように、M＆Aのポイズンピルという防御戦術は、河豚の毒のように、自分を食べたら後に猛烈に苦しむことになることから、食べようとする者（攻撃会社）に食べることを思いとどまらせるという戦術です。

毒により猛烈な苦しみを味わうよ」といって、食べられないようにして身を守っていることと似ています。このことから、この防禦戦術はポイズンピル（Poison Pill）と呼ばれます。

CORPORATION LAW

第10章

事業承継

CORPORATION LAW 1

事業承継

■事業承継の問題点

近年、事業承継が中小企業の株式会社において深刻な問題になっています。創業者（あるいは、二代目、三代目）である現在の代表取締役社長が高齢になってきたため、会社を後継者に譲りたいが、どういう方法を選ぶかの判断が難しいという問題です。

■現社長が66・7％以上の株式を保有している場合

まず、事業承継を行う直前の当該株式会社がどのような状態にあるかを考えてみましょう。現在の代表取締役社長が、会社の発行済株式総数のうち、66・7％以上の株式を有している場合が考えられます。[*1] 株式の保有関係を考慮するときは、株主名簿に記載された氏名・名称および株式の数で考えなければなりません。[*2] 現在の代表取締役社長が66・7％以上の株式を有しているのであれば、原則として、考えていることは何でもできます。たとえば、次男を取締役にして、将来、代表取締役社長にするとか、長男が経営している別の株式会社と合併を行うとか、三男が経営している別の株式会社の完全子会社にするとか、親しい友人の会社に事業譲渡を行うとか、現在の代表取締役社長が考えていることのすべてが実現可能です。

なお、有能な後継者が見つからないという悩みも多いのですが、残念ながら、それは会社法という法律の領域の問題ではありません。

＊1　最近では、多くの場合、相続税対策を考えて、現在の代表取締役社長の妻、会社経営に関与しない長女および次女などに株式を分散していることが多いようです。このような場合でも、議決権の行使について、妻や長女や次女が必ず現在の代表取締役社長の指示に従うのであれば、これらの持株数を合計して、現在の代表取締役社長が66・7％以上を有していると考えることができます。

＊2　実際の中小企業では、株主名簿の記載について、しばしば、いろいろな説明を伴うことがあります。たとえば、A氏は300株と記載してあるが、実は、名義株（＝他人名義を利用して出資がなされた株式であり、当該株式の株主名簿上に記載された株主は、真実の株主と異なります）であって、真実の株主はA氏でないとか、B氏は1000株と記載してあるが、B氏は5年前に死去していて、現在、誰が相続しているかよくわからないとか、1000株と記載してあるC君は経理を見てくれる人であって、これは法人税対策のための記載であり、もともとは会社の社長であった父親が有していた株式だとか、いろいろあります。しかし、本文で述べている内容は、裁判所に証拠として提出しても問題のない株主名簿を想定していますから、その点を注意してください。

■現社長が50％超の株式を保有している場合

　次に、現在の代表取締役社長が、会社の発行済株式総数のうち、50％超かつ66・7％未満の株式を有している場合が考えられます。この場合、他の株主が現在の代表取締役社長の提案に反対するときに、現在の代表取締役社長が、反対を押し切ってでも行いうることは限られてきます。基本的に、定款変更、合併、会社分割、株式交換・株式移転・事業譲渡などを行うことは困難になります。取締役の選任と解任は自由に行えます。監査役の選任は自由ですが、現職の監査役の解任には66・7％以上の同意が必要となります。監査役が、現在の代表取締役社長の提案に反対したところで、特に問題は生じないと考える人がいるかもしれませんが、そうでもありません。

　監査役の権限を会計に関するものに限定する旨の定めが定款にない場合には、監査役は、法令違反・定款違反等の取締役の行為に対する差止請求権（385条）を持ちますから、いろいろと厄介です。また、定款に監査役の権限を会計に関するものに限定する旨の定めがあったとしても、すべての監査役は各事業年度に関する計算書類を監査する権限があり、株主総会において承認される計算書類は、手続上、監査役の監査を経ていることが必要になりますから、監査役を敵にまわすとやっかいなことになります。

　また、現在の代表取締役社長の味方になるような人に新株を発行して、現在の代表取締役社長派の議決権割合を多くすることが考えられますが、これも、問題がないわけではありません。公開会社においては、第三者割当増資の方法で特定の人に対してのみ新株を発行することが、原則として取締役会の決議で実行可能です（２０１条１項、１９９条２項）。ただし、１株当たりの払込金額が問題になります。この払込金額が、株式を引き受ける者に特に有利な金額（＝払込金額が当該株式会社の株式の現在の価値よりも著しく低額）のときは、株主総会の特別決議による承認を得なければなりません（２０１条１項、１９９条２項・３項、３０９条２項５号）。そうなると、66・７％未満の株式しか有していない現在の代表取締役社長は承認を得られないことになります。

以上のように考えてみますと、現在の代表取締役社長が発行済株式総数のうち、50％超かつ66・７％未満の株式を有している場合には、あまりわがまま勝手なことができないことになります。個々の取締役の選任と解任は自由に行えますが、将来を見据えて大規模な変革を考え、それを断固実行したいのであれば、結局、議決権の合計が66・７％以上になるように、他の株主に協力を依頼しなければなりません。

■現社長が50％以下の株式を保有している場合

現在の代表取締役社長が有している株式数が、発行済株式総数のうちの50％以下の場合が考えられます。この場合、他の株主の反対を押し切って、現在の代表取締役社長が思ったことを思った通りに決定することはほとんどできません。わずかにできることは、他の株主等が提案してきた株主総会特別決議の必要な議案を成立させないという消極的な抵抗ができるくらいです。

■税金対策

以上に述べたように、中小企業の場合、会社を支配している者が、自分が引退した後の会社のあり方を決定するためには、発行済株式総数の66・7%以上を確保していることが必要となります。

注意すべきことですが、一方で、相続税が高額になることに対する対策も必要になると思われます。現在の支配株主が、その保有する株式を息子や娘、さらには信頼する人に分散して保有させることは、相続税対策としては有効であり必要でしょう。しかしながら、他方、有名な家具店を経営する会社で、前社長である父親と現社長である実の娘が激しく争った事件があったように、人の考えは、その立場や置かれた状況によって変化するのが世の常です。このため、現在の支配株主が、息子や娘を信頼して、株式を分散して保有させることは、会社支配を維持する観点からは危険なのです。会社法の立場から考えますと、会社の支配権を有している人は、完全に引退して会社のことにはいっさい関心を持たないと決心するまで、66・7%以上の株式を有している必要があります。

■著者からの貴重なアドバイス

最後に、高齢になられた現在の代表取締役社長の方に申し上げたいことがあります。現在、発行済株式総数の66・7％以上を有しているとしても、安心しないでください。実際の経験から、アドバイスをさせていただきます。

たとえば、会社が、取締役会設置会社であって現在の発行済株式総数が1000株であり、現在の代表取締役社長が667株を持っているとします。このとき、おそらく、定款には、発行可能株式総数[*3]が4000株と記載してあることが多いと思います。そうだとしますと、当該代表取締役が病気になって入院したり海外出張したりして不在の間に、取締役会において、特定の人に対して第三者割当増資による新株発行を行うことが可能になります。右の場合では、最大で3000株の新株発行が可能ですから、最悪の場合には、取締役会の多数決で決められた人に支配権が移ってしまいます。したがって、著者のもとに法律相談に来られる方が、中小企業の代表取締役社長である場合、通常、当該会社は株式会社であり取締役会設置会社ですから、著者は、そのような相談者が会社支配権を有するときには、定款所定の発行可能株式総数を低くしておくように助言します。

＊3　発行可能株式総数は、会社が現在および将来において発行することができる最大限の株式の数です。

CORPORATION LAW 2

事業承継の問題点

■会社を息子に継がせる

中小企業の多くにおいては、創業者や二代目等である支配株主が現在の代表取締役社長となっているでしょうから、このような社長が、その長男に会社を継がせたい場合を解説します。「会社を継がせる」という意味はいろいろありますが、ここでは、代表取締役社長[*1]の地位および支配株主[*2]の地位の両方を継がせることを考えます。また、現在の代表取締役社長が会社の発行済株式総数の50％超を有している場合を前提として説明します。

右の前提で現在の代表取締役社長が、会社の経営を長男に継がせることは、基本的には可能です。まず、株主総会の普通決議によって、長男を取締役にします。このとき、現在の代表取締役社長の意向に賛同してもらえる者たちによって、取締役総数の過半数を占めておきます。こうすることによって、取締役会の決議により、取締役である長男を代表取締役に選定することが可能になります。また、現在の代表取締役社長が、有しているすべての株式を長男に譲渡すれば、長男を支配株主にすることができます。

以下では、その際に、よくありがちな、いくつかの問題点を述べておきます。

第一に、長男が未成年者の場合、若干の困難が生じます。

未成年者であっても、一種または数種の営業を行うことを許された未成年者であれば、成年と同一の行為能力が認められますから（民法6条1項）、取締役および代表取締役になれます。許可を与えるのは、親権を持つ者となります（民法823条1項）。この場合、未成年者登記簿に必要な登記をしなければなりません（商法5条、商業登記法6条2号）。

しかし、3歳や5歳の子供のように、意思能力が認められない未成年者は取締役になれません。右に、民法6条1項により行為能力が認められる場合があることを述べましたが、それは、

＊1　代表取締役社長とは、代表取締役であり、かつ、社長であるという意味です。代表取締役社長は、株主総会や取締役会の決定に基づき、実際に会社の業務を執行し、対外的に会社を代表します。そして、通常は、会社内の役職の最高位に位置しますから、すべての従業員に対して指揮命令を発することができます。

＊2　支配株主とは、株主総会を支配する者です。持株数に応じて支配力の強弱は変化しますが、少なくとも、支配株主は取締役の選任・解任を自由に行える株主です。

当該未成年者に意思能力が備わっていることが前提です。

第二に、長男が331条1項3号・4号[*3]に該当する場合、会社の継承はできません。

会社法や金融商品取引法等に違反する行為をし、331条1項3号に該当する場合、取締役にも代表取締役にもなれません。[*4]

意外な盲点となりますが、331条1項4号は、「法令の規定に違反し、禁錮以上の刑に処せられ、その執行を終わるまで又はその執行を受けることがなくなるまでの者（刑の執行猶予中の者を除く。）」と規定しており、これに該当する場合、取締役になれませんから、代表取締役にもなれません。ここに言う「法令」は、会社法と無関係の法令をすべて含みます。したがいまして、刑法に違反する場合はもとより、覚醒剤取締法違反や自動車運転死傷行為処罰法違反でも、右の者に該当するときは、取締役にも代表取締役にもなれません。

第三に、定款に取締役の資格を制限する旨の規定がある場合、注意を要します。

中小企業（非公開会社）では、取締役になる者について何らかの条件を定めた規定が定款に設けられている場合があります。これは、それぞれの会社において千差万別となりますから、十分に気をつけていただきたいです。

たとえば、昔、水産加工を業とする会社を創業した時の株主の全員および取締役の全員が、北海道函館市の出身者であったため、定款に、「取締役は函館の出身者に限る。」などの規定がある場合が考えられます。年月が経って、現在の代表取締役社長の長男は、生まれも育ちも東京ということが考えられます。この場合について、定款の規定を無効と解するような裁判例はありませんから、一応、定款規定は有効と考えなければなりません。同様に、取締役になる者

＊3　331条1項3号・4号
「三　この法律若しくは一般社団法人及び一般財団法人に関する法律（平成18年法律第48号）の規定に違反し、又は金融商品取引法第197条、第197条の2第1号から第10号の3まで若しくは第13号から第15号まで、第198条第8号、第199条、第200条第1号から第12号の2まで、第20号若しくは第21号、第203条第3項若しくは第205条第1号から第6号まで、第19号若しくは第20号の罪、民事再生法（平成11年法律第225号）第255条、第256条、第258条から第260条まで若しくは第262条の罪、外国倒産処理手続の承認援助に関する法律（平成12年法律第129号）第65条、第66条、第68条若しくは第69条の罪、会社更生法（平成14年法律第154号）第266条、第267条、第269条から第271条まで若しくは第273条の罪若しくは破産法（平成16年法律第75号）第265条、第266条、第268条から第272条まで若しくは第274条の罪を犯し、刑に処せられ、その執行を終わり、又はその執行を受けることがなくなった日から2年を経過しない者
四　前号に規定する法律の規定以外の法令の規定に違反し、禁錮以上の刑に処せられ、その執行を終わるまで又はその執行を受けることがなくなるまでの者（刑の執行猶予中の者を除く。）」

＊4　日産自動車のゴーン前取締役会長が有価証券虚偽記載の罪に問われましたが、これは金融商品取引法197条の罪ですから、有罪の判決が確定していれば、その時点で、取締役となる資格がなくなり、取締役の地位を失います。

は、「○○大学卒業生に限る。」などの定款の記載についても注意を払わなければなりません。後継者である長男が右のような定款の規定を充たさない場合、このままでは取締役にも代表取締役にもなれませんから、当該定款の規定を変更する必要があります。

第四に、長男の現在の職業等からの規制に注意する必要があります。

すでに長男が何らかの職業に就いていて、そちらのルールで、兼職禁止が定められている場合があります。代表例は、国家公務員や地方公務員の場合です。公務員法がその旨を規定しています（国家公務員法103条1項[*5]、地方公務員法38条1項[*6]）。

第五に、株式に譲渡制限がかけられている場合、注意を要します。

中小企業の多くは非公開会社であり、その株式に譲渡制限がかけられています。そのような場合には、現在の代表取締役社長から後継者である長男への株式譲渡がスムーズに進まない場合が考えられます。先に述べたように、ここでは、現在の代表取締役社長が株式の50％超を有している場合を考えていますから、まずは、現在の代表取締役社長が生前に持株の全部を長男に譲渡することを考えます。

譲渡制限株式を譲渡する際には、取締役会設置会社であれば、取締役会の承認決議が必要となります（139条1項）。取締役会が反対した場合、会社の継承ができなくなります。しかしながら、ここでは、現在の代表取締役社長が株式の50％超を有している場合を考えていますから、通常は、現在の代表取締役社長の意向に賛同する者によって取締役総数の過半数が占められています。したがって、容易に取締役会の承認が得られるでしょう。もし、取締役会が反対し続けるのであれば、反対する取締役を解任する必要があります。

取締役会非設置会社であれば、譲渡制限株式を譲渡する際に、株主総会の普通決議による承認が必要となります。現在のところ、この株主総会の決議に、現在の代表取締役自身も参加して議決権を行使できると考えられていますから、譲渡制限株式の譲渡について、容易に株主総会の承認が得られることになります。ただし、株主総会の決議において、当該代表取締役は議決権を行使できないとする考え方もあり得ますので、今後の最高裁の判断に注意する必要があ

＊5　国家公務員法103条1項
「職員は、商業、工業又は金融業その他営利を目的とする私企業（以下営利企業という。）を営むことを目的とする会社その他の団体の役員、顧問若しくは評議員の職を兼ね、又は自ら営利企業を営んではならない。」

＊6　地方公務員法38条1項
「職員は、任命権者の許可を受けなければ、商業、工業又は金融業その他営利を目的とする私企業（以下この項及び次条第一項において「営利企業」という。）を営むことを目的とする会社その他の団体の役員その他人事委員会規則（人事委員会を置かない地方公共団体においては、地方公共団体の規則）で定める地位を兼ね、若しくは自ら営利企業を営み、又は報酬を得ていかなる事業若しくは事務にも従事してはならない。」

ります。

第六に、現在の代表取締役社長が死後に持株の全部を長男に譲渡する場合、最大の注意を要します。この場合には、いろいろとやっかいな問題が生じます。

まず、相続人が長男1人であれば、長男が単純承認によって相続する限り、持株の全部は長男に帰属します。しかし、相続人が2人以上になりますと、相続人の間で、相続財産についての分割協議が必要になります（民法９０７条1項）。この場合、必ずしも、持株の全部が長男に帰属するとはいえないことになります。ましてや、長男が、相続を放棄（民法９３９条）したりすると、持株の全部は長男に相続されません。

このため、長男のみに会社を継承させたいならば、持株の全部を長男に相続させる旨を記載した遺言書を用意しておくことが必要です。また、長男以外の相続人が相続する財産を十分に用意しておかないと、他の相続人が遺留分を主張するでしょうから（民法１０４２条）、持株の全部を長男が承継できないことになります。

このほか、「会社は、相続によって株式を取得した者に対して、当該株式を会社に売り渡すよう請求できる。」とする定めが定款に設けられている場合、注意が必要となります（１７４条）。定款にこの定めがあるときは、譲渡制限株式の相続が発生しますと、相続人や被相続人の意思を無視して、会社は、会社の判断によって、相続財産に含まれている持株の全部を会社に売り渡すことを相続人に対して強制的に求めることができます。会社の判断は、株主総会の特別決議によることになります（175条1項、309条2項3号）。このとき、会社が売渡しを求めている株式を相続した相続人は議決権を行使できません（175条2項）。したがって、会社が売渡しを求めている株式以外の株式に係る議決権の行使によって株主総会特別決議が行われますから、相続財産である持株の全部を会社に売り渡すよう求める決議が成立するかもしれません。こうなると、持株の全部を長男が承継できないことになります。

ま行

や行

ら行

な行

は行

た行

さ行

索　引

数字・欧文

あ 行

か 行

柴田和史（しばた　かずふみ）
東京都生まれ。東京大学法学部卒業、東京大学大学院法学政治学研究科博士課程修了、法学博士（東京大学）。法政大学大学院法務研究科（法科大学院）教授。元法政大学法科大学院研究科長。厚生労働省・中央労働委員会公益委員（通算6期12年）。弁護士（柴田総合法律事務所代表）。
これまでに、旧司法試験委員、新司法試験委員（通算11期）、合併・分割に関する商法研究会（経産省）座長、持株会社の設立に関する商法研究会（経産省）座長、企業統治に関する商法研究会（経産省）座長などを歴任。2024年春、旭日中綬章。
『会社法詳解［第3版］』（商事法務、2021年）、『日経文庫　ビジュアル図でわかる会社法［第2版］』（日本経済新聞出版、2021年）、『類型別中小企業のための会社法［第2版］』（三省堂、2015年）、『デイリー六法』（共編、三省堂、2021年）、『一般社団（財団）法人法逐条解説』（共編著、法政大学出版局、2020年）、『会社法の実践的課題』（共編著、法政大学出版局、2011年）、『現代会社法入門［第4版］』（共著、有斐閣、2015年）、『ポイントレクチャー会社法［第2版］』（共著、有斐閣、2015年）、『会社法の現代的課題』（共編著、法政大学出版局、2004年）、『商法総則・商行為法』（三省堂、2024年）など著書多数。

教養《きょうよう》としての「会社法《かいしゃほう》」入門《にゅうもん》

2022年 5月20日　初版発行
2024年10月10日　第5刷発行

著　者　柴田和史 ©K.Shibata 2022
発行者　杉本淳一

発行所　株式会社日本実業出版社　東京都新宿区市谷本村町3-29 〒162-0845
編集部 ☎03-3268-5651
営業部 ☎03-3268-5161　振　替　00170-1-25349
https://www.njg.co.jp/

印刷／堀内印刷　製本／共栄社

ISBN 978-4-534-05923-9　Printed in JAPAN